道路桥梁
设计与施工技术研究

王成军　程　雷　主编

天津出版传媒集团

天津科学技术出版社

图书在版编目（ＣＩＰ）数据

道路桥梁设计与施工技术研究 ／ 王成军，程雷主编

. -- 天津 ：天津科学技术出版社，2021.4

ISBN 978-7-5576-9069-4

Ⅰ．①道… Ⅱ．①王… ②程… Ⅲ．①道路工程－设计②道路施工③桥梁工程－设计④桥梁施工 Ⅳ．①U41②U44

中国版本图书馆 CIP 数据核字(2021)第 070079 号

道路桥梁设计与施工技术研究

DAOLU QIAOLIANG SHEJI YU SHIGONG JISHU YANJIU

责任编辑： 王 祯

出版：天津出版传媒集团
天津科学技术出版社

地址：天津市西康路 35 号

邮编：300051

电话：(022) 23332400

网址：www.tjkjcbs.com.cn

发行：新华书店经销

印刷：北京宝莲鸿图科技有限公司

开本 787×1092　1/16　印张 15.25　字数 340 000

2021 年 4 月第 1 版第 1 次印刷

定价：68.00 元

前　言

随着 21 世纪我国经济的快速发展，交通运输行业的地位越来越重要，而道路桥梁等基础工程建设是交通运输行业的基本保障。

我国城市道路交通的特点是混合、低速、高密度，特征之一是交通拥堵；城市公共交通的特点是车内拥挤、服务水平低。目前，城市道路交通拥堵问题不仅在大城市快速蔓延，而且甚至发展到了中小城市。城市交通问题产生的源头在于"预"的不足，缺乏科学的城市规划和城市交通规划，缺乏对城市交通发展战略的准确把握，缺乏战略性思维，缺乏系统性方法，缺乏对规划的严格遵守和实施。

随着城市化进程的不断推进，公路桥梁工程建设数量和范围逐渐增加，而我国地质地形条件复杂，在桥梁工程建设中，容易受到各类客观因素的影响，对此，必须优化公路桥梁设计与施工。作为我国一项基础设施建设工程，道路桥梁的施工技术已日益成熟，并伴随着科学技术的进步，越来越多的新设备投入到道路桥梁的施工中来，道路桥梁的施工技术得到进一步发展。但是由于道路与桥梁工程施工空间具有不确定性，外来影响因素较多，并且工程施工比较复杂，注意事项较多，因此，施工单位必须精确把握道路及桥梁工程的施工技术。

同时，新技术、新工艺、新设备，新材料的不断涌现，对公路工程人员的要求越来越高。公路工程基层施工组织中的技术人员的业务水平和管理能力的高低，已经成为公路工程建设项目能否有序、高效、高质量完成的关键。

编者学识水平和时间所限，书中难免存在缺点和谬误，敬请同行专家及读者指正，以便进一步完善提高。

目　录

第一章 路线设计概述

第一节 我国道路发展史及规划

一、我国道路发展史

我国道路建设有着悠久的历史。早在公元前2000年便有了可以通行牛车、马车的道路。秦始皇统一六国后，大修驰道、颁布"车同轨"法令，使道路建设得到了较大的发展。随着社会的进步，城市的兴起和商业的发展，道路又得到进一步发展。公元前2世纪，我国通往中亚和欧洲的丝绸之路逐渐发展起来。唐代是我国古代道路发展的极盛时期，初步形成了以城市为中心的四通八达的道路网。到清代，全国已形成了层次分明、功能较完善的道路系统——"官马大路""大路""小路"，分别为京城到各省城、省城至地方重要城市及重要城市到市镇的三级道路，其中仅"官马大路"就达4 000余里。

20世纪初汽车输入我国，通行汽车的公路开始发展起来，从1906年在广西友谊关修建第一条公路开始到1949年这40余年间，全国公路通车里程仅8.1万千米。

1949年以来，我国公路发展大致经历了四个阶段：

第一，从1949年至改革开放前的1978年。20世纪50年代，根据当时形势需要和条件，我国公路建设基本上是在原大车道、便道上修补改造进行，为适应经济发展和开发边疆的需要，我国开始大规模修建通往边疆和山区的公路，相继修建了川藏公路、青藏公路，并在东南沿海、东北和西南地区修建国防公路，公路里程迅速增长，至1978年全国公路里程达到89万千米，但公路等级普遍很低。

第二，从1978年至1985年。改革开放后，我国国民经济持续高速发展，公路运输需求强劲增长，公路建设的重要性逐步为全社会所认识。国家计委、国家经委、交通部联合颁布了国道网规划，确定首都放射线12条、北南纵线28条、东西横线30条共70条国道，并采取措施加快发展公路建设事业。公路通车总里程增长到94.19万千米。

第三，"七五"时期和"八五"初期。"七五"时期，我国公路交通事业进入一个持续、快速、健康的发展时期，建成了上海至嘉定、沈阳至大连等共 600 多千米的高速公路，实现了我国大陆高速公路零的突破。"八五"初期，根据国民经济发展对交通运输的总体要求，在国道网规划基础上研究形成了"五纵七横" 12 条国道主干线规划，逐步建成以二级以上汽车专用公路为主组成的国道主干线网。到 1997 年底，全国公路通车总里程已达 117.6 万千米，其中高速公路 4771 千米。短短 10 年间，我国的高速公路就走过了发达国家高速公路一般需要 40 年走完的发展历程，高速公路及其他高等级公路的建设，改善了我国公路的技术等级结构，改变了我国公路事业的落后面貌，同时也大大缩短了我国同发达国家之间的差距。

第四，1998 年至今，我国公路基础设施实现了跨越式发展。山区高速公路管理水平、设计水平、建设水平及成套技术等已经跨入了世界先进行列。公路密度进一步提高，接近中等发达国家水平。

二、我国道路建设存在的问题及发展规划

（一）我国道路建设存在的问题

我国公路交通建设虽然取得了重大成就，但由于公路交通基础薄弱，各地发展极不平衡，因此与国际上发达国家相比，还有很大差距，还不能适应国民经济和社会发展的需要。主要表现在以下几个方面：第一，公路数量少；第二，公路质量差、标准低。在通车里程中，等级较低的三、四级公路占较大部分，还有达不到技术标准的"等外路"。有的公路防护设施不全，抗灾能力很差。因此，在今后相当长的时期内，加快新建公路的建设和低等级公路的改建，将是我国公路建设的主要任务。第三，高速公路相对量低。相对于中国广阔的国土、众多的人口和快速增长的交通需求，中国高速公路总量不足，覆盖能力有限，尚未形成网络规模效益。

（二）我国公路发展规划

《国家高速公路网规划》经国务院审议通过，标志着中国高速公路建设发展进入了一个新的历史时期。国家高速公路网是中国公路网中最高层次的公路通道，主要连接大中城市，包括国家和区域性经济中心、交通枢纽、重要对外口岸；承担区域间、省际以及大中城市间的快速客货运输，提供高效、便捷、安全、舒适、可持续的服务，为应对自然灾害等突发性事件提供了快速交通保障。

《国家高速公路网规划》采用放射线与纵横网格相结合的布局方案，形成由中心城市向外放射以及横连东西、纵贯南北的大通道，由 7 条首都放射线、9 条南北纵向线和 18 条东西横向线组成，简称为"7918 网"，总规模约 8.5 万千米，其中主线 6.8 万千米，地区环线、联络线等其他路线约 1.7 万千米。

第二节　道路的分类与分级

一、道路的分类

道路是供各种车辆和行人等通行的工程设施，按其使用范围分为公路、城市道路、厂矿道路、林区道路及乡村道路等。

（一）公路

连接城市、乡村，主要供汽车行驶的具备一定技术条件和设施的道路。

（二）城市道路

在城市范围内，供车辆及行人通行的具备一定技术条件和设施的道路。

（三）厂矿道路

主要供工厂、矿山运输车辆通行的道路。

（四）林区道路

建在林区，主要供各种林业运输工具通行的道路。

（五）乡村道路

建在乡村、农场，主要供行人及各种农业运输工具通行的道路。

二、公路的分类与分级

（一）公路的分类

1.公路按功能划分

可分为干线公路、集散公路、地方公路。

（1）干线公路

应为用路者提供高效的通过性，尽量减少或消除平面交叉、出入口和支路汇入，可分为主干线公路和次干线公路。

（2）集散公路

为干线公路和地方公路的连接公路，以汇集地方交通、疏散干线交通为主，应控制平面交叉、出入口和支路汇入，可分为主集散公路和次集散公路。

（3）地方公路

应直接与用路者的出行端点连接，以提供通达性为主，开放平面交叉、出入口和支路汇入。

2. 公路按行政管理属性划分

可分为国道、省道、县道和乡道。

（1）国道（国家干线公路）

具有全国性政治、经济、国防意义的国家主要干线公路，包括重要的国际公路，国防公路，连接首都与各省会的公路，连接各大经济中心、交通枢纽、商品生产基地和战略要地的公路。

（2）省道（省干线公路）

具有全省政治、经济意义，连接省内中心城市与经济区的干线公路，以及不属于国道的省际重要公路。

（3）县道

具有全县政治、经济意义，连接县城和县内主要乡镇、主要商品生产基地和集散地的公路，以及不属于国道、省道的县际公路。

（4）乡道

为乡镇的经济、文化、行政服务的公路，以及不属于县道以上公路的乡际公路。

（二）公路的分级

为了满足经济发展、未来（预测）交通量、路网建设和功能的要求，公路必须分级建设。根据现行《公路工程技术标准》的规定，公路根据功能和适应的交通量分为高速公路、一级公路、二级公路、三级公路、四级公路五个技术等级。

1. 高速公路

专供汽车分向、分车道行驶并应全部控制出入的多车道公路。高速公路应具有四个或四个以上车道，设有中央分隔带，全部立体交叉，并具有完善的交通安全设施、管理设施和服务设施。四车道高速公路应能适应将各种汽车折合成小客车的年平均日交通量20 000 ~ 55 000辆；六车道高速公路应能适应将各种汽车折合成小客车的年平均日交通量45 000 ~ 80 000辆；八车道高速公路应能适应将各种汽车折合成小客车的年平均日交通量60 000 ~ 100 000辆。

2. 一级公路

为供汽车分向、分车道行驶，根据需要部分控制出入的多车道公路。四车道一级公路应能适应将各种汽车折合成小客车的年平均日交通量15 000 ~ 30 000辆；六车道一级公路应能适应将各种汽车折合成小客车的年平均日交通量 20 000 ~ 55 000 辆。

3. 二级公路

为供汽车行驶的双车道公路。双车道二级公路应能适应将各种汽车折合成小客车的年平均日交通量 5 000 ~ 15 000 辆。

4. 三级公路

为主要供汽车行驶的双车道公路。双车道三级公路应能适应将各种汽车折合成小客车的年平均日交通量 2 000 ~ 6 000 辆。

5. 四级公路

为主要供汽车行驶的双车道或单车道公路。双车道四级公路应能适应将各种汽车折合成小客车的年平均日交通量 2 000 辆以下。单车道四级公路应能适应将各种汽车折合成小客车的年平均日交通量 400 辆以下。

三、城市道路的分类与分级

（一）城市道路分类

根据道路在城市道路网中的地位、交通功能以及对沿线建筑物的服务功能，城市道路可分为四类：

1. 快速路

为城市中长距离快速交通服务的城市道路。快速路机动车道两侧不应设置非机动车道；对向行车道之间应设置中间分隔带，其进出口应采用全控制或部分控制；沿线两侧不能设置吸引大量车流、人流的公共建筑物的进出口，对一般建筑物的进出口应加以控制，当进出口较多时宜在两侧另建辅道。

2. 主干路

以交通功能为主的城市道路。非机动车交通量大时应设置分隔带与机动车分离行驶，两交叉口之间分隔机动车与非机动车的分隔带宜连续；主干路两侧不宜设置吸引大量车流、人流的公共建筑物的进出口。

3. 次干路

集散交通，兼有服务功能的城市道路。次干路两侧可设置公共建筑物的进出口，并可设置机动车和非机动车停车场、公共交通站点和出租车服务站。

4. 支路

解决局部区域交通，以服务功能为主的城市道路。支路可与平行于快速路的道路相接，但不得与快速路直接相接。支路需要与快速路交叉时应采用分离式立体交叉跨过或穿过快速路。

（二）城市道路分级

城市道路除快速路外，每类道路按照所在城市的规模、设计交通量、地形分为Ⅰ、Ⅱ、Ⅲ级。根据国务院城市管理条例规定，城市按照其市区和郊区的非农业人口总数划分为三级：大城市指人口 50 万以上的城市，采用Ⅰ级标准；中等城市指人口为 20 万～50 万的城市，采用Ⅱ级标准；小城市指人口在 20 万以下的城市，采用Ⅲ级标准。

第三节　路线设计的依据

一、技术依据

路线设计的技术依据有：

《公路工程技术标准》

《公路路线设计规范》

《城市道路工程设计规范》

《公路勘测规范》

《全球定位系统（GPS）测量规范》

《公路环境保护设计规范》

《公路交通安全设施设计规范》

《公路工程水文勘测设计规范》

《公路工程地质遥感勘察规范》

《城市道路交通规划设计规范》

《厂矿道路设计规范》

二、自然条件

影响道路的自然因素主要有地形、气候、水文、地质构造、土壤及植被等，这些自然因素主要影响道路等级和设计速度的选用、路线方案的确定、路线平纵横的几何形状、桥隧等构造物的位置和规模、工程数量和造价等方面。

（一）地形

决定了选线条件，并直接影响道路的技术标准和指标。

（二）气候

直接或间接地影响地面水的数量、地下水位高度、路基水温状况，以及泥泞期、冬季积雪和冰冻期等路面使用质量。

（三）水文

决定排水结构物的数量和大小，水文地质情况决定了含水层厚度和位置、地基或边坡的稳定性。

（四）地质构造

决定了地基和路基附近岩层的稳定性，决定有无滑坍、碎落和崩坍的可能，同时也决定了土石方工程施工的难易程度和筑路材料的质量。

（五）土壤

路基和路面基层的材料，它影响路基形状和尺寸，也影响路面类型和结构的确定。

（六）植被

影响暴雨径流、水土流失程度，经济种植物还影响路线的布设。

三、交通条件

（一）设计车辆

设计车辆指道路设计所采用的具有代表性的车辆。汽车的行驶性能、外廓尺寸以及行驶于道路上不同种类车辆的组成对于道路几何设计具有决定作用，如确定路幅组成、车道宽度、弯道加宽、纵坡大小、行车视距等都与设计车辆有密切关系。

道路上行驶的车辆很多，作为道路设计依据的可分为四类：小客车、载重汽车、鞍式列车、铰接车。

高速公路、一级公路和有大型集装箱运输公路以鞍式列车为依据，其他公路以小客车和载重汽车为依据，城市道路以铰接车作为控制，确定路缘石或交通岛的转弯车道半径时，一般应以鞍式列车的转弯半径作为控制。

（二）设计速度

设计速度（计算行车速度）是指当气候条件良好、交通密度小、汽车运行只受道路本身条件（几何要素、路面、附属设施等）的影响时，中等驾驶技术的驾驶员能保持安全舒适行驶的最大行驶速度。

设计速度是决定道路几何形状的基本依据，道路的曲线半径、超高、视距等直接与设计速度有关，同时也影响车道宽度、中间带宽度、路肩宽度等指标的确定。

《公路工程技术标准》（JTG B01-2003）对各级公路做出了的规定，在选用各级公路设计速度时应根据公路的功能、等级及交通组成，结合沿线地形、地质等状况，经论证确定。

（三）交通量

1. 年平均日交通量与设计交通量

年平均日交通量（AADT）是一年的总交通量除以 365 天，是我国统计的公路交通量的通用单位。

设计交通量是指拟建道路到预测年限时所能达到的年平均日交通量（辆 / 日），其值根据交通量预测得到。

$N_d = N_0 (1+\gamma)^{t-1}$

式中 N_d——设计年 N 的年平均日交通量。

N_0——起始年的年平均日交通量。

γ——交通量年增长率。

t——设计年限。

设计交通量的预测年限规定：国家及省属重要干线公路的设计交通量应按 20 年预测；国家及省属干线公路的设计交通量应按 15 年预测，但对于国家及省属干线的高速公路，应按 20 年预测。

设计交通量的预测起算年应为该项目可行性研究报告中的计划通车年；当提交可行性研究报告年到公路通车年超过 5 年时，在编制初步设计前应对规划交通量予以核对。

设计交通量在确定道路等级、论证道路的计划费用或各项结构设计等有重要作用，但不宜直接用于道路几何设计。在几何设计时，宜于采用按小时车流量统计的交通量。

2. 设计小时交通量

小时交通量（辆 / 小时）是以小时为计算时段的交通量，是确定车道数和车道宽度或评价服务水平的依据。

控制公路设计的高峰小时交通量宜采用第 30 位小时交通量。如图 1-1 所示，在20 ～ 40 位小时交通量附近，曲线急剧变化，其右侧曲线明显变缓，而左侧曲线坡度则较大。显然设计小时交通量的合理取值范围应在第 20 ～ 40 位之内。如果以第 30 位小时交通量作为设计依据，意味着在一年中只有 29 个小时的交通量超过设计值，会发生拥挤，占全年小时数的 0.33%，相反，全年 99.67% 的时间能够保证交通畅通。采用它，既不会造成过大投资，又不会造成过多的交通堵塞。目前，包括我国在内的世界许多国家都采用第 30 位小时交通量作为设计的依据，也可根据当地调查结果采用第 20 ~ 40 位小时之间最为经济合理的时位。

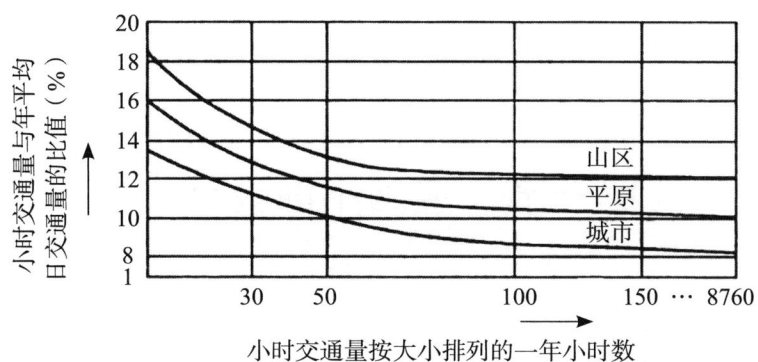

图 1-1　年平均日交通量与小时交通量的关系曲线

设计小时交通量按下式计算：

$$N_h=N_d \times D \times k$$

式中 N_h——主要方向设计小时交通量（辆 / 小时）。

N_d——设计交通量（辆 / 日）。

D——方向不均匀系数，一般取 D=0.5 ~ 0.6。

k——设计小时交通量系数（%）。

3. 标准车型与车辆折算系数

标准车型：为使交通量具有可比性，通常将公路上实际的不同车型的交通量换算成标准车型交通量。我国《公路工程技术标准》将涵盖小客车与小型货车的小客车定为各级公路设计交通量换算的标准车型。

机动车折算系数：用于交通量换算的车辆折算系数是在特定的公路与交通组成条件下，所有非标准车相当于标准车（小客车）对交通流量影响的当量值。

第二章　道路线形设计

第一节　道路平面设计

一、路线平面设计概述

道路是三维空间的带状构造物，它是由路基、路面、桥梁、涵洞、隧道和沿线设施所组成的。一般所说的路线，是指道路中线的空间位置。路线在水平面上的投影称作路线的平面。沿中线竖直剖切再行展开则是路线的纵断面。中线上任意一点的法向切面是道路在该点的横断面。路线设计是指确定路线空间位置和各部分几何尺寸的工作。为研究的方便，把它分解为路线平面设计、路线纵断面设计和横断面设计。三者是相互关联的，既应分别进行，又应综合考虑。

无论是公路还是城市道路，其路线位置受社会经济、自然地理和技术条件等因素的制约。设计者的任务就是在调查研究和掌握大量材料的基础上，设计出一条有一定技术标准、满足行车要求、工程费用最省的路线来。在设计的顺序上，一般是在尽量顾及纵、横断面平衡的前提下先定平面，沿这个平面线形进行高程测量和横断面测量，取得地面线和地质、水文及其他必要的资料后，再设计纵断面和横断面。为求得线形的均衡和土石方数量的节省，必要时再修改平面，这样经过几次反复，可望得到一个满意的结果。

二、平面线形三要素

汽车导向轮旋转面与车身纵轴之间的关系分为：角度为零、角度为常数、角度为变数三种情况。对应的平面线形要素分别为：曲率为零的线形——直线，曲率为常数的线形——圆曲线，曲率为变数的线形——缓和曲线。高速公路，一、二、三级公路平面线形由上述三种线形——直线、圆曲线与缓和曲线构成，称为"平面线形三要素"。四级公路为简化设计，可以只使用直线和圆曲线。

（一）直线

第一，直线以最短的距离连接两目的地，具有路线短捷、缩短里程、行车方向明显等特点。

第二，由于已知两点就可以确定一条直线，因而直线线形简单，容易测设。

第三，从行车安全和线形美观来看，过长的直线线形呆板，行车单调，易使司机产生疲劳，也容易出现超车和超速行驶，行车时司机难以估计车间距离；夜间在直线上行车，对向车容易产生眩光等。这些都是影响行车安全的不利因素，因而直路段特别是长直线，行车安全性差，往往是发生车祸较多的路段。

第四，直线虽然方向明确，但难以与地形及周围环境协调。特别是在山区、丘陵区，采用过长的直线会严重破坏自然景观，难以与环境协调，而且大挖大填，工程量大，经济性差。

（二）圆曲线

圆曲线任意点的曲率半径为常数，曲率也为常数，故测设简单；能较好地适应地形的变化，适用范围较广而灵活；较大半径的长缓圆曲线线形美观、顺适，行车舒适；圆曲线上每一点都在不断改变方向，汽车受到离心力作用，同时汽车比直线段多占用宽度；圆曲线半径较小时，驾驶员视线受到内侧路堑边坡或其他障碍物影响，视距条件差。

（三）缓和曲线

缓和曲线是道路平面线形要素之一，它是设置在直线与圆曲线之间或圆曲线与圆曲线之间的一种曲率连续变化的曲线。

1. 线形缓和

圆曲线与直线相连接时，在连接处曲率突变，在视觉上不平顺。设置缓和曲线后，线形圆滑，增加线形的美观，有良好的视觉效果和心理作用。

2. 行车缓和

汽车由直线直接驶入圆曲线或由大半径圆曲线直接驶入小半径圆曲线，其离心力发生了突变，使行车安全感和舒适感均受到影响。同时，从司机转弯操控来看，汽车前轮转向角逐渐变化，其中间需要插入一逐渐变化的缓和曲线，才能保证在车速一定的情况下使汽车前轮的转向角从 0 至 θ 逐渐转向，从而有利于驾驶员操纵方向盘。

3. 超高加宽缓和

行车道从直线上的双坡断面过渡到圆曲线上的单坡断面和直线上的正常宽度过渡到圆曲线上的加宽宽度，一般均应在缓和长度内完成。

四、路线平面设计

（一）平面线形应直接、连续，并与地形、地物相适应，与周围环境相协调

在地势平坦开阔的平原微丘区，路线宜直捷舒顺，在平面线形三要素中直线所占比例较大，而在地势有很大起伏的山岭和重丘区，路线则多弯曲，曲线所占比例则会增大。路线要与地形相适应，这既是美学问题，也是经济问题和保护生态环境的问题。直线、圆曲线、回旋线的选用与合理组合取决于地形、地物等具体条件，片面强调路线要以直线为主或以曲线为主，或人为规定三者的比例，都是错误的。

（二）行驶力学的要求是基本的，视觉和心理上的要求对高速路应尽量满足

高速公路、一级公路以及计算行车速度大于或等于 60 km/h 的公路，应注重立体线形设计，尽量做到线形连续、指标均衡、视觉良好、景观协调、安全舒适。计算行车速度愈高，线形设计所考虑的因素愈应周全。

计算行车速度小于或等于 40 km/h 的公路，首先应在保证行车安全的前提下，正确地运用平面线形要素最小值，在条件允许不过多增加工程量的情况下力求做到各种线形要素的合理组合，并尽量避免和减轻不利的组合，以期充分发挥投资效益。

（三）保持平面线形的均衡与连贯

为使一条公路上的车辆尽量以均匀的速度行驶，应注意各线形要素保持连续性而不出现技术指标的突变。以下几点在设计时应充分注意：

1. 长直线尽头不能接以小半径曲线

长的直线和长的大半径曲线会导致较高的车速，若突然出现小半径曲线，会因减速不及时而造成事故。特别是在下坡方向的尽头更要注意。由于地形所限小半径曲线难免时，中间应插入中等曲率的过渡性曲线，并不要使纵坡过大。

复合形回旋线除了受地形和其他特殊限制的地方外，一般很少使用，多出现在互通式立体交叉的匝道线形设计中。

2. 高、低标准之间要有过渡

同一等级的公路，由于地形的变化在指标的采用上也会有变化，或同一条公路按不同计算行车速度的各设计路段之间，也会形成技术标准的变化。遇有这种高、低标准变化的路段，除满足有关设计路段在长度和梯度上的要求外，还应结合地形的变化，使路线的平面线形指标逐渐过渡，避免出现突变。不同标准路段相互衔接的地点，应选在交通量发生变化处，或者驾驶者能够明显判断前方需要改变行车速度的地方。

3. 应避免连续急弯的线形

这种线形给驾驶者造成不便，同时给乘客的舒适也带来不良影响。设计时可在曲线间插入足够长的直线或回旋线。

第二节　道路纵断面设计

一、道路纵断面设计概述

沿着道路中线竖直剖切然后展开即为道路纵断面，由于自然因素的影响以及经济性要求，道路纵断面总是一条有起伏的空间线。纵断面设计的主要任务就是根据汽车的动力特性、道路等级、当地的自然地理条件以及工程经济性等，研究起伏空间线几何构成的大小及长度，以便达到行车安全迅速、运输经济合理及乘客感觉舒适的效果。

纵断面图是道路纵断面设计的主要成果，也是道路设计的重要技术文件之一。把道路的纵断面图与平面图结合起来，就能准确地定出道路的空间位置。在纵断面图上有两条主要的线：一条是地面线，它是根据中线上各桩号位置所对应的高程点绘的一条不规则的折线，反映了沿着中线地面的起伏变化情况；另一条是设计线，它是经过技术上、经济上以及美学上等多方面比较后定出的一条具有规则形状的几何线，反映了道路路线的起伏变化情况。纵断面设计线是由直线和竖曲线组成的。直线（均匀坡度线）有上坡和下坡，是用高差和水平长度表示的，直线的坡度和长度影响着汽车的行驶速度和运输的经济性以及行车的安全性。

二、纵断面及坡长设计

（一）纵断面设计的一般要求

为使纵断面设计经济合理，必须在全面掌握勘测资料基础上结合选（定）线的纵坡安排意图，经过综合分析、反复比较定出设计纵断面。纵断面设计的一般要求为：

第一，纵坡设计必须满足《公路工程技术标准》（JTG B01—2003）（以下简称《标准》）的各项规定。

第二，为保证车辆能以一定速度安全顺适地行驶，纵坡应具有一定的平顺性，起伏不宜过大和过于频繁，尽量避免采用极限纵坡值，合理安排缓和坡段、不宜连续采用极限长度的陡坡夹最短长度的缓坡。连续上坡或下坡路段，应避免设置反坡段。越岭线坡口附近的纵坡应尽量缓一些。

第三，纵断面设计应对沿线地形、地下管线、地质、水文、气候和排水等条件综合考虑，视具体情况加以处理，以保证道路的稳定与通畅。

第四，一般情况下，纵断面设计应考虑填挖平衡，尽量使挖方运作就近路段填方，以减少借方和废方，降低造价和节省用地。

第五，平原微丘区地下水埋深较浅，池塘、湖泊分布较广，纵坡除应满足最小纵坡要求外，还应满足最小填土高度要求，以保证路基稳定。

第六，对接线段纵坡，如大、中桥引道及隧道两端接线等，纵坡应和缓、避免产生突变。交叉口前后的纵坡应平缓一些。

第七，在实地调查基础上，充分考虑通道、农田水利等方面的要求。

（二）最大纵坡

最大纵坡是指在纵断面设计时各级道路允许采用的最大坡度值。它是道路纵断面设计的重要控制指标。在地形起伏较大地区，直接影响路线的长短、使用质量、运输成本及造价。

各级道路允许的最大纵坡是根据汽车的动力特性、道路等级、自然条件以及工程、运营经济等因素，通过综合分析，全面考虑，合理确定的。

（三）高原纵坡折减

在高海拔地区，因空气密度下降，汽车发动机的功率、汽车的驱动力以及空气阻力降低，导致汽车的爬坡能力下降；另外汽车水箱中的水易于沸腾而破坏冷却系统。因此《规范》规定：位于海拔 3000m 以上的高原地区，各级公路的最大纵坡值应按规定予以折减。折减后若小于 4%，则仍采用 4%。

（四）最小纵坡

为使道路上行车快速、安全和畅通，道路纵坡设计得小一些为好，但是，在长路堑、低填以及其他横向排水不通畅地段，为保证排水要求，防止积水渗入路基而影响其稳定性，均应设置不小于 0.3% 的最小纵坡，一般情况下以不小于 0.5% 为宜。干旱少雨地区最小纵坡可不受上述限制。

（五）坡长限制

1.最短坡长限制

最短坡长限制主要是从汽车行驶平顺性的要求考虑的。如果坡长过短，使变坡点增多，汽车行驶在连续起伏地段产生的增重与减重的变化频繁，导致乘客感觉不舒适，车速越高越突出。路容美观、相邻两竖曲线的设置和行车视距等，也要求坡长应有一定最短长度。

2. 最大坡长限制

道路纵坡的大小及其坡长对汽车正常行驶影响很大。纵坡越陡，坡长越长，对行车影响也越大。主要表现在：上坡使行车速度显著下降，甚至要换较低档以克服坡度阻力，易使水箱"开锅"，导致汽车爬坡无力，甚至熄火；下坡行驶制动次数频繁，易使制动器发热而失效，甚至造成车祸。所谓最大坡长限制，是指控制汽车在坡道上行驶，当车速下降到最低容许速度时所行驶的距离。

（六）平均纵坡

平均纵坡是指一定长度的路段纵向所克服的高差与路线长度之比，是为了合理运用最大纵坡、坡长及缓和坡长的规定，以保证车辆安全顺利地行驶的限制性指标。

《标准》规定：二、三、四级公路越岭路线的平均纵坡，一般以接近 5.5%（相对高差为 200 ~ 500 m）和 5%（相对高差大于 500 m）为宜，并注意任何相连 3km 路段的平均纵坡不宜大于 5.5%。

三、爬坡车道与避险车道

（一）爬坡车道

爬坡车道是陡坡路段正线行车道外侧增设的供载重车行驶的专用车道。在道路纵坡较大的路段上，载重车爬坡时需克服较大的坡度阻力，使输出功率与车重之比值降低，车速下降，大型车与小汽车的速度差变大，超车频率增加，对行车安全不利；速度差较大的车辆混合行驶，必将减小快车的行驶自由度，导致通行能力降低。为了消除上述种种不利影响，宜在陡坡路段增设爬坡车道，把载重车从正线车流中分离出去，这样可提高小汽车行驶的自由度，确保行车安全，增加路段的通行能力。

爬坡车道设于上坡方向正线行车道右侧，爬坡车道的宽度一般为 3.5m，包括设于其左侧路缘带的宽度 0.5 m。

爬坡车道的平面布置总长度由起点处分流渐变段长度、全宽爬坡车道的长度和终点处合流渐变段长度组成。

（二）避险车道

避险车道是指在长陡坡路段正线行车道下坡方向右侧为失控车辆增设的专用车道。其设置目的是防止连续长、陡下坡车辆在行驶中速度失控而造成事故。

避险车道主要由引道、制动车道、服务车道及辅助设施（路侧护栏、防撞设施、施救锚栓、呼救电话、照明）等组成。

四、平、纵面线形组合设计

道路的空间线形应能保持视觉的连续性，并有足够的舒适感和安全感。道路平面线形和纵面线形的组合设计，就是要得到一个既能满足汽车行驶安全和舒适的要求，又能使工程造价及运营费用经济，且能在驾驶员视觉和心理状态方面引起良好反应，同时又使道路与沿线周围环境和景观相协调的道路立体线形，从而达到安全、舒适、快速和经济的目的。

（一）组合设计的原则

第一，在视觉上能自然地诱导驾驶员的视线，并保持视觉的连续性。这样可以使驾驶员及时和准确地判断路线的变化情况，不致因错觉而发生事故。

恰当的平纵面线形组合，视觉上既顺适又美观且不单调，在心理上也能使驾驶员保持良好的心态，不产生紧张感。

第二，平纵面线形指标应大小均衡，使线形在视觉上、心理上保持协调。平曲线与竖曲线的大小如果不均衡，会给人以不愉快的感觉，失去视觉上的均衡性。根据经验，平曲线半径如果大于 1 000m，竖曲线的半径为平曲线的 10 ~ 20 倍，便可达到平衡。

第三，选择合适的合成坡度。合成坡度过大，对行车不利，合成坡度过小则对排水不利，也影响行车。

（二）线形组合设计要点

第一，平曲线与竖曲线相互重合，且平曲线应稍长于竖曲线。

第二，合成坡度的控制应与线形组合设计相结合。有条件时，一般最大合成坡度不宜大于 8%，最小合成坡度不小于 0.5%。

第三，应注意线形与自然环境和景观的配合与协调。

第四，平纵线形设计中应避免以下组合：①设计车速大于 40km/h 的公路，凸形竖曲线的顶部和凹形竖曲线的底部，不得插入小半径平曲线；②凸形竖曲线的顶部或凹形竖曲线的底部，不得与反向平曲线的拐点重合；③直线上的纵面线形应避免出现驼峰、暗凹、跳跃等使驾驶员视线中断的线形；④直线段内不宜插入短的竖曲线；⑤小半径竖曲线不宜与缓和曲线相互重叠；⑥避免在长直线上设置陡坡及曲线长度短、半径小的凹形竖曲线。

五、纵断面设计方法与纵断面设计图

纵断面设计的主要内容是根据道路等级、沿线自然条件和构造物控制标高等，确定路线合适的标高、各坡段的纵向坡度和坡长，并设计竖曲线。基本要求是纵坡均匀平顺、起伏和缓、坡长和竖曲线长短适当、平面与纵面组合设计协调，以及填挖经济、平衡。这些要求虽在选、定线阶段有所考虑，但要在纵断面设计中具体加以实现。

（一）纵断面设计方法与步骤

1. 准备工作

纵断面设计（俗称拉坡）之前在绘图纸上按比例标注里程桩号和标高，点绘地面线，填写有关内容；同时应收集有关资料并领会设计意图。

2. 标注控制点

控制点是指影响纵坡设计的标高控制点。如路线起、终点，越岭垭口，重要桥涵，地质不良地段的最小填土高度、最大挖深，沿溪线的洪水位，隧道进出口，平面交叉和立体交叉点，铁路道口，城镇规划控制标高以及受其他因素限制路线必须通过的标高控制点等。山区道路还有根据路基填挖平衡关系控制路中心填挖值的标高点，称为"经济点"。

3. 试坡

在已标出"控制点""经济点"的纵断面图上，根据技术指标、选线意图，结合地面起伏变化，本着以"控制点"为依据，照顾多数"经济点"的原则，在这些点间进行穿插与取直，试定出若干直坡线。对各种可能坡度线方案反复比较，最后定出既符合技术标准，又满足控制点要求，且土石方较省的设计线作为初定坡度线，将前后坡度线延长交会出变坡点的初步位置。

4. 调整

将所定坡度与选线时坡度比较，二者应基本相符。有较大差异时应全面分析，权衡利弊，决定取舍。然后对照技术标准检查设计的最大纵坡、最小纵坡、坡长限制等是否满足规定，平、纵组合是否适当，以及路线交叉、桥隧和接线等处的纵坡是否合理，若有问题应进行调整。调整方法是对初定坡度线升降、延伸、缩短或改变坡度值。

5. 核对

选择有控制意义的重点横断面，如高填深挖、地面横坡较陡路基、挡土墙、重要桥涵以及其他重要控制点等，在纵断面图上直接读出对应桩号的填、挖高度，用"模板"在横断面图上"戴帽子"，检查是否填挖过大、坡脚落空或过远、挡土墙工程过大、桥梁过高或过低、涵洞过长等，若有问题应及时调整纵坡。

6. 定坡

经调整核对无误后，逐段把直坡线的坡度值、变坡点桩号和标高确定下来。变坡点一般要调整到 10 m 的整桩号上，相邻变坡点桩号之差为坡长。变坡点标高由纵坡度和坡长依次推算而得。

7. 设置竖曲线

拉坡时已考虑了平、纵组合问题，此步根据技术标准、平纵组合均衡等确定竖曲线半径，计算竖曲线要素。

（二）纵断面设计应注意的问题

第一，设置回头曲线地段，拉坡时应按回头曲线技术标准先定出该地段的纵坡，然后从两端接坡，应注意在回头曲线地段不宜设竖曲线。

第二，大、中桥上不宜设置竖曲线，桥头两端竖曲线的起、终点应设在桥头 10 m 以外。

第三，小桥涵允许设在斜坡地段或竖曲线上，为保证行车平顺，应尽量避免在小桥涵处出现"驼峰式"纵坡。

第四，注意平面交叉口纵坡及两端接线要求。道路与道路交叉时，一般宜设在水平坡段，其长度应不小于最短坡长规定。两端接线纵坡应不大于3%，山区工程艰巨地段不大于5%。

（三）纵断面的绘制

纵断面设计图是道路设计重要技术文件之一，也是纵断面设计的最后成果。纵断面采用直角坐标，以横坐标表示里程桩号，纵坐标表示高程。为了明显地反映沿着中线地面起伏形状，通常横坐标比例尺采用 1∶2000（城市道路采用 1∶500 ～ 1∶1000），纵坐标采用 1∶200（城市道路为 1∶500 ～ 1∶100）。

纵断面图是由上、下两部分内容组成的。

上部主要用来绘制地面线和纵坡设计线，也用以标注竖曲线及其要素；坡度及坡长（有时标在下部）；沿线桥涵及人工构造物的位置、结构类型、孔数和孔径；与道路、铁路交叉的桩号及路名；沿线跨越的河流名称、桩号、常水位和最高洪水位，水准点位置、编号和标高；断链桩位置、桩号及长短链关系等。

下部主要用来填写有关内容，自下而上分别填写：直线及平曲线；里程桩号；地面标高；设计标高；填、挖高度；土壤地质说明等。

第三节　道路横断面设计

一、横断面组成及类型

道路横断面是由横断面设计线和地面线所构成的。其中横断面设计线包括行车道、路肩、分隔带、边沟、边坡、截水沟、护坡道、取土坑、弃土堆以及交通安全、环境保护等设施。城市道路的横断面组成中，还包括机动车道、非机动车道、人行道、绿化带、分车带等设施。高速公路和一级公路上还有变速车道、爬坡车道等。地面线是表征地面在横断面方向的起伏变化，它通过现场实测或由大比例尺地形图、航测相片、数字地面模型等途径获得。

路线设计中所讨论的横断面设计只限于公路两路肩外侧边缘（城市道路红线）之间的那一部分，即各组成部分的宽度、横向坡度等，也称路幅设计。

（一）路幅的组成

路幅是指公路两路肩外侧边缘之间的部分。公路按路幅可划分为双幅、单幅公路。双幅是指将上、下行（对向）车辆分隔开，分隔的方式有用分隔带分隔（整体式断面）和将上、下行车道放在不同高度（或平面）上加以分隔（分离式断面）。单幅公路是上、下行（对向）车辆不分开（可用标线分隔）的整体式断面，其包括行车道、路肩、错车道以及紧急停车带、爬坡车道等部分。

（二）路幅的类型

1. 单幅单车道

只限于四级公路，此类公路虽然交通量小，但仍然会出现错车和超车。因此，一般应在不大于 300 m 的距离内选择有利地点设置错车道（供对向来车临时停靠），以满足双向行驶的需要。

2. 单幅双车道

指供双向行车的双车道公路，二、三、四级公路均属这一类。在这种公路上行驶，车辆各行其道，视距良好，车速一般影响不大。但当交通量很大、非机动车混入率高、视距条件差时，其车速和通行能力则会大大降低，此时可考虑设非机动车专用车道。

3. 双幅多车道

指四、六、八、十车道公路，中间一般都设有分隔带或做成分离式断面而构成双幅路，高速、一级公路属这一类。有些分离式路基为了利用地形或地处风景区等，可设计两条独立的单向行车的多车道道路。

二、机动车道、路肩与中间带

（一）机动车道

机动车道路面宽度。机动车行车道宽度直接影响道路的通行能力、行车速度、行车安全、工程造价等。行车道宽度必须有能满足对向车辆错车、超车或并列行驶以及车辆与路肩之间所必需的余宽。

（二）路肩

路肩是指行车道外缘到路基边缘，具有一定宽度的带状部分，《规范》中规定有一般和最小宽度值。路肩通常包括硬路肩（高速公路和一级公路含路缘带）、土路肩。

路肩的作用是：增加路幅的富余宽度；保护和支撑路面结构；供临时停车使用；为公路其他设施提供设置场地；汇集路面排水。

1. 硬路肩

硬路肩是指进行了铺装的路肩。硬路肩宽度可采用 0.75 m、1.5 m、2.5 m、3.0 m，3.5 m 等硬路肩的横坡，一般同行车道。

2. 土路肩

土路肩是指不进行铺装或经硬化处理的路肩，用于各级公路，宽度可用 0.5 m、0.75 m 等。土路肩的排水性远低于路面，故其横坡度宜较路面增大 1.0% ~ 2.0%。

3. 中间带

中间带指高速公路、一级公路中间设置的分隔上下行驶交通的设施，包括两条左侧路缘带和中央分隔带宽度。

中间带的作用是：分隔上、下行车流；杜绝车辆随意调头；减少夜间对向行车眩光；显示车道的位置，诱导视线；为其他设施提供场地。

公路整体式断面的中间带宽度有 2.0 m、2.5 m、3.0 m、3.5 m、4.5 m 等。分离式断面中间带宽度宜大于 4.5 m。此时中间带宽度可随地形变化而灵活运用，不必等宽，且两侧行车道亦不必等高，而应与地形、景观相配合。

为了方便养护作业、紧急救援和某些车辆在必要时驶向反方向，中央分隔带应按一定间距设置开口。高速公路和一级公路开口部位一般以 2 km 为宜，城市道路可根据横向交通（车辆和行人）的需要设置。开口端部的形状有半圆形、弹头形等。高速公路、一级公路的中央分隔带开口处，应设活动护栏。

三、非机动车道、人行道与路缘石

（一）非机动车道

城市行驶的非机动车包括自行车、三轮车、畜力车、板车等。按照我国各城市对非机动车车道的使用经验，非机动车车道的基本宽度可采用 5.0 m、6.5m、8.0 m 三种。

（二）人行道

人行道主要是供行人步行之用，同时也是植物、立杆的场地。人行道的地下空间还可埋设管线等。

一个步行的人所占用人行道宽度与人手中携带物品的大小和携带方式有关，变化在 0.60 ~ 0.90 m 之间。车站、码头的人行天桥、人行地道的一条人行带宽度取 0.90 m，其余情况取 0.75 m。

（三）路缘石

路缘石是设置在路面与其他构造物之间的标石。在分隔带与路面之间，人行道与路面之间一般都需要设置路缘石。

路缘石的形状有立式、斜式和曲线式等几种。

高速公路和一级公路中央分隔带上的路缘石起导向、连接和便于排水的作用，高度不宜太高，因为采用较高的路缘石（高度＞20 cm），高速行驶的汽车一旦驶入将产生飞跃甚至翻车。所以高速公路的分隔带因排水必须设置路缘石时，应使用低矮光滑的斜式或曲线式的，高度宜小于 12 cm。

城市道路的人行道及人行横道宽度范围内路缘石宜做成低矮的且坡面较为平缓的斜式，便于儿童车、轮椅及残疾人通行。在分隔带端头或交叉口的小半径处，路缘石宜做成曲线式。

四、平曲线超高设计

（一）超高过渡方式

超高缓和段就是每一个微分横断面上的路面随桩号前进方向逐渐旋转的过程。旋转时，取决于路面绕哪一条基线旋转。路面的三条基线分别为路面未加宽时的内侧边缘、路面未加宽时的中心线和路面未加宽时的外侧边缘线。超高缓和段有两种情况（有、无中央分隔带）共六种形式。

1. 无中间带公路

第一，超高横坡度等于路拱坡度时，将外侧车道绕路中线旋转，直至超高横坡值。

第二，超高横坡度大于路拱坡度时，分别采用以下三种过渡方式：①绕内侧车道边缘旋转：新建工程宜采用此种方式。②绕路中线旋转：改建工程可采用此种方式。③绕外侧车道边缘旋转：路基外缘标高受限制或路容美观有特殊要求时可采用此种方式。

2. 有中间带公路

（1）绕中间带的中心线旋转

中间带宽度小于或等于 4.5 m 的公路可采用。

（2）绕中央分隔带边缘旋转

各种宽度中间带的公路均可采用。

（3）分别绕行车道中线旋转

车道数大于四条的公路可采用。

（二）超高缓和段长度计算

超高缓和段上逐渐超高引起外侧边缘或内侧边缘的纵坡逐渐增加或减小，使边缘纵坡与原设计不一致，其差值 p 称为超高渐变率或超高附加坡度。该值太大，将使路形不美观，乘客不舒适；太小，则会影响路面排水和交通安全。为此要控制 p 值，即控制外侧边缘的加高速度（或路面内侧边缘的降低速度）；或控制以路面前进方向为旋转轴（绕基线）的路面角速度。

某一圆曲线对应超高缓和段最小长度的计算，双车道公路为：

$$L_c = \frac{B\Delta_i}{p}$$

式中 Δ_i ——超高坡度与路拱坡度的代数差（％），绕内边轴旋转时，为旋转轴外侧的最大超高横坡度 i_y 与原路面的路拱坡度 i_g 的代数差，即 $\Delta_i = i_y - i_g - (-i_g) = i_y$；绕中轴旋转时 $\Delta_i = i_y - (-i_g) = i_y + i_g$。

其余符号同前。

一般情况下，超高缓和段与缓和曲线长度相等。但有时因考虑线形的协调性，而配置较长的回旋曲线（缓和曲线），则超高的过渡可仅在回旋曲线的某一区段内设置。从利于排除路面降水考虑，横坡度由双坡 2%（或 1.5%）过渡到单坡 2%（或 1.5%），路段的超高渐变率 p 不得小于 1/330。

五、行车视距及其保证

（一）行车视距的类型

为了行车安全，驾驶人员应能随时看到汽车前面相当远的一段路程，一旦发现前方路面上有障碍物或迎面来车，能及时采取措施，避免相撞，这一必需的最短距离称为行车视距。行车视距是否充分，直接关系到行车的安全与速度，它是道路使用质量的重要指标之一。在道路平面上的暗弯（处于挖方路段的弯道和内侧有障碍物的弯道）、纵断面上的凸形竖曲线以及下穿式立体交叉的凹形竖曲线上，都有可能存在视距不足的问题。

驾驶员发现障碍物或迎面来车，根据其采取措施的不同，行车视距可分为以下几种类型。

1. 停车视距

汽车行驶时，自驾驶人员看到前方障碍物时起，至到达障碍物前安全停止，所需的最短距离。

2. 会车视距

在同一车道上两对向汽车相遇，从相互发现时起，至同时采取制动措施使两车安全停止，所需的最短距离。

3. 错车视距

在没有明确划分车道线的双车道道路上，两对向行驶之汽车相遇，发现后即采取减速避让措施安全错车所需的最短距离。

4. 超车视距

在双车道公路上，后车超越前车时、从开始驶离原车道之处起，至可见逆行车并能超车后安全驶回原车道所需的最短距离。

上述四种视距中，前三种属于对向行驶，第四种属于同向行驶。第四种需要距离最长，需单独研究。而前三种中，以会车视距最长，只要道路能保证会车视距，停车视距和错车视距也就可以得到保证了。根据计算分析得知，会车视距约等于停车视距的两倍，故只需计算出停车视距就可以了。

2. 行车视距的保证

在道路的弯道设计中，除了要考虑曲线半径 R、超高、加宽等因素外，还必须注意路线内侧是否有树林、房屋、边坡等阻碍司机的视线障碍物，这种处于隐蔽地段的弯道简称为"暗弯"。属"暗弯"，都应该进行视距检查，若不能保证该级公路或城市道路的最短视距，则应该将阻碍视线的障碍物清除。因曲线内侧及其他人工构造物等而不能保证视距时，可采取加宽中间带、加宽路肩或将构造物后移等措施予以处理；如果是因挖方边坡妨碍了视线，则应按所需净距绘制包络线（或称"视距曲线"）开挖视距台。

六、路基横断面设计

（一）公路横断面设计要求

公路横断面的组成除上述与行车有关的路幅宽度外，还有与路基工程、排水工程、环保工程有关的各种设施。

横断面设计必须结合地形、地质、水文等条件，本着节约用地的原则，选用合理的断面形式，以满足行车顺适、工程经济、路基稳定且便于施工和养护的要求。

（二）路基标准横断面

在具体设计每个横断面之前，先确定路基的标准横断面（或称"典型横断面"）。在标准横断面图中，一般要包括路堤、路堑、半填半挖、挡土墙路基、砌石路基等。断面中的边坡坡率、边沟尺寸、挡墙断面等必须按现行《公路路基设计规范》（JTG D30-2004）的规定办理。对于高填、深挖、特殊地质条件路基、浸水路堤等，应单独设计。

（三）横断面设计方法

第一，在绘图纸上绘制横断面的地面线。地面线是在现场测绘的，若是纸上定线，可从大比例尺的地形图上内插获得，在计算机辅助设计中可通过数字化仪或键盘向计算机输入横断面各变化点相对于中桩的坐标，由绘图机自动绘制。横断面图的比例尺一般是1：200。

第二，从"路基设计表"中抄入路基中心填挖高度，对于有超高和加宽的曲线路段，还应抄入"左高""右高""左宽""右宽"等数据。

第三，根据现场调查所得的"土壤、地质、水文资料"，参照"标准横断面图"，画出路幅宽度，填或挖的边坡坡线，在需要设置各种支挡工程和防护工程的地方画出该工程结构的断面示意图。

第四，根据综合排水设计，画出路基边沟、截水沟、排灌渠等的位置和断面形式。必要时须注明各部分尺寸。此外，对于取土坑、弃土堆、绿化等也尽可能画出。经检查无误后，修饰描绘。

第三章　道路选线与定线

第一节　道路选线

选线是根据路线的基本走向和技术标准的要求，结合当地的地形、地质、地物及其他沿线条件和施工条件等，选定一条技术上可行、经济上合理，又能符合使用要求的公路中心线的工作。

一、选线的方法与步骤

（一）选线方法

1. 实地选线

实地选线是由选线人员根据设计任务书的要求，在现场实地进行勘察测量，经过反复比较，直接选定路线的方法。这是我国传统的选线方法。

实地选线的特点是方法简便，切合实际，容易掌握地质、地形、地物情况，做出的方案比较可靠，定线时一般不需要大比例尺地形图。但是，这种方法野外工作量很大，体力劳动强度大，野外测设工作受气候季节的影响大。同时，由于实地视野的限制，掌握地形、地貌、地物的局限性很大，所以路线的整体布局有一定的片面性和局限性。实地选线适用于一般等级较低、方案比较明确的公路。

2. 纸上选线

纸上选线是在已经测得的地形图上进行路线布局、方案比选，从而在纸上确定路线，将此路线再放到实地的选线方法。

纸上选线的特点是野外工作量较小，不受自然因素干扰，能在室内综观全局，结合地形、地物、地质条件，综合平衡平、纵、横三方面因素，所选定的路线更为合理。但纸上选线必须有大比例尺地形图，地形图的测设需花费较大的工作量和具备一定设备。纸上选线的地形图若用航空摄影成图可大大缩短成图时间。随着航测技术的发展，纸上选线方法开始得到广泛应用，对于高等级公路和地形、地物及路线方案十分复杂的公路更为适用。

（二）选线的一般原则

第一，在道路设计的各个阶段，应运用各种先进手段对路线方案做深入、细致的研究，在多方案论证、比选的基础上，选定最优路线方案。

第二，路线设计应在保证行车安全、舒适、迅速的前提下，做到工程量小，造价低，营运费用省，效益好，并有利于施工和养护。

第三，选线应注意同农田基本建设相配合，做到少占田地，并应尽量不占高产田、经济作物田或穿过经济林园（如橡胶林、茶林、果园）等。

第四，通过名胜、风景、古迹地区的公路，应与周围环境、景观相协调，并适当照顾美观。注意保护原有自然状态和重要历史文物遗址。

第五，深入调查工程地质、水文地质情况，避开不良地质地段。

第六，重视环保，减少污染。

第七，对高速、一级公路因地制宜采用分离式断面。

（三）选线步骤

一条道路路线的选定是经过由浅入深、由轮廓到局部、由总体到具体过程来实现的，一般要经过以下三个步骤：

1. 全面布局

全面布局是解决路线基本走向的全局性工作，就是在起、终点及中间必须通过的据点间寻找可能通行的路线带，并确定一些大的控制点，连接起来即形成路线的基本走向。

全面布局是关系到公路命运的根本问题。全面布局如果不当，即使局部路线选得再好，技术指标确定得再恰当，也是一条质量很差的路线。因此，在选线中，首先应着眼于全面布局工作，解决好基本定向问题。全面布局是通过路线视察，经过方案比较来进行的。

2. 逐段安排

这是在路线基本定向已经确定的基础上，进一步加密控制点，解决路线局部方案的工作，即是在大控制点间，结合地形、地质、水文、气候等条件，逐段定出小控制点。逐段安排路线是通过踏勘测量或详测前的查看路线来解决的。

3. 具体定线

这是在逐段安排的小控制点间，根据技术标准结合自然条件，综合考虑平、纵、横三方面因素，反复穿线插点，具体定出路线位置的工作。这一步更深入、更具体。具体定线由详测时的选线组来完成。

二、路线方案选择

路线方案是通过许多可能的方案经反复比选而确定的。指定的两个"据点"（起、终点或中间大的控制点）之间的自然情况越复杂、距离越长，则可能的比较方案就越多，需要淘汰的方案也就越多。受现有设计手段以及自然环境的限制，一般不可能每条路线都通过实地勘察，因而要尽可能收集已有资料，先在室内进行研究筛选，然后就最佳的、优劣难辨的有限方案进行调查或踏勘。

（一）影响路线方案选择的主要因素

第一，路线在政治、经济、国防上的意义，国家或地方建设对路线使用任务、性质的要求，改革开放、综合利用等重要方针的体现。

第二，路线在铁路、公路、航道、空运等交通网系中的作用，与沿线工矿、城镇等规划的关系，以及与沿线农田水利等建设的配合及用地情况。

第三，沿线自然条件的影响。

第四，设计道路主要技术标准和施工条件的影响。

第五，其他，如与沿线旅游景点、历史文物、风景名胜的联系等。

（二）评价路线方案的主要技术、经济指标

第一，路线长度。

第二，线形标准、技术指标。

第三，占地面积。

第四，工程数量：土石方、路面、桥涵、挡土墙、防护工程。

第五，材料用量：钢材、水泥、木材。

第六，劳动力：数量、来源。

第七，工程总造价。

（三）路线方案选择的方法和步骤

1. 收集资料

为了做好公路选线工作，必须尽可能收集现有资料，以减少勘测调查的工作量。要收集的主要资料包括：各种比例尺的地形图、卫星相片、航拍相片和以往的勘测设计资料，交通量及交通组成等交通调查资料，相交道路的主要技术标准、平面与纵断面图、交通量以及设计、施工和运营资料，路线行经地区的地质、水文、气候等自然条件方面的有关资料，路线行经地区的城镇、工矿、铁路、航空、水利建设和规划资料，与路线方案有关的统计资料，相邻道路建设的成功经验和失败教训。

2. 室内筛选

根据确定了的路线总走向和公路等级，先在小比例尺（1∶50000或1∶100000）的地形图上，结合收集的资料，初步研究各种可能的路线走向。研究重点应放在地形、地质、地物复杂，外界干扰多和牵涉面大的段落。

3. 实地调查

按室内初步研究提出的方案进行实地调查，连同野外调查中发现的新方案，都必须坚持跑到、看到、调查到，不遗漏一个可能的路线方案。

野外调查要求做到以下几点：

①初步落实各据点的具体位置。

②对路线、大桥、隧道等均应提出推荐方案。

③分段提出采用技术标准和主要技术指标的意见；在深入调查的基础上，通过比较，选定路线必经的控制点，对于地形、地质、地物情况复杂的地区，应提出路线具体布局意见。

④分段估算各种工程量。

⑤筑路材料调查。

⑥其他（如沿线民族习惯、居住、生活供应、水源、运输条件、气候特征、沿线林木覆盖、地形险阻等）情况也应进行调查，为下一步勘测提供资料。

三、各种地形条件的选线要点

（一）平原地区选线

平原地区公路选线应着重论证填方、取土、弃土对农业资源、土壤耕作条件的影响，对农田水利排灌系统的影响，路面径流对养殖业水体的影响。绕城线或城市出入口的公路选线应着重论证的内容有：拆迁的影响，阻隔出行、交往的影响，交通噪声的影响，环境空气污染的影响，与环境敏感点的距离等影响。

1. 正确处理道路与农业的关系

平原地区新建公路要占用一些农田，这是不可避免的，但要尽量做到少占和不占高产田。布线要从路线对国民经济的作用、对支农运输的效果、地形条件、工程数量、交通运输费用等方面全面分析比较，既不能片面求直而占用大片良田，也不能片面强调不占某块田，使路线弯弯曲曲，造成行车条件恶化。

2. 合理考虑路线与城镇的联系

国防公路和高等级公路应尽量避免穿越城镇、工矿区及较密集的居民点。但又要考虑到便利支农运输，便利群众，便利与工矿企业的联系，路线不宜离开太远，做到近而不进，必要时还可修建一定的支线联系，既方便运输又保证安全。

3. 处理好路线与桥位的关系

大桥是路线基本走向的主要控制点，大（特大）桥原则上应服从路线总方向并满足桥头接线的要求，做到桥路综合考虑。要注意防止两种倾向：一种是单纯强调桥位，造成路线过多迂绕，或过分强调正交桥位，出现桥头急弯，影响行车安全；另一种是只顾线形顺直，不顾桥位，造成桥位不合适或斜交过大，增加建桥困难。

中、小桥和涵洞位置应服从路线走向，但遇到斜交过大或河沟过于弯曲的情况，可采取改河措施或改移路线，调整桥轴线与流向的夹角，以免过分增加施工困难和加大工程投资，选线时应全面比较后确定。

4. 注意土壤水文条件

平原地区的土壤水文条件较差，特别是河网湖泊区，由于地势低平，地下水位高，路基稳定性差，因此应尽可能沿接近分水岭的地势较高处布线。当路线遇到面积较大的湖泊、鱼塘、泥沼和洼地时，一般应绕避；如需要穿越，应选择最窄、最浅和基底坡面较平缓的地方通过，并采取有效措施，保证路基的稳定。必要时应进行路、桥通过的技术经济比较。

5. 正确处理新、旧路的关系

平原地区通常有较宽的人行大路或等级不高的公路，当设计交通量很大、需要新建公路时，应分别处理好新、旧路的关系；对旧路可采取利用、改造、穿越等处理方法，切不可忽视旧路的作用。

6. 尽量靠近建筑材料产地

平原地区一般缺乏砂、石等建筑材料，路线应尽可能靠近建筑材料产地，以减少施工、养护的材料运输费用。

（二）丘陵地区选线

丘陵地区的地形决定了通过丘陵地区的路线特点是：局部方案多，且为了充分适应地形，路线纵断面将会有一定起伏，路线平面也必将以曲线为主体。

第一，微丘地区选线应充分利用地形，处理好平、纵线形的组合。不应迁就微小地形，造成线形迂回曲折，也不宜采用长直线，造成纵面线形起伏过大。

第二，重丘地区选线应注意的问题：①注意利用有利条件减少工程量。②注意路线平、纵、横的综合设计。③注意少占耕地不占良田。④遇到冲沟比较多的地段，高速、一级和二级公路可采用高路堤或高架桥的直穿方案；三、四级公路则宜采用绕越方案。⑤遇到地质不良地段，应考虑绕避通过，不得已时，应尽量调整平、纵线形，恰当掌握技术指标，以尽量少扰动的方式通过，并采取必要的工程防护和支挡措施及排水设施，确保路基边坡及路基稳定。

（三）山岭地区选线

1. 越岭线

越岭线是沿山脊分水岭一侧山坡面爬上山脊，在适当地点穿过碰口，再沿另一侧山坡面下降的路线。其主要特点是路线需克服较大的高差，这是因为山岭自然坡度大于路线许可的最大纵坡所致。越岭线的长度和平面位置，主要取决于路线纵坡的安排，因此，在越岭线的选线中，起主导作用的是纵坡，其次是横断面和平面。越岭线路线布局的主要问题是垭口选择、过岭标高和坝口两侧路线的展线方案拟订。此三项工作是相互联系、相互影响的，布局时应综合考虑。

2. 沿河（溪）线

沿河（溪）线是沿河（溪）布设的路线，其特点是傍山临水，无论丘陵地区或山岭地区都有可能选用。

（1）河岸选择

河岸的选择一般应结合地形、地质条件、气候、城镇及居民点的分布情况等因素经过技术经济比较决定。

（2）跨河换岸的桥位

按路线与河流的关系，有跨支流和跨主流两类桥位。跨支流的桥位选择，一般属于局部方案问题；而跨主河的桥位选择，多属于路线布局的问题。跨主河的桥位往往是确定路线走向的控制点。

路线跨越主河，由于路线与河流接近平行，桥头布线一般比较困难，因此，在选择桥位时除应考虑桥位本身水文、地质条件外，还要注意桥头路线的舒顺，处理好桥位与路线的关系。

（3）线位布设的高、低

高线是高出设计水位较多，路基不受洪水威胁的路线。高线一般位于山坡上，不受洪水威胁，废方易处理，但路线线形差，工程量大，不易避让不良地形、地质路段，路线跨河困难，跨河桥梁工程量较大。低线是高出设计水位不多，路基临水一侧边坡受洪水威胁的路线。低线易争取较高的线形指标值，路基工程量小，易避让不良地形、地质等，但路基受洪水威胁，防护工程较多。

第二节　道路定线

一、定线方法

定线是在选线的基础上，具体定出道路中线位置的过程，按工作对象的不同分为纸上定线和现场定线。

（一）纸上定线

纸上定线的工作对象是地形图，俯视范围大，控制点容易确定，平、纵线形及其组合可反复试线修改，可发挥定线组集体作用，数字地图的引用使设计更加方便。纸上定线劳动强度小，但定线需测绘大比例尺地形图，定线精度依赖于地形图的精度，纸上路线还需放到实地。纸上定线适用于各等级、各类地形条件的路线，对技术标准高，地形、地物复杂的路线必须采用纸上定线，以提高定线质量。

（二）现场定线

现场定线是设计人员直接在现场定出道路中线的具体位置。现场定线的工作对象是现场实际地形、地物。现场定线山脉水系真实，线位精度高，不需要测绘大范围大比例尺地形图，只要设计人员肯下功夫、地形不复杂，经反复试线也能定出比较合适的路线。但因实地视野受限、劳动强度大，不允许过多返工，现场定线存在研究利用地形不彻底、平纵线形难以很好组合的局限性，定线质量受到影响。其适用于标准较低或地形、地物简单的路线。

现场定线需要设计人员根据路线所经地区的地形、地物、地质及水文等自然条件，充分掌握资料，考虑路线的平、纵、横三个面，反复试线，多次改进，才能把路线定在比较合适的位置。

二、纸上定线的工作步骤

纸上定线是在大比例尺（一般以 1 ∶ 1 000 为宜）地形图上确定道路中线的位置。

对定线来讲，不同的地形有不同的矛盾。譬如平原、微丘陵地区，地形平易，路线一般不受高程限制，定线主要是正确绕避平面上的障碍，力争控制点间路线顺直短捷。山岭、重丘陵地区地形复杂，横坡陡峻，定线时利用有利地形，避让艰巨工程、不良地质地段或地物，都涉及调整纵坡问题，而山岭区纵坡的限制又是较严的，因此在山区和重丘陵区安排好纵坡就成为首要问题了。这些因地形而异的指导原则，并不因采用定线方法的不同而改变。

经过几次修正导向线后，确定出满足《标准》、平纵线形都比较合理的路线导线，最终定出交点位置。

纸上定线的具体操作有如下两种做法。

（一）直线型法（传统法）

利用导向线各点的可活动性，按照照顾多数，注意重点的原则，掌握与该路等级相应的几何标准，先用直尺试穿出与较大地形相适应的一系列直线，然后用适当的曲线把相邻直线连接起来。地形复杂转折较多或转弯处控制较严时，也可先定曲线，后用直线把曲线顺滑地连接起来。

（二）曲线型法

根据导向线上各点控制性严宽的程度，参照设计路标准的要求，先用一系列圆弧去拟合控制较严的地段或部位，然后把这些圆弧用适当的缓和曲线连接起来。

上述两种方法并无本质上的区别，但手法不同，计算过程及成果表示方式也不相同。由于适用性的差异，有的甚至在线形设计质量上有所反映。一般来说，前者适用于地形平易的平原微丘地区，后者适用于地形、地物复杂的丘陵、山岭地区。

三、现场定线的工作步骤

现场定线的指导原则与纸上定线一样，如山岭区路线仍需从安排纵坡入手，只是定线条件变了，工作步骤应做相应的改变，现仍以山区越岭线为例，阐述工作步骤如下：

（一）分段安排路线

在选线布局定下的主要控制点之间，沿拟定方向用试坡方法粗定出沿线应穿、应避的一系列中间控制点，拟订路线轮廓方案。

（二）放坡、定导向线

放坡是要解决控制点间纵坡合理安排问题，实质上就是现场设计纵坡。

放坡由受限较严的控制点开始，一人用带角手水准，对好与选用坡度相当的角度，立于控制标高处指挥另一持花杆的人在山嘴、山坳等地形变化处，计划变坡处及顺直山坡上每隔一定距离定点，插上坡度旗，旗上最好注明选用的坡值。如果一边放坡一边插线，必须先放完一定长度（一般不应少于 4 或 5 条导线边长）的坡度点之后，定线人员再利用返程进行下一步工作。

（三）修正导向线

坡度点就是概略的路基设计标高，由于各点的地面横坡度陡缓不一，线位放上放下对路基的稳定和填挖工程量影响很大，应在各坡度点的横断面上选定最合适的中线位置并插上标志。这些点的连线即为修正的导向线。

（四）穿线交点

修正导向线是具有合理纵坡，横断面上位置最佳的一条折线，穿线要从平面线型要求着眼，尽可能多地靠近或穿过导向线上的特征点，特别要注意控制性严格的点，裁弯取直，使平、纵、横三面恰当结合，穿出与地形相适应的若干直线，延伸这些直线定出交点，即为路线导线，这步工作很重要，定线人员必须反复试插、修改，才能定出合理的路线。

（五）曲线插设

地形曲折复杂的山区路线，曲线在路线总长中占很大比重，且常常是地形困难处，正是需要设置曲线的地方，因此必须研究曲线的插设方法。常用的插设方法有单交点法、虚交点法、曲线起（终）点法、回头曲线插法等。

（六）纵断面设计

直接定线的纵坡设计，一般都是在对平面线形做了某种程度的肯定之后进行的。具体做法是先按常规拉坡的办法，借用横断面，并参考定线时的设想，逐桩拟定最合适的填、挖高度，并按控制松严的程度分别用不同符号注在纵断图上。按照"注意重点，照顾多数"的原则试定纵坡，试坡应符合《标准》要求并设置竖曲线，其次检查平、纵面线形配合情况，可能出现如下几种情况：

第一，只需调整纵坡即能满足要求时，按需要调整纵坡线形。

第二，靠调整纵坡的方法无法满足需要时，应综合考虑决定调整平面方案。

第三，工程经济与平、纵配合矛盾很大时，应结合路线等级、工程量大小等因素具体分析，确定调整方案。

经过多次检查，反复修改后的纵坡即可认为是最终结果。

第四章 路线交叉

第一节 道路平面交叉

道路与道路在同一平面上相交称为平面交叉，又称交叉口。在道路网中，各种道路纵横交错，必然会形成很多交叉口，交叉口是道路系统的重要组成部分，是道路交通的咽喉。相交道路的各种车辆和行人都要在交叉口汇集、通过和转换方向，由于它们之间的相互干扰会使行车速度降低、阻滞交通、耽误通过时间，也容易发生交通事故，因此，如何正确设计交叉口、合理组织交通，对于提高交叉口的车速和通行能力、减少延误和交通事故、避免交通阻塞、保障交叉口行车通畅都具有重要意义。

一、平面交叉口基本类型

平面交叉口的形式，取决于道路网的规划、交叉口用地及其周围的地形、地物情况，以及交通量、交通性质和交通组织。常见的交叉口形式有十字形、T形、Y形、X形、错位交叉和多路交叉六种。这些交叉口在平面上的几何图形，由规划道路网和街坊建筑的形状所决定，一般不能轻易改变。但在具体设计中，常因交通量、交通性质以及不同的交通组织方式，把交叉口设计成各具特点的形式，可归纳为如下四类：

（一）加铺转角式

交叉口用适当半径的圆曲线平顺连接相交道路。此类交叉口形式简单，占地少，造价低，设计方便；但行车速度低，通行能力小。加铺转角式只适用于交通量小、车速低、转弯车辆少的三、四级公路或地方道路；设计时主要解决合适的转角曲线半径和足够的视距问题。

（二）分道转弯式

通过设置导流岛、划分车道等措施，使单向右转或双向左、右转车流以较大半径分道行驶的平面交叉。此类交叉口转弯车辆，尤其是右转弯车辆行驶速度和通行能力都较高，适用于车速较高、转弯车辆较多的一般道路。设计时主要解决分道转弯半径、保证足够的视距和满足导流岛端部半径的要求。

（三）扩宽路口式

为使转弯车辆不影响其他车辆的正常行驶，在交叉口连接部增设变速车道和转弯车道的平面交叉。此类交叉口可减少转弯车辆对直行车辆的干扰，车速较高，事故率低，通行能力大；但占地多，投资较大。此类交叉口适用于交通量大、转弯车辆较多的二级公路和城市主干路。设计时主要解决拓宽的车道数，同时也应满足视距和转角曲线半径的要求。

（四）环形交叉（俗称转盘）

在交叉口中央设置中心岛，用环道组织渠化交通，使进入环道的所有车辆一律按逆时针方向绕岛单向行驶，直至所要去的路口的平面交叉。

环形交叉口的优点是：驶入交叉口的各种车辆可连续不断地单向行驶，没有停滞，减少了车辆在交叉口的延误时间；环道上消灭了冲突点，只有分流点与合流点，提高了行车的安全性；交通组织简便，不需信号管制；对多路交叉和畸形交叉，用环形交叉更为有利；中心岛绿化可美化环境。

环形交叉口的缺点是：占地面积大，城区改建困难；一般造价高于其他平面交叉口；增加了车辆的绕行距离，特别是左转弯车辆。

当多条道路相交，通过交叉口的交通量总数为 500 ~ 3000 辆 / 小时且地形平坦时，可考虑采用环形交叉。但下列情况一般不宜采用环形交叉口：快速道路，交通量大的干线道路，有大量非机动车和行人交通的道路，桥头引道等。另外，按规划需要修建立体交叉处，短期可考虑采用环形平面交叉作为过渡形式。

二、交通组织设计

车辆交通组织的目的就是保证交叉口上车辆行驶安全、通畅，提高交叉口的通行能力。常用的交通组织方法有限定车流行驶方向、设置专用车道、渠化交叉口、实行信号管制等。

（一）组织不同行驶方向的车辆在各自的车道上分道行驶，互不干扰

根据行车道宽度和左、直、右行车辆的交通量大小，可做出多种组合的车道划分。

（二）渠化设计

所谓渠化交通，就是人、车分离，各种车辆各行其道，互不干扰，顺序行驶。

渠化交通的作用是利用分车线或分隔带、交通岛等，把不同方向和速度的车辆划分车道行驶，使行人和司机很容易看清互相行驶的方向，避免车辆相互侵占车道和干扰行车路

线，因而可减少车辆相互碰撞的机会，增加行车安全。

（三）调整交通组织

当旧城道路改建困难时，可对城市道路网综合考虑，采取改变交通路线、限制车辆行驶、控制行驶方向、组织单向交通，以及适当封闭一些主要干道上的支路等措施，简化交叉口交通，提高整个道路网的通行能力。

（四）采用自动控制的交通信号指挥系统

提高行车速度和通行能力。

三、交叉口的视距及转弯设计

（一）视距三角形

由相交道路上的停车视距所构成的三角形称为视距三角形。在其范围内不能有任何阻挡驾驶员视线的障碍物。视距三角形应以最不利情况绘制，绘制的方法和步骤如下。

第一，确定停车视距 S 停，可用停车视距计算公式计算或根据相交道路的设计速度按规范确定。

第二，找出行车最危险的冲突点，对十字形交叉口，最靠右侧的第一条直行机动车道的轴线与相交道路最靠中心线的第一条直行车道的轴线所构成的交叉点为最危险冲突点；对 T 形（Y 形）交叉口，直行道路最靠右侧第一条直行车道的轴线与相交道路最靠中心线的一条左转车道的轴线所构成的交叉点为最危险的冲突点。

第三，从最危险的冲突点向后沿行车轨迹线各量取停车视距 S 停。

第四，连接末端构成视距三角形。

（二）转弯设计

为了保证各种右转车辆能以一定车速顺利转弯，交叉口转角处的路缘石或行车道边缘应做成圆曲线或多心复曲线，圆曲线的半径 R 称为转角半径。

在未考虑机动车道加宽的情况下，转角半径 R_1 为：

$$R_1 = R - (\frac{B}{2} + F)$$

式中 B——机动车道宽（m），一般采用 3.5m。

F——非机动车道宽度（m）。

R——右转车道中心线半径（m）。

四、交叉口立面设计

交叉口立面设计（也称竖向设计）的目的是合理确定交叉口范围内相交道路共同构筑面上各个点的设计标高。统一解决行车、排水、建筑艺术三方面在立面位置上的要求，使相交道路在交叉口处形成一个平顺的面，以保证行车顺适、排水通畅，并与周围建筑物的地面标高协调。

（一）立面设计的要求和一般原则

第一，主要道路通过交叉口时，其设计纵坡维持不变。

第二，相交道路的等级相同，交通量差别不大，而且有不同的纵坡时，两条道路的设计纵坡维持不变，而只改变它们的横坡。一般是改变纵坡较小的道路的横断面形状，将路面拱顶线逐渐向纵坡较大的道路的街沟移动，使其横断面与纵坡较大的道路的纵坡一致。

第三，相交道路的等级和交通量都不相同时，主要道路的纵、横断面均维持不变，次要道路的纵坡应随主要道路的横断面而变，次要道路的横断面应随主要道路的纵坡而变，即次要道路双向倾斜的横断面应逐渐过渡到与主要道路的纵坡一致的单向倾斜横断面，以保证主要道路交通便利。

第四，为了保证排水，设计时至少应有一条道路的纵坡离开交叉口。如遇困难地形，例如交叉口在盆形地形且所有道路的纵坡都向着交叉口时，必须预先考虑修筑地下排水管道和设置进水口。

第五，在交叉口布置进水口，应不使地面水流过交叉口的人行横道，也不应使地面水在交叉口内积存或流入另一条道路。为此，进水口应设在交叉口人行横道前面截往来水的地方或立面设计低洼处。

（二）立面设计的步骤和方成

交叉口立面设计的传统方法有方格网法、设计等高线法以及方格网设计等高线法三种。这些传统方法虽然有它们固有的优点，但是在施工放样中的实用性较差，已较少使用。目前对于简单的沥青路面交叉口，通常采用特征断面法确定交叉口特征断面的定位里程、尺寸和设计标高，由此构成交叉口标高控制。对于水泥混凝土路面交叉口和大型、复杂的沥青路面交叉口，采用简单的特征断面法不能完整表达交叉口的立面，必须加密交叉口范围内的设计标高，即采用高程图法。加密设计标高，常用的方法是增加计算辅助线，采用标高计算线网。如采用计算机辅助设计平面交叉口，采用曲面模型进行立面设计，就有较大优势，尤其对于大型、复杂的交叉口和需要标注每个板角标高的水泥混凝土路面交叉口的立面设计。

第二节　道路立体交叉

一、立体交叉的组成

立体交叉（简称立交）指两条道路（道路与道路、道路与铁路、道路与其他通道等）在不同高度上相互交叉的连接方式。立体交叉能克服平面交叉口中所存在的通行能力低、行车延误、行车速度慢、安全性差的缺点。立体交叉是高速道路（高速公路和城市快速路的统称）必不可少的组成部分。

立体交叉通常由跨线构造物、正线、匝道、出入口以及变速车道等部分组成。

（一）跨线桥（或隧道）

跨线桥是立体交叉实现车流分隔的主体构造物，分上跨式和下穿式两种。上跨式是设于地面以上的跨线桥，下穿式是设于地面以下的隧道。

（二）主线（正线）

主线（正线）是指两条相交道路的直行线，主要包括连接跨线构筑物两端到地面标高的引道。

（三）匝道

匝道是相交道路上、下相互连通的连接道。

（四）出、入口

由正线驶出进入匝道的路口称为出口，反之由匝道驶入正线的路口则称为入口。

（五）变速车道

变速车道在高速公路进出口附近，主线右侧增设的为满足车辆变速的车道，分加、减速车道，入口端为加速车道，出口端为减速车道。

（六）辅助车道

在高速道路立体交叉的分、合流附近，为使匝道与高速道路车道数平衡和保持正线的基本车道数而在正线外侧设置的附加车道。

（七）匝道的端部

是指匝道两端分别与正线相连接的道口，它包括出入口、变速车道和辅助车道等。

（八）绿化带

在立体交叉范围内，由匝道与正线或匝道与匝道之间所围成的封闭区域。一般用以美化环境的绿化带，也可布设排水管渠、照明杆柱等设施。

（九）集散道路

在城市附近，为了减少车流进出高速道路的交织和出入口数量，可在高速道路的一侧或两侧设置与其平行且分离的专用道路。

二、立体交叉的类型及适用条件

（一）按结构物形式分类

立体交叉按相交道路结构物形式划分为上跨式和下穿式两类。

1. 上跨式

用跨线桥从相交道路上方跨过的交叉方式。这种立交施工方便，造价较低，排水易处理，但占地大，引道较长，高架桥影响视线和市容，宜用于市区以外或周围有高大建筑物处。

2. 下穿式

用地道（或隧道）从相交道路下方穿过的交叉方式。这种立体交叉占地较少，立面易处理，对视线和市容影响小，但施工期较长，造价较高，排水困难，多用于市区。

（二）按交通功能分类

立体交叉按交通功能可划分为分离式立交和互通式立交两类。

1. 分离式立交

仅设跨线构造物一座，使相交道路空间分离，上、下道路无匝道连接的交叉方式称为分离式立交。这种类型立交结构简单，占地少，造价低，但相交道路的车辆不能转弯行驶，适用于高速道路与铁路或次要道路之间的交叉。

2. 互通式立交

互通式立交不仅设跨线构造物使相交道路空间分离，而且上、下道路有匝道连接、以供转弯车辆行驶的交叉方式。这种立体交叉，车辆可

转弯行驶，全部或部分消灭了冲突点，各方向行车干扰较小，但立交结构复杂，占地

多，造价高。互通式立交根据交叉处车流轨迹线的交错方式和几何形状的不同，又可分部分互通式、完全互通式和环形立交三种类型。

（1）部分互通式立交

相交道路的车流轨迹线之间至少有一个平面冲突点的交叉。当个别方向的交通量很小或分期修建时，高速道路与次要道路相交或用地和地形等受限制时可采用这种类型立交。部分互通式的代表形式有菱形立交和部分苜蓿叶式立交等。

①菱形立交

这种形式立交能保证主线直行车辆快速通畅；转弯车辆绕行距离较短；主线上具有高标准的单一进出口，交通标志简单；主线下穿时匝道坡度便于驶出车辆减速和驶入车辆加速；形式简单，仅需一座桥，用地和工程费用小。但次线与匝道连接处为平面交叉，影响了通行能力和行车安全。

菱形立交布设时应将平面交叉设在次线上，主线上跨或下穿应视地形和排水条件而定，般以下穿为宜。次线上可通过渠化或设置交通信号等措施组织交通。

②部分苜蓿叶式立交

可根据转弯交通量的大小或场地的限制，采用图4-12所示任一种形式或其他变形形式。这三种形式立交的主线直行车快速通畅；仅需一座桥，用地和工程费用较小；远期可扩建为全苜蓿叶式立交。但次线上存在平面交叉，有停车等待和错路运行的可能。

部分苜蓿叶式立交布设时应使转弯车辆的出入尽可能少妨碍主线的交通，最好使每一转弯运行均为右转弯出入，不得已时应优先考虑右转出口。另外，平面交叉口应布置在此线上。

（2）完全互通式立交

完全互通式立交，相交道路的车流轨迹线全部在空间分离的交叉。它是一种比较完善的高级形式，匝道数与转弯方向数相等，各转向拥有专用匝道，适用于高速道路之间及高速道路与其他高等级道路相交。其代表形式有喇叭形、苜蓿叶形、Y形、X形等。

①喇叭形立交

喇叭形立交是三路立交的代表形式，可分为A式和B式。经环圈式左转匝道驶入主线（或正线）为A式，驶出时为B式。

这种立交除环圈式匝道适应车速较低外，其他匝道都能为转弯车辆提供较高速度的半定向运行；只需一座构造物，投资较省；无冲突点和交织，通行能力大，行车安全；造型美观，行车方向容易辨别。

布设时应将环圈式匝道设在交通量小的方向上，主线交通量大时宜采用A式。次线上跨对转弯交通视野有利，下穿时宜斜交或弯穿。

②苜蓿叶式立交

该立交平面形似苜蓿叶，交通运行连续而自然，无冲突点，可分期修建，仅需一座构造物。但这种立交占地面积大，左转绕行距离较长，环圈式匝道适应车速较低，且桥上、下存在交织；多用于高速道路之间的立交，而在城市内因受用地限制很难采用。因其形式美观，如果在城市外围的环路上采用，加之适当绿化，也是较为合适的。

该立交布设时为消除主线上的交织，避免双重出口，使标志简化以及提高立交的通行能力和行车安全，可加设集散车道。

③子叶式立交

子叶式立交只需一座构造物，造价较低，造型美观，但交通运行条件不如喇叭式好，正线存在交织，多用于苜蓿叶式立交的前期工程。布设时以使正线下穿为宜。

④Y形立交

Y形立交转弯车辆的运行速度较高，无交织，无冲突点，行车安全；行车方向明确，路径短捷，通行能力大；正线外侧占地宽度较小，但需要构造物较多，造价较高。

⑤X形立交

又称半定向式立交，各方向运行都有专用匝道、自由流畅，转向明确；无冲突点，无交织，通行能力大，适应车速高；但占地面积大，层多桥长，造价高，在城区很难实现。

（3）环形立交

相交道路的车流轨迹线因匝道数不足而共同使用，且有交织路段的交叉，一般为三路、四路、多路环形立交。

环形立交适用于主要道路与一般道路交叉，以用于五条以上道路相交为宜。这种立交能保证主线直通，交通组织方便，无冲突点，占地较少；但次要道路的通行能力受到环道交织能力的限制，车速受到中心岛直径的影响，构造物较多，左转车辆绕行距离长。

第五章 路基施工工程技术

第一节 一般路基施工

一、土质路基施工

土质路基施工分为土质路堤施工与土质路堑施工。

（一）土质路堤施工

1. 填料要求

含草皮、生活垃圾、树根、腐殖质的土严禁作为填料。泥炭、淤泥、冻土、强膨胀土、有机质土及易溶盐超过允许含量的土，不得直接用于填筑路基，确需使用时，必须采取技术措施进行处理，经检验满足设计要求后方可使用。液限（即土的流动状态与可塑状态间的界限含水率）大于50%、塑性指数（即液限与塑限的差值）大于26、含水量不适宜直接压实的细粒土，不得直接作为路堤填料；需要使用时，必须采取技术措施进行处理，经检验满足设计要求后方可使用。粉质土不宜直接填筑于路床，不得直接填筑于冰冻地区的路床及浸水部分的路堤。

2. 填筑取土

路基填方取土，应根据设计要求，结合路基排水和当地土地规划、环境保护要求进行，不得任意挖取。施工取土应不占或少占良田，尽量利用荒坡、荒地，取土深度应结合地下水等因素考虑，利于复耕。原地面耕植土应先集中存放，以利再用。地面横向坡度大于10%时，取土坑应设在路堤上侧。桥头两侧不宜设置取土坑。取土坑与路基之间的距离，应满足路基边坡稳定的要求。取土坑与路基坡脚之间的护坡道应平整、密实，表面设1%～2%向外倾斜的横坡。取土坑兼作排水沟时，其底面宜高出附近水域的常水位或与永久排水系统及桥涵出水口的标高相适应。线外取土坑等与排水沟、鱼塘、水库等蓄水（排洪）设施连接时，应采取防冲刷、防污染的措施。对取土造成的裸露面，应采取整治或防

= 42 =

护措施。

3. 土质路堤基底处理

二级及二级以上公路路堤基底的压实度（压实度指筑路材料压实后的干密度与标准最大干密度之比，以百分比表示）应不小于92%；三、四级公路应不小于90%。路基填土高度小于路面和路床总厚度时，基底应按设计要求处理。原地面有坑、洞、穴等情况的，应在清除沉积物后，用合格填料分层回填，分层压实，其压实度要求同路堤基底。陡坡地段、土石混合地基、填挖界面、高填方地基等都应按设计要求进行处理。地基为耕地、土质松散、水稻田、湖塘、软土、高液限土等时，应按设计要求进行处理，局部松软的部分也应采取有效的处理措施。地下水位较高时，应按设计要求进行处理。施工中应对地下水情况进行记录并及时反馈。泉眼或露头地下水，应按设计要求采取有效导排措施后方可填筑路堤。

4. 土质路堤填筑施工

性质不同的填料，应水平分层、分段填筑，分层压实。同一水平层路基的全宽应采用同一种填料，不得混合填筑。填筑路床顶最后一层时，压实后的厚度应不小于100 mm。对潮湿或冻融敏感性小的填料应填筑在路基上层。强度较小的填料应填筑在下层。在有地下水的路段或临水路基范围内，宜填筑透水性好的填料。路堤施工中，各施工作业层面应设2%～4%的双向排水横坡，层面上不得有积水，并采取相应的防水措施，防止水流冲刷边坡。不得在透水性较好的填料所填筑的路堤边坡上覆盖透水性不好的填料。每种填料的松铺厚度应通过试验确定。每一填筑层压实后的宽度不得小于设计宽度。路堤填筑时，应从最低处起分层填筑，逐层压实。填方分几个作业段施工时，接头部位如不能交替填筑，则先填路段，应按1∶1坡度分层留台阶；如能交替填筑，则应分层相互交替搭接，搭接长度不小于2 m。

选择施工机械，应考虑工程特点、土石种类及数量、地形、填挖高度、运距、气候条件、工期等因素，经济合理地确定。填方压实应配备专用碾压机具。

（二）土质路堑施工

1. 开挖要求

土质路基开挖前，应先根据地面坡度、开挖断面、纵向长度及出土方向等因素，结合土方调配，确定安全、经济的开挖方案。施工时要满足以下要求：

①土方开挖应自上而下进行，不得乱挖超挖，严禁掏底开挖。

②可作为路基回填料的土方，应分类开挖，分类使用。非适用材料作为弃方处理。

③开挖过程中，应采取措施保证边坡稳定。开挖至边坡线前，应预留一定宽度，预留的宽度应保证刷坡过程中设计边坡线外的土层不受到扰动。

④路基开挖中，基于实际情况，如需修改设计边坡坡度、截水沟和边沟的位置及尺寸，应及时按规定报批。边坡上稳定的孤石应保留。

⑤开挖至零填、路堑路床部分后，应尽快进行路床施工；如不能及时进行，宜在设计路床顶标高以上预留至少100 mm厚的保护层，防止下层土受到水的扰动⑥挖方路基路床顶面终止标高，应考虑因压实而产生的下沉量，其值通过试验确定。

2. 开挖排水

路堑施工中，应采取临时排水措施，及时将地表水排走，确保施工作业面不积水。路堑边沟与截水沟应从下游向上游开挖。截水沟通过地面坑凹处时，应将凹处填平、夯实。边沟及截水沟开挖后，应及时进行防渗处理，不得渗漏、积水和冲刷边坡及路基。

路堑开挖遇到地下水时应采取排导措施，将水引入路基排水系统，不得随意堵塞泉眼。施工中应对地下水情况进行记录并及时反馈。路床土含水量高或为含水层时，应采取设置渗沟、换填、改良土质、土工织物等处理措施。

二、石质路基施工

（一）填石路堤施工

填石路堤，是指用粒径大于40 mm且含量超过总质量70%的石料填筑的路堤。

1. 填料要求

膨胀岩石、易溶性岩石不宜直接用于路堤填筑，强风化石料、崩解性岩石和盐化岩石不得直接用于路堤填筑。路堤填料粒径应不大于500 mm，并不宜超过层厚的2/3，不均匀系数宜为15～20。路床底面以下400 mm范围内，填料粒径应小于150 mm。路床填料粒径应小于100 mm。

2. 基底处理

填石路堤基底处理除应满足土质路堤基底处理要求外，其承载力应满足设计要求。在非岩石地基上，应按设计要求设过渡层后，再填筑填石路堤。

3. 填筑要求

①施工前，应先通过试验路段，确定满足现行《公路路基施工技术规范》（JTG F10-2006）关于填石路堤孔隙率标准、路床最大干密度要求的松铺厚度、压实机械型号及组合、压实速度及压实遍数、沉降差等参数。

②二级及二级以上公路的填石路堤应分层填筑、压实。二级以下砂石路面公路在陡峻山坡地段施工特别困难时，可采用倾填的方式将石料填筑于路堤下部，但在路床底面以下1 m范围内仍应分层填筑、压实。

③岩性相差较大的填料应分层或分段填筑。严禁将软质石料与硬质石料混合使用。

④中硬、硬质石料填筑路堤时，应进行边坡码砌，码砌边坡的石料强度、尺寸及码砌厚度应符合设计要求。边坡码砌与路基填筑宜基本同步进行。

⑤压实机械宜选用自重不小于 18 t 的振动压路机。

⑥在填石路堤顶面与细粒土填土层之间应按设计要求设过渡层。

（二）石质路堑施工

石方开挖应根据岩石的类别、风化程度、岩层产状、岩体断裂构造、施工环境等因素确定合理的开挖方案。

爆破法施工应先查明空中缆线和地下管线的位置、开挖边界线外可能受爆破影响的建筑物结构类型、居民居住情况等，然后制订详细的爆破技术安全方案。爆破施工组织设计应进行专家论证后按相关规定进行报批。

爆破施工必须符合现行《爆破安全规程》。施工严禁采用硐室爆破（即采用集中或条形硐室装药，爆破开挖岩土的作业），近边坡部分宜采用光面爆破（即沿开挖边界布置密集炮孔，采取不耦合装药或装填低威力炸药，在主爆区爆破之后起爆，以形成平整的轮廓面的爆破作业）或预裂爆破（即沿开挖边界布置密集炮孔，采取不耦合装药或装填低威力炸药，在主爆区爆破之前起爆，从而在爆区与保留区之间形成预裂缝，以减弱主爆破对保留岩体的破坏并形成平整轮廓面的爆破作业）。

爆破施工宜按以下程序进行：爆破影响调查与评估→爆破施工组织设计→专家论证→培训考核、技术交底→主管部门批准→布设安全警戒岗→清理爆破区施工现场的危石等→炮眼钻孔作业→爆破器材检查测试→炮孔检查合格装炸药及安装引爆器材→布设安全警戒岗→堵塞炮孔→撤离施爆警戒区和飞石、震动影响区的人、畜等。爆破作业信号发布及爆破→安全员检查、清除盲炮→解除警戒→测定、检查爆破效果（包括飞石、地震波及对施爆区内构造物的损伤、损失等）。

边坡整修：挖方边坡应从开挖面往下分段整修，每下挖 2 ~ 3 m，宜对新开挖边坡刷坡，同时清除危石及松动石块。石质边坡不宜超挖。

路床清理：路床欠挖部分必须凿除。超挖部分应采用无机结合料稳定碎石或级配碎石填平、碾压密实，严禁用细粒土找平。

三、土石混合路基施工

土石路堤，是指石料含量占总质量 30% ~ 70% 的土石混合材料修筑的路堤。

（一）填料要求

能用于填筑土石路堤的天然土石混合填料中的岩石同填石路堤要求，其中的中硬、硬质石料的粒径不得大于压实层厚的 2/3；强风化石料或软质石料的粒径不得大于压实层厚。

（二）基底处理

土石路堤基底处理除应满足土质路堤基底处理要求外，在陡、斜坡地段，土石路堤靠山一侧应按设计要求，做好排水和防渗处理。

（三）填筑要求

①压实机械的选用以及通过试验路段确定施工参数要求同填石路堤。

②土石路堤不得倾填（含抛填），应分层填筑、压实。

③碾压前应使大粒径石料均匀分散在填料中，石料间孔隙应填充小粒径石料、土和石渣。

④压实后，透水性差异大的土石混合材料应分层或分段填筑，不宜纵向分幅填筑；如确需纵向分幅填筑，应将压实后渗水良好的土石混合材料填筑于路堤两侧。

⑤土石混合材料来自不同料场，其岩性或土石比例相差较大时，宜分层或分段填筑。

⑥填料由土石混合材料变化为其他填料时，土石混合材料最后一层的压实厚度应小于300 mm，该层填料最大粒径宜小于150 mm，压实后，该层表面应无孔洞。

⑦中硬、硬质石料的土石路堤应进行边坡码砌，码砌边坡的石料强度、尺寸及码砌厚度应符合设计要求。边坡码砌与路堤填筑宜基本同步进行。软质石料土石路堤的边坡按土质路堤边坡处理。

四、路基的冬季和雨季施工

（一）冬季施工

室外日平均气温连续 5 天稳定低于 5℃的施工过程称为冬季施工。

1. 冬季施工情况

高速公路、一级公路的土质路堤和地质不良地区二级及二级以下公路路堤不宜进行冬季施工；河滩低洼地带，可被水淹没的填土路堤不宜冬季施工；土质路堤路床以下 1 m 范围内，不得进行冬季施工；半填半挖地段、挖填方交界处不得在冬季施工。

2. 冬季施工路基基底处理

冬季施工路基在冻结前应完成表层清理，挖好台阶；填筑前应将基底范围内的积雪和冰块清除干净；对需要换填土地段或坑洼处需补土的基底应选用适宜的填料回填，并及时进行整平压实；基底处理后应立即采取保温措施防止冻结。

3. 冬季填方路堤施工要求

路堤填料应选用未冻结的砂类土、碎石、卵石土、石渣等透水性良好的材料。不得用含水量过大的黏性土。填筑应按横断面全宽平填，每层松铺厚度应比正常施工减少

20% ~ 30%,且松铺厚度不得超过 300 mm。当天填土应当天完成碾压。中途停止填筑时,应整平填层和边坡并进行覆盖防冻,恢复施工时应将表层冰雪清除,并补充压实。当填至距路床底面下 1 m 时,碾压密实后应停止填筑,在顶面覆盖防冻保温层.待冬季过后整理复压,再分层填至设计标高。冬季过后必须对填方路堤进行补充压实,使压实度达到现行《公路路基施工技术规范》相关要求。

4. 冬季挖方路基施工要求

挖方边坡不得一次挖到设计线,应预留一定厚度的覆盖层,待到正常施工季节后再修整到设计坡面。路基挖至路床顶面以上 1 m 时,完成临时排水沟后,应停止开挖,待冬季过后再施工。河滩地段可利用冬季水位低,开挖基坑,修建防护工程,但应采取措施保证工程质量。

(二)雨季施工

雨季路基施工宜选在丘陵和山岭地区的砂类土、碎砾石、岩石地段、路堑的弃方地段。重黏土、膨胀土、盐渍土地段和平原区排水困难路段不宜在雨期施工。

1. 防排水要求

在雨季施工的路段,要进行详细的现场调查研究,编制好施工组织计划,制订雨季施工安全预案,做好防洪抢险的准备工作,重点解决防排水问题,具体应注意以下几点:

第一,雨季施工应综合规划、合理设置现场防排水系统,采取有效措施,及时引排地面水。要把临时排水和永久排水衔接好,把水引入沿线桥涵及排水沟渠,形成完整的排水系统,保证雨季施工场地不被淹没,不积水。

第二,对施工临时挤占的沟渠、河道应采取措施保证不降低原有的排水能力。

第三,路堤填筑的每一层表面应设 2% ~ 4% 的排水横坡。

第四,在已填路堤路肩处,应采取设置纵向临时挡水土埋、每隔一定距离设出水口和排水槽等措施,引排雨水至排水系统。

第五,雨季路堑施工宜分层开挖,每挖一层均应设置纵横排水坡,使水排放畅通。

2. 雨季施工路基基底处理

在雨季来临前应将基底处理好,孔洞、坑洼处填平夯实,整平基底,并设纵横排水坡。低洼地段,应在雨季前将原地面处理好,并将填筑作业面填筑到可能的最高积水位 0.5 m 以上。

3. 填方路堤雨季施工要求

填料应选用透水性好的碎(卵)石土、沙砾、石方碎渣和砂类土等。利用挖方土作填料,含水量符合要求时,应随挖随填,及时压实。含水量过大而难以晾晒的土不得用作雨季施工填料。雨季填筑路堤需借土时,取土坑的设置应满足路基稳定的要求。路堤应分层填筑，当天填筑的土层应当天或雨前完成压实。

4. 挖方路基雨季施工要求

挖方边坡不宜一次挖到设计坡面，应预留一定厚度的覆盖层，待雨季过后再修整到设计坡面，目的是防止地面水冲坏已成边坡和路床。雨季开挖路堑，当挖至路床顶面以上300～500 mm 时应停止开挖，并在两侧挖好临时排水沟，待雨季过后再施工。雨季开挖岩石路基，炮眼宜水平设置。

五、路基防护工程施工

路基的填挖施工会改变原地层的天然平衡状态，新修筑路基在填挖不平衡荷载、行车荷载及其他复杂自然因素的长期作用下，可能产生各种变形和破坏。为保证路基的稳定和防治路基病害，要因地制宜地采取有效的措施，对各类土、石边坡及软弱地基予以必要的防护与加固。

防护工程主要是指防治风化、冲刷等路基病害的工程措施，主要起隔离、封闭、改善环境、保护生态平衡、增强路基稳定性的作用。一般认为防护工程不承受外力作用，所以要求路基本身必须是稳定的，其实路基防护工程均有一定的加固作用。路基边坡防护分为一般路基坡面防护和沿河路基坡面防护。

加固工程主要是指防止路基坍滑、沉陷，支撑天然边坡或人工边坡，保持路基稳定，增强其承载力的工程措施。加固工程具备承受外力的能力，能够加固路基，改善本身不稳定的情况，显然也具有边坡防护作用。路基加固一般分为边坡支挡工程和湿弱地基处理加固工程。

（一）路基防护施工的原则

进行路基防护工程施工应遵循以下原则：

1. 路基防护

工程宜与路基挖填方工程紧密、合理衔接，开挖一级防护一级，并及时进行养护。各类防护和加固工程应置于稳定的基础或坡体上。

2. 路堑防护

应根据开挖坡面地质水文情况逐段核实路基防护设计方案，应尽量采用边坡自然稳定下的植物防护或不防护。

3. 坡面防护

施工前，应对边坡进行修整，清除边坡上的危石及不密实的松土。坡面防护层应与坡面密贴结合，不得留有空隙。

4.在多雨地区或地下水发育地段

路基防护工程施工中，应采取有效措施截排地表水和导排地下水。

临时防护措施应与永久防护工程相结合。

（二）一般路基坡面防护施工

坡面防护主要用于防护易受自然因素影响而破坏的土质和石质边坡。常用的坡面防护包括植被防护、骨架植物防护、圬工防护等方法，要根据坡面变形及土石的具体工程情况，选择经济、合理的防护方法。

1.植物防护施工

（1）种草、铺草皮和植树

植物防护主要用于适宜植物生长的土质边坡。

种草适用于坡度不大于1：1且高度不大、不浸水或短期浸水但地面径流速度不超过0.6 m/s的土质边坡上。若边坡土质不宜种草，可在其上铺一层厚5～10 cm的种植土。草种应根据防护目的、气候、土质、施工季节等因素确定，选择易成活、生长快、根系发达、叶茎矮或有匍匐茎的多年生草种。种草施工时，草籽应撒布均匀，同时做好保护措施。

铺草皮适用于坡度不大于1：1的土质或强风化、全风化的岩石边坡，其最大抵御水流速度为1.8 m/s。草皮应选用根系发达、茎矮叶茂的耐旱草种。当坡面冲刷比较严重（径流速度大于0.6 m/s），边坡较陡时，应根据具体条件（坡度与流速等），分别采用平铺（平行于坡面）、水平叠置、垂直坡面或与坡面成一半坡角的倾斜叠置的方式种植草皮。

铺草皮需预先备料，草皮可就近培育，切成整齐块状，每块草皮的尺寸以20 cm×40 cm为宜，然后移铺在坡面上。铺时应自下而上，并用竹木小桩将草皮钉在坡面上，使之稳固。草皮根部土应随草切割，坡面要预先挖松整平，必要时还应加铺种植土，草皮应随挖随铺。

植树适用于坡度不大于1：1.5的土质和全风化的岩石边坡。树种以灌木为好，应选择根系发达、枝叶茂盛、适合当地迅速生长的低矮灌木。灌木（树木）应在适宜季节栽植。常用灌木树种有紫穗槐、夹竹桃、黄荆、野蔷薇、山楂等。不宜在边坡上种植乔木。植树与种草可配合进行。

铺、种植被后，应适时进行洒水、施肥等养护管理，直到植被成活。养护用水应不含油、酸、碱、盐等有碍草木生长的成分。

（2）三维植被网防护施工

土工织物防护种类很多，三维植被网防护只是土工织物复合植被防护坡面的一种典型形式。三维植被网以热塑料树脂为原料，采用科学配方及工艺制成。其结构分为上、下两层，下层为一个经双面拉伸的高模量基础层，强度足以防止植被网变形；上层由具有一定弹性的、规则的、凹凸不平的网包组成。三维植被网应符合设计及有关标准，且其搭接宽度不宜小于100 mm。由于网包的作用，三维植被网能降低雨滴的冲蚀能量，并通过网包阻挡坡面雨水，同时网包能很好地固定充填物（土、营养土、草籽），使其不被雨水冲走，为植被生长创造良好条件。另外，三维植被网固定于坡面上，直接对坡面起固筋作用。当植物生长茂盛后，根系与三维植被网盘错、连接、纠缠在一起，坡面与土相接，形成一个坚固的绿色保护整体，起到复合护坡的作用。

三维植被网适用于砂性土、土夹石及风化岩石，且坡率缓于 1 ： 0.75 边坡的防护。三维植被网中的回填土应符合设计要求，宜采用客土，客土是指非当地原生的、由别处移来用于置换原生土的外地土壤，通常是指质地好的壤土（沙壤土）或人工土壤，是提供植物生长的基盘材料或土、肥料及含腐殖质土的混合物。

（3）湿法喷播施工

湿法喷播是一种以水为载体的机械化植被技术。采用专门的设备（喷播机）施工一种子可在较短时间内萌芽、生长成株、覆盖坡面，达到迅速绿化、稳固边坡的目的。用这种方法在人力不可及的陡峭高边坡和含石的边坡上种植植被非常优越。播种的时间一般在气候温和、湿度较大的春、秋季为宜，不宜在干燥的风季和暴雨季播种。播种前应在路堤的路肩和路堑顶边缘，埋入与坡面齐平的宽 200 ~ 300 mm，厚 50 ~ 60 mm 的带状草皮。播种后适时进行补种、洒水、施肥、清除杂草等养护管理，直至植物成长覆盖坡面，种子成活率应达到 90% 以上。

湿法喷播适用于土质、土夹石、严重风化岩石且坡率缓于 1 ： 0.5 的边坡及中央分隔带、立交区、服务区及弃土堆等处的绿化防护。

（4）客土喷播施工

客土喷播是将客土（提供植物生育的基盘材料）、纤维（基盘辅助材料）、侵蚀防止剂、缓效肥料和种子按一定比例，加入专用设备中充分混合后，用喷射机均匀喷涂到坡面上，使植物获得必要的生长基础，达到快速绿化目的的一种喷播建植技术。

客土喷播主要用于风化岩石、软质岩石、贫瘠土质和硬土边坡、植物立地条件差的高陡坡面和受侵蚀显著的坡面，坡面坡度不宜大于 1 ： 1，否则，宜设置挂网或混凝土框架。

喷播植草混合料（植生土、土壤稳定剂、水泥、肥料、混合草籽、水等）的配合比应根据边坡坡度、地质情况和当地气候条件确定，混合草籽用量为每 1 000 m² 不宜少于 25 kg。气温低于 12℃不宜喷播作业。

2. 骨架植物防护

根据骨架形式不同，常用的骨架植物防护形式有浆砌片石或混凝土骨架植草防护、水泥混凝土空心块植草防护、锚杆混凝土框架植物防护等。

（1）浆砌片石（混凝土）骨架植草防护施工

浆砌片石或水泥混凝土骨架植草防护适用于土质和强风化岩石边坡。其结构形式主要有方格形、人字形、拱形及多边形混凝土空心块等。浆砌片石（混凝土块）骨架植草防护既能稳定路基边坡，又能节省圬工材料，造价较低、施工方便、造型美观，能与周围环境自然融合，是目前高速公路边坡防护的主要形式之一，已被广泛推广应用。

施工时骨架内应采用植物或其他辅助防护措施。植草草皮下宜有 50 ～ 100 mm 厚的种植土，草皮应与坡面和骨架密贴，并及时对草皮进行养护。混凝土空心预制块铺置应在路堤沉降稳定后方可施工，预制块铺置前应将坡面整平，预制块经验收合格后方可使用，预制块应与坡面紧贴，不得有空隙，并与相邻坡面平顺。

（2）锚杆混凝土框架植草防护施工

锚杆混凝土框架植草防护是近年来在总结锚杆挂网喷浆（混凝土）防护的经验教训后发展起来的，它既保留了锚杆对风化碎岩石边坡主动加固的作用，防止了岩石边坡经开挖卸荷和爆破松动而产生的局部破坏，又吸收了浆砌片石（混凝土）骨架植草防护造型美观、便于绿化的优点。

锚杆混凝土植草防护形式有多种组合：锚杆混凝土框架 + 喷播植草、锚杆混凝土框架 + 挂三维土工网 + 喷播植草、锚杆混凝土框架 + 土工格室 + 喷播植草、锚杆混凝土框架 + 混凝土空心块 + 喷播植草等。

3. 圬工防护

圬工防护主要指用圬工材料砌筑的工程防护结构，主要用于石质路堑边坡的防护。圬工防护主要包括封面防护（喷护、抹面、捶面等）、锚杆挂网喷护、干砌片石、浆砌片（卵）石、浆砌片石护面墙等结构形式。圬工防护不易协调周围环境，道路景观差，应尽量少用，尤其是锚杆挂网喷护。因此，圬工防护施工时应注意与周围环境的协调。

（1）封面防护

封面防护包括喷浆、喷射混凝土、抹面、捶面等防护形式。

喷浆（混凝土）防护适用于坡度缓于 1 ∶ 0.5、易风化、裂隙和节理发育、坡面不平整但未遭强风化、且边坡较干燥、无流水侵入的岩石路堑边坡。对于高而陡的边坡，当需大面积防护时，采取此类型更为经济。

喷护施工常用机械喷护法施工，将配制好的砂浆（混凝土）使用喷射机或水泥枪喷射于坡面上。喷射混凝土厚度不宜小于 80 mm，应根据厚度分 2 ～ 3 层喷射，混凝土强度不应低于 C15。施工作业前应通过试喷，选择合适的水灰比和喷射压力，以保证喷射坡面的质量。喷浆水灰比过小时，灰体表面颜色灰暗，出现干裂，回弹量大，粉尘飞扬；水灰比过大时，灰体表面起皱、拉毛、滑动，甚至流淌；水灰比合适时，灰体成黏糊状，表面光滑平整，回弹量小。喷浆施工严禁在结冰季节或大雨中进行作业。喷护前应采取措施对泉水、渗水进行处治，并按设计要求设置泄水孔和伸缩缝，排、防积水。喷射顺序应自下而上进行。喷射砂浆初凝后，应立即开始养生，养护期一般为 5 ～ 7 d。喷射混凝土初凝后，应立即养生，养护期一般为 7 ～ 10 d。应及时对喷浆层顶部进行封闭处理。

抹面防护主要用于石质路堑边坡，封面适用于未经严重风化的各种易风化岩石的路堑边坡，但不适用于由煤系岩层及成岩作用很差的红色黏土岩组成的边坡。捶面适用于边坡率缓于 1 ： 0.5 且易受冲刷的土质边坡或易风化剥落的边坡。二者均不宜用于高速公路路基边坡防护。抹面、捶面不能承受荷载，不能承受土压力，要求边坡必须平整、干燥、稳定。

抹面防护层厚度不宜小于 30 mm，使用年限为 8 ～ 10 年；捶面防护层厚度不宜小于 100 mm，使用年限为 10 ～ 15 年。抹面防护不宜在严寒冬季和雨天施工。封面前岩体表面要冲洗干净，土体表面要平整、密实、湿润。封面厚度应符合设计要求，封面应分两层进行施工，底层为全厚的 2/3，面层为全厚的 1/3。抹面、捶面厚度要均匀，表面要光滑，封面与坡面应密贴稳固。大面积封面宜每隔 5 ～ 10 m 设伸缩缝，缝宽 10 ～ 20 mm。封面初凝后应立即进行养生，并按设计要求做好边坡封顶和排水设施。捶面护坡施工应嵌补填平边坡坑凹、裂缝。

（2）锚杆挂网喷射混凝土（砂浆）防护施工

当坡面岩体风化破碎严重时，为了加强防护的稳定性，则采用锚杆挂网喷浆（混凝土）防护，锚杆锚固深度及铁丝网孔密度视边坡岩石性质及风化程度而定。锚杆宜用 1 ： 3 水泥砂浆固定，铁丝网应与锚杆连接牢固。

施工时，锚杆应嵌入稳固基岩内，锚固深度根据设计要求结合岩体性质确定。锚杆孔深应大于锚固长度 200 mm。铺设钢筋网前宜在岩面喷射一层混凝土，钢筋网与岩面的间隙宜为 30 mm，然后再喷射混凝土至设计厚度。喷射混凝土的厚度要均匀，钢筋网及锚杆不得外露。做好泄、排水孔和伸缩缝。锚杆挂网喷射混凝土（砂浆）防护施工质量应符合规范要求。

（3）干砌片石护坡施工。

干砌片石护坡适用于坡度缓于 1 ： 1.25 的土质路堑边坡或边坡易受地表水冲刷以及有少量地下水渗出的地段。干砌片石护坡厚度不宜小于 250 mm。边坡为粉质土、松散的砂或粉砂土等易被冲蚀的土时，碎石或沙砾垫层厚度不宜小于 100 mm。基础应选用较大石块砌筑，如基础与排水沟相连，其基础应设在沟底以下，并按设计要求砌筑浆砌片石。砌筑应彼此镶紧，接缝要错开，缝隙间用小石块填满塞紧。

（4）浆砌片（卵）石护坡施工

浆砌片（卵）石护坡适用于坡度缓于 1 ： 1 的易风化的岩石，以及坡面防护采用干砌片石不适宜或效果不好的边坡。对于严重潮湿或严重冻害的土质边坡，在未采取排水措施以前，则不宜采用浆砌片石护坡。在冻胀变形较人的土质边坡上，浆砌片石护坡底面应设 100 ～ 150 mm 厚的碎石或沙砾垫层。浆砌片（卵）石护坡厚度不宜小于 250 mm。砂浆强度不应低于 M5，砂浆终凝前，砌体应覆盖，砂浆初凝后，立即进行养生。路堤边坡采用浆砌片石护坡，宜在路堤沉降稳定后施工。浆砌片石护坡每 10 ～ 15 m 应留一伸缩缝，缝宽 20 ～ 30 mm。在基底地质有变化处，应设沉降缝，可将伸缩缝与沉降缝合并设置。泄水孔的位置和反滤层的设置应符合设计要求。

（5）水泥混凝土预制块护坡施工

水泥混凝土预制块防护宜用于缺乏石料地区或城郊及互通式立交等需要美化的路段，

预制块混凝土强度不应低于C15，在寒冷地区不应低于C20。路堤边坡护坡宜在路堤沉降稳定后施工。铺设混凝土预制块前应将坡面平整，碎石或沙砾垫层的厚度不宜小于100mm。预制块应错缝砌筑，砌筑坡面应平顺，并与相邻坡面顺接。泄水孔的位置应符合设计要求，并保证畅通。

（6）浆砌片石护面墙施工

护面墙适用于防护易风化或风化严重的各种软质岩石层和较破碎岩石的挖方边坡以及坡面易受侵蚀的土质边坡的防护，以防止自然因素的影响而继续风化破坏。护面墙在高速公路路堑边坡防护中应用比较普遍，且边坡稳定，效果较好。

护面墙有实体护面墙、窗孔式护面墙、拱式护面墙及肋式护面墙等，应根据坡面地质条件合理确定。边坡不宜趋于1：0.5；窗孔式护面墙坡度不应大于1：0.75；拱式护面墙适于边坡下部岩层较完整而上部需防护路段，边坡应缓于1：0.5。

修筑护面墙前，应清除基底风化层至新鲜岩面。对风化迅速的岩层，清挖到新鲜岩面后应立即修筑护面墙。护面墙的基础应设置在稳定的地基上，地基承载能力不够，应采取加固措施，基础埋置深度应根据地质条件确定，冰冻地区应埋置在冰冻深度以下至少250mm，护面墙前趾应低于边沟的底面。护面墙背必须与路基坡面密贴，边坡局部凹陷处，应挖成台阶后用与墙身相同的砌补，不得回填土石或干砌片石。坡顶护面墙与坡面之间应按设计要求做好防渗处理。应按设计要求做好伸缩缝。当护面墙基础修筑在不同岩层上时，应在变化处设置沉降缝。单级护面墙的高度不宜超过10 m，并应设置伸缩缝和泄水孔，泄水孔的位置和反滤层的设置应符合设计要求。

（三）沿河路基防护

沿河路基及坡岸由于经常或周期性受到水流的冲刷作用，因此必须采取有效的冲刷防护措施，以确保路基及坡岸的稳固和安全。沿河路基防护工程一般分直接防护与间接防护两种，直接防护工程类型包括护面墙、砌石或混凝土板、护坦、抛石、石笼、浸水挡墙等，以直接抵御水流冲刷为主；间接防护包括导流构造物（丁坝、顺坝等）和防护林带等，以改变水流方向，降低流速，减少冲刷为主。在实际施工过程中，应按工程环境条件选用适当的防护工程类型，达到预期的防护目的。沿河路基防护工程基础应埋设在局部冲刷线以下不小于1 m处或嵌入基岩内。

1. 直接防护

（1）砌石或混凝土防护

砌石或混凝土防护包括干砌片石、浆砌片石及混凝土板等防护。干砌片石防护适用于易受水流侵蚀的土质边坡，严重剥落的软质岩石边坡，周期性浸水及受冲刷轻的且流速为2～4 m/s的河岸路基及边坡；浆砌片（卵）石防护适用于经常浸水的、受水流冲刷（流速3～6 m/s）或受较强烈的波浪作用，以及可能有流水、漂浮物等冲击作用的河岸路基；混凝土板防护常用于路堤及河岸的边坡，以抵抗渗透水及波浪的破坏，其允许流速为 4 ~ 8 m/s。

砌石或混凝土防护施工除应满足一般路基防护施工要求外，石料应选用未风化的坚硬岩石。开挖基坑时，应核对地质情况，与设计要求不符时，应进行处理。基础完成后应及时用符合设计要求的材料回填。铺砌层底面的碎石、砂砾石垫层或反滤层，应符合设计要求。坡面密实、平整、稳定后方可铺砌。砌块应交错嵌紧，严禁浮塞。砂浆应饱满、密实，不得有悬浆。每 10 ~ 15 m 宜设伸缩缝，基底土质变化处应设沉降缝，并按设计要求施工。采用干砌片石、浆砌片石时，不得大面平铺，石块应彼此交错搭接，不得松动。采用干砌片石、浆砌河卵石时，必须长方向垂直坡面，成横行栽砌牢固。采用铺砌混凝土预制块时，应按设计规格和要求检验合格后方可铺筑。就地浇筑混凝土板时，宜采取措施提高早期强度，混凝土表面应平整、光滑。

（2）护坦防护

护坦是一种辅助性防护措施，常作为闸、坝下游的消力池底板、河床底板，被用来保护水跃范围内的河床免受冲刷。护坦防护形式有护坦式基脚形式、护坦式基脚加设挑坎及阻水堤基脚护坡形式等。当沿河路基挡土墙、护坡的局部冲刷深度过大，深基础施工不便时，宜采用护坦防护基础；当已建挡土墙、护坡的基础埋深不够，需要进行加固时，采用护坦式基脚施工方便有利。护坦式基脚可以减少水流与墙面冲击后形成的下降水流对床面的冲刷。护坦基脚可大大减小挡土墙或护坡基础埋深，减少施工难度。为了进一步减少护坦或基脚的局部冲刷深度，提高抗洪能力，可在护坦上加设挑坎和将护坦基脚的垂墙做成仰斜式。护坦防护施工中，护坦顶面应埋入计算河床冲刷深度以下 0.5 ~ 1.0 m。

（3）抛石防护

抛石防护的应用很广，适用于经常浸水且水较深地段的路基边坡防护，多用于防洪抢险工程。

抛石防护施工时，抛石切忌乱抛。抛石体边坡坡度和石料粒径应根据水深、流速和波浪情况确定，石料粒径应大于 300 mm，宜用大小不同的石块掺杂抛投。坡度应不大于抛石石料浸水后的天然休止角。抛石厚度宜为粒径的 3 ~ 4 倍；用大粒径时，不得小于 2 倍。抛石石料应选用质地坚硬、耐冻且不易风化崩解的石块。除特殊情况外，抛石防护宜在枯水季节施工。

（4）石笼防护

石笼是加固河床和路堤、防止冲刷较好的柔性防护体，多用于其他防护工程基础难以施工或局部冲刷深度过大的情况。目前工程用到的石笼有铁丝石笼和钢筋混凝土框架石笼。铁丝石笼一般可抵抗 4 ~ 5 m/s 的水流速度，体积大的可抵抗 5 ~ 6 m/s 的流速、波浪高 1.5 ~ 1.8 m 的水流，多用于抢修或临时工程中，不得用于急流滚石河段。当水流含有大量泥沙时，石笼中的空隙能很快淤满，而形成一整体防护层，如果将各个铁丝石笼单元间彼此很好地连接起来，使其成为一个完整的柔性体，其防护效果会更好。钢筋混凝土石笼用于急流滚石河段。

石笼防护施工时，应根据设计要求或根据不同情况和用途，合理选用石笼形状。应选用浸水不崩解、不易风化的石料。石笼底应大致整平，必要时用碎石或砾石垫层整平。石笼应做到位置正确，搭叠衔接稳固、紧密，确保整体性。

（5）浸水挡土墙

浸水挡土墙适用于水流冲刷严重的河段、急流峡谷，能抵抗的最大水流速度为 8 m/s。

浸水挡土墙除应符合一般挡土墙要求外，还应注意与岸坡的衔接。砌筑挡土墙的材料应选用坚硬未风化且浸水不崩解的石块。

（6）土工织物防护

土工模袋防护是土工织物防护在沿河路堤防护中常用的一种形式，它是在土工合成材料表面涂一层树脂或橡胶等防水材料，或将土工合成材料与塑料薄膜复合在一起形成不透水防水材料，制成膜袋后再填充混凝土或砂浆形成防护结构，达到防护的目的。膜袋厚度应通过抗浮稳定分析和抗冰推移稳定分析确定。

土工模袋防护施工，要按设计要求整平坡面，放线定位，挖好边界处理沟。膜袋铺展后应拉紧固定，防止充填时下滑。充填材料应根据设计要求和实际情况合理选用，充填应连续。需要排水的边坡，应适时开孔设置排水管。膜袋顶部宜采用浆砌块石固定。有地面径流处，坡顶应采取防护措施，防止地表水侵蚀膜袋底部。岸坡膜袋底端应设压脚或护脚棱体，有冲刷处应采取防冲措施。膜袋护坡的侧翼宜设压袋沟。膜袋与坡面间应按设计要求铺设好土工织物滤层。

2. 间接防护

（1）导流构造物

导流构造物是以改变水流方向为主以达到间接支护目的的水工建筑物。在路基边坡防护中采用导流构造物，使水流轴线方向偏离路基岸边，或减小防护处的流速，且促进其淤积，从而达到对路基的防护作用。常用的导流构筑物有丁坝（又称挑水坝）、顺坝、格坝、拦水坝、导流坝等。

施工导流建筑物前应制定合理的施工方案，合理安排工期，避免因工期过长引起农田、村庄、上下游路基冲刷，应尽可能避免过多地压缩河床断面。丁坝坝头应做平面防护，处理好坝根与相连接的地层或其他防护设施的衔接，丁坝间的河岸或路基边坡所承受的容许流速小于水流靠岸回流流速时，应缩短坝距或对河岸及路基边坡采取防护措施。顺坝与上下游河岸的衔接，应使水流顺畅，起点应选择在水流匀顺的过渡段，坝根位置宜设在主流转向点的上方。坝根嵌入稳定河岸内的距离应符合设计要求，坝根附近河岸应防护加固至上游不受水流冲击处。

（2）改移河道

改移河道适用于沿河路基受水流冲刷严重、防护工程修筑困难、路线在短距离内多次跨越弯曲河道的情况。但主河槽频繁变迁的河流、支流较多的河段不宜改河。

改河施工时，改河起点、终点位置应与原河床顺接。为防止水流重归故道，宜在改河入口处加陡纵坡并设置拦水坝或顺坝。通流时，改河上游进口河段的河床纵坡宜稍大于设计坡度。新河槽断面应按设计洪水频率的流量设计。改移河道工程应在枯水时期施工。一个旱季不能完成时，应采取防洪措施。河道开挖应先挖好中段，然后再开挖两端，确认新河床工程已符合要求后，方可挖通其上游河段。利用开挖新河道的土石填平旧河道时，在新河道未通流前，旧河道应保持适当的流水断面。河床加固设施及导流构造物的施工应合理安排，及时配套完成。

（四）边坡支挡工程

1. 挡土墙

（1）重力式、半重力式挡土墙

重力式挡土墙是指依靠圬工墙体的自重抵抗墙后土体压力，以维持土体稳定的挡土墙，是我国目前最常用的一种挡土墙形式。重力式挡土墙一般由墙身与基础组成，也可不设基础。根据墙背线形，分为仰斜式、垂直式、俯斜式、凸折式、衡重式、台阶式等类型。

半重力式挡土墙是介于重力式挡土墙与悬臂式挡土墙之间的一种挡土墙形式。该式挡土墙可充分利用混凝土的整体性及钢筋的抗拉强度，体积比重力式挡土墙小，可采用较低强度（混凝土强度等级不小于C15）的混凝土结构，不用或仅用少量钢筋，所以造价一般比同高度的悬臂式挡土墙低。

重力式挡土墙、半重力式挡土墙施工要点：

重力式挡土墙、半重力式挡土墙宜采用明挖基础，当受地基承载力特征值控制或稳定性要求时，可采用钢筋混凝土条形扩展基础。

基础施工时应将基底表面风化、松软土石清除。硬质岩石基坑中的基础，宜满坑砌筑。雨季时，在土质或易风化软质岩石基坑中砌筑基础时，应在基坑挖好后及时封闭坑底。当基底设有向内倾斜的稳定横坡时，应采取临时排水措施，辅以必要坐浆后安砌基础。采用台阶式基础时，台阶与墙体应连在一起同时砌筑，基底及墙趾台阶转折处不得砌成垂直通缝，砌体与台阶壁间的缝隙砂浆应饱满。基坑应随砌筑分层回填夯实，并在表面留3%的向外斜坡。

墙身施工要分层错缝砌筑，砌出地面后基坑应及时回填夯实，并完成其顶面排水、防渗设施。伸缩缝与沉降缝内两侧壁应竖直、平齐，无搭叠；缝中防水材料应按设计要求施工。泄水孔应在砌筑墙身过程中设置，确保排水畅通，并应保证墙背反滤、防渗设施的施工质量。当墙身的强度达到设计强度的75%时，方可进行回填等工作。在距墙背0.5～1.0 m之间，不宜用重型振动压路机碾压。

（2）悬臂式和扶壁式挡土墙

悬臂式和扶壁式挡土墙采用钢筋混凝土结构，宜在石料缺乏或地基承载力较低的路堤地段使用，悬臂式挡土墙墙高不宜超过 5 m，扶臂式挡土墙墙高不宜超过 15 m。

悬臂式和扶壁式挡土墙施工，凸榫必须按照设计尺寸开挖，并与墙底板一同灌注混凝土。现场整体浇筑时，每段墙的底板、面板和肋的钢筋应一次绑扎，宜一次完成混凝土灌注。当采用现场分段浇筑时，应按设计要求进行施工，并预埋好连接钢筋，连接处混凝土面应严格凿毛，并清洗干净。灌注混凝土后，应按有关规定进行养护。墙体达到设计强度的 75% 以后方可进行墙背填土，并应按设计要求的填料和密实度分层填筑、压实；墙背排水设施应随填土及时施工。装配法施工时，基础混凝土强度达到设计强度 75% 后，方可安装。预制墙板与基础必须按设计要求连接牢固。

（3）锚杆挡土墙

锚杆挡土墙采用钢筋混凝土柱、板与钢锚杆组合结构，依靠锚固在岩土层内的锚杆拉力抵抗土体侧压力，宜用于岩质路堑地段。锚杆必须锚固在稳定岩土层内。锚杆挡土墙分为肋柱式锚杆挡土墙和板壁式锚杆挡土墙。

锚杆挡土墙施工时，锚杆应按设计尺寸下料、调直、除污、加工。按照设计要求，在施工前应作锚杆抗拔力验证试验。钻孔施工前，应清除岩面，松动石块，整平墙背、坡面。根据设计孔径及岩土性质合理选择钻孔机具。孔轴应保持直线，孔位允许偏差为 ±50 mm，深度允许偏差为 -10 ~ 50 mm。钻孔后应将孔内粉尘、石渣清理干净。安装普通砂浆锚杆时，锚杆应安装在孔位中心。锚杆未插入岩层部分，必须按设计要求作防锈处理。有水地段安装锚杆，应将孔内的水排出或采用早强速凝药包式锚杆。砂浆应随拌随用。宜先插入锚杆然后灌浆，灌浆应采用孔底注浆法，灌浆管应插至距孔底 50 ~ 100 mm 处，并随水泥砂浆的注入逐渐拔出，灌浆压强宜不小于 0.2 MPa。砂浆锚杆安装后，不得敲击、摇动。普通砂浆锚杆在 3 d 内，早强砂浆锚杆在 12 h 内，不得在杆体上悬挂重物。必须待砂浆达到设计强度的 75% 后方可安装肋柱、墙板。安装墙板时，应边安装墙板边进行墙背回填及墙背排水系统施工。

（4）锚定板挡土墙

锚定板挡土墙由钢筋混凝土柱、板、拉杆和锚定板组成，依靠埋置在破裂面后部稳定土层内的锚定板和拉杆抵抗土体侧压力。适用于路堤式路段，但不应建于滑坡、坍塌、软土及膨胀土地区。锚定板在填土中的抗拔力应保证墙体在土压力作用下的平衡与稳定。锚定板挡土墙形式有肋柱式和板壁式，其墙高均不宜超过 10 m。

锚定板挡土墙施工，拉杆使用前应按规定取样试验。拉杆埋于土中部分，必须进行防锈处理。吊装时应保证肋柱不前倾。拉杆及锚定板埋设，应先填土后挖槽就位；挖槽时，锚定板比设计位置宜高 30 ~ 50 mm。锚定板前方超挖部分宜用 C10 水泥混凝土或灰土回填夯实。严禁直接碾压拉杆和锚定板。肋柱、锚定板上的锚头及螺丝杆应作防锈处理和防水封闭。分级平台应按设计要求进行封闭，并设 2% 的外倾排水坡。

（5）加筋土挡土墙

加筋土挡土墙是由填土、筋带和镶面砌块或金属面板组成的加筋土体来承受土体侧压力的挡土墙。它适用于一般地区的路肩式、路堤式挡土墙，但不应修建在滑坡、水流冲刷、崩塌等不良地质地段。用在高速、一级公路上时，墙高不宜超过 12 m；其他各级公路上的墙高不宜超过 20 m。

安装直立式墙面板应按不同填料和拉筋预设仰斜坡，仰斜坡一般为 1 : 0.02 ~ 1 : 0.05，墙面不得前倾。拉筋应有粗糙面，并按设计布置呈水平铺设，当局部与填土不密贴时应铺砂垫平。钢拉筋与钢材外露部分应作防锈处理。连续敷设的拉筋接头应置于其尾部；拉筋尾端宜用拉紧器拉紧，各拉筋的拉力应大体均匀，但应避免拉动墙面板。墙背拉筋锚固段填料宜采用粗粒土或改性土等填料。墙背填土必须满足设计压实度要求。填料摊铺、碾压应从拉筋中部开始平行于墙面碾压，先向拉筋尾部逐步进行，再向墙面方向进行，严禁平行于拉筋方向碾压。填土分层厚度及碾压遍数，应根据拉筋间距、碾压机具和密实度要求，通过试验确定，严禁使用羊足碾碾压。靠近墙面板 1 m 范围内，应使用小型机具夯实或人工夯实，不得使用重型压实机械压实。当采用聚丙烯土工带时，拉带应平顺，不得出现打折、扭曲等现象，不得与硬质、棱角填料直接接触。施工过程中随时观测加筋土挡土墙的异常变化。

2. 边坡锚固

边坡锚固是通过锚杆（索）的拉力来加固岩土体使其达到稳定状态的一种支护结构。边坡锚固技术是一种发展中的加固技术，工序复杂，制约因素多，对施工要求高。

第一，施工时，对于破碎且不平整的边坡，必须将松散的浮石和岩渣清除，用浆砌片石填补空洞，对坡面缝隙进行封闭处理。边坡修整后应平整、密实，无溜滑体、蠕变体和松动岩体。边坡开挖和钻孔过程中，应对岩性及构造进行编录和综合分析，与设计相比出入较大时，应按规定处理。

第二，锚杆施工，孔深小于 3m 时，宜采用先注浆后插锚杆的施工工艺。注浆时，浆体除孔口 200 ~ 300 mm 外，应均匀充满全孔。锚杆插入后应居中固定。杆体外露部分应避免敲击、碰撞，3d 内不得悬吊重物，3d 后才可安装垫板。当孔深大于 3 m 时，宜先插入锚杆然后灌浆，灌浆应采用孔底注浆法，灌浆管应插至距孔底 50 ~ 100 mm，并随水泥砂浆的注入逐渐拔出，灌浆压强宜不小于 0.2 MPa。砂浆锚杆安装后，不得敲击、摇动。普通砂浆锚杆在 3d 内，早强砂浆锚杆在 12 h 内，不得在杆体上悬挂重物。必须待砂浆达到设计强度的 75% 后方可安装肋柱、墙板。

第三，预应力锚索施工前应按设计要求进行预应力锚索的锚固性能基本试验，确定施工工艺。严禁使用有机械损伤、电弧烧伤和严重锈蚀的钢绞线。严禁将钢绞线及锚索直接堆放在地面或露天储存，避免受潮、受腐蚀。

第四，锚索束制作宜在现场厂棚内进行。下料应采用机械切割，严禁用电弧切割。普通锚索束必须进行清污、除锈处理。锚固段锚索束应按设计安装。在锚索入孔前，必须校对锚索编号与孔号是否一致，做好标记。锚索束必须顺直地安放在钻孔中心。

第五，锚索束放入后应及时对锚固端灌浆施工。无黏结锚索孔灌浆宜一次注满锚固段和自由段。灌浆应饱满、密实。锚索张拉应按设计要求进行。张拉设备必须按规定配套标定，标定间隔期不宜超过 6 个月。拆卸检修的张拉设备或压力表经受强烈撞击后，都必须重新标定。孔内砂浆的强度未达到设计强度的 75% 时，不得进行张拉。

第六，锚索张拉采用张拉力和伸长值进行控制，用伸长值校核应力，当实际伸长值大于计算伸长值的 10% 或小于 5% 时，应暂停张拉，查明原因并处理后，可继续张拉。锚索锁定后，在 48 h 内若发现有明显的预应力松弛，应进行补偿张拉。封孔灌浆应在锚索张拉、检测合格、锁定后进行。封孔灌浆时，进浆管必须插到底，灌浆必须饱满。封孔灌浆后，锚头部分应涂防腐剂，并按设计要求及时进行封闭。

3. 土钉支护

土钉支护是在土质或破碎软弱岩质边坡中设置钢筋钉以维持边坡稳定的支护结构。它只适用于有一定黏性的硬黏土，有一定胶结的黏土、砂土，有一定自稳能力的岩土，不宜用在松散的砂土、黏土以及地下水丰富等地质不良的土体中。土钉支护施工应注意以下几方面：

（1）坡面开挖

坡面开挖应根据设计和实际地质情况确定分层深度及工作顺序。在完成上层作业面的土钉与喷射混凝土以前，严禁进行下一层深度的开挖。一次开挖深度不得大于设计中规定的边坡临界自稳高度，一次开挖长度也不得大于设计中规定的临界自稳长度。进行土方开挖作业时，应保证边坡平整并符合设计坡率，严禁边壁出现超挖或造成边壁土体松动的情况。开挖面有软弱土层且垂直开挖时，应严格控制开挖高度和长度，开挖前应超前支护，开挖后应快速封闭。

（2）土钉施工

施工前应按设计要求对土钉进行现场抗拉拔力验证试验。钻孔完成后，应将孔内残浆、残渣等杂物清除干净。安装土钉钢筋时，应按要求连同注浆排气管一并送入钻孔内。孔内注浆应饱满，浆体强度应符合设计要求。

（3）喷射混凝土面层

喷射混凝土粗集料最大粒径不宜大于 16 mm，水灰比不宜大于 0.45∶1，混凝土强度应符合设计要求。混凝土喷射厚度、临时支护厚度不宜小于 60 mm，永久支护厚度不宜小于 80 mm，永久支护面钢筋的喷射混凝土保护层厚度应不小于 50 mm。混凝土喷射每一层应自下而上进行。当混凝土厚度大于 100 mm 时，应分两次喷射，在第二次喷射混凝土作业前，应清除结合面上的浮浆和松散碎屑。面层表面应抹平、压实、修整。喷射混凝土面层应在长度方向上每 30 m 设伸缩缝，缝宽 10～20 mm。

（4）地梁、网格梁施工

地梁、网格梁施工应根据地质条件，确定合理的开挖顺序及方案。土钉钢筋与网格梁受力钢筋应连接牢固。地梁、网格梁应及时养护。

4. 抗滑桩

抗滑桩是用来抵抗土压力或滑坡下滑力的横向受力桩。桩基开挖过程中，应随时核对滑动面情况，及时进行岩性资料编录，当其实际情况与设计不符时，应进行处理。

（1）抗滑桩施工准备

施工宜在旱季进行。雨季施工时，孔口应搭雨棚，做好锁口、孔口地面上加筑适当高度的围坡。应备好各项工序的机具、器材和井下排水、通风、照明设施，落实人员配备、施工组织计划。应整平孔口地面，设置地表截、排水及防渗设施。应对滑坡变形、移动进行监测。

（2）开挖及支护施工

应分节开挖，每节高度宜为 0.6 ~ 2.0 m，分节不宜过长，不得在土石层变化处和滑动面处分节，挖一节立即支护一节。护壁应经过设计计算确定，应考虑到各种不利情况。护壁混凝土应紧贴围岩灌注，灌注前应清除孔壁上的松动石块、浮土。围岩较松软、破碎、有水时，护壁宜设泄水孔。开挖应在上一节护壁混凝土终凝后进行，护壁混凝土模板的支撑应在混凝土强度达到能保持护壁结构不变形后方可拆除。在围岩松软、破碎和有滑动面的节段，应在护壁内顺滑动方向用临时横撑加强支护，并经常观察其受力情况，及时进行加固。开挖桩群应从两端沿滑坡主轴间隔开挖，桩身强度不低于 75% 时可开挖邻桩。弃渣严禁堆放在滑坡范围内。

（3）灌注桩身混凝土

灌注混凝土前，应检查断面净空、清洗混凝土护壁。钢筋笼搭接接头不得设在土石分界和滑动面处，灌注必须连续进行。

（五）湿弱地基处理加固工程

湿弱地基的处理加固措施很多，如加载预压法、竖向排水法、挤实砂桩法、石灰（水泥）桩法、换填土法、反压护道法、化学固结法等，这些加固措施多是从加速早期沉降、减小后期总沉降、增强地基强度和稳定性角度进行的加固。

第二节　特殊路基施工

特殊路基，一般是指修建在不良地质情况、特殊地形情况、某些特殊气候因素等不利条件下的道路路基。特殊路基有可能因自然平衡条件被打破（或者边坡过陡，或者地质承载力过低）而出现各种各样的问题，因此，除要按一般路基标准、要求进行设计施工外，还要针对特殊问题进行研究，采取相应的处理措施。

特殊路基根据土质、地质、地形、气候因素可分为以下类型：

①湿黏土路基、软土地区路基、红黏土地区路基、膨胀土地区路基、黄土地区路基、盐渍土地区路基、风积沙及沙漠地区路基。

②季节性冻土地区路基、多年冻土地区路基、涎流冰地区路基、雪害地区路基。

③滑坡地段路基、崩塌与岩堆地段路基、泥石流地区路基。

④岩溶地区路基、采空区路基。

⑤沿河（沿溪）地区路基、水库地区路基、滨海地区路基。

特殊路基施工应根据其特点和具体情况以及必要的基础试验资料，进行经济、技术综合考虑，因地制宜地制订施工方案，编制专项施工组织设计，批准后实施。

特殊地区路基一般要注意以下四个环节：第一，对地质资料、土工试验的详细检查，对设计图和实践经验的调查研究。第二，室内试验和现场试验，特别是对重要工程。第三，精细施工并注意现场的监测和数据的搜集。第四，反复分析，验证设计，监测工程安全。

一、软土地区路基施工

（一）软土地基的工程特性

淤泥、淤泥质土及天然强度低、压缩性高、透水性小的一般黏土统称为软土。对于高速公路，标准贯击次数小于 4，无侧限抗压强度小于 50 kPa 且含水量大于 50% 的黏土，或标准贯击次数小于 4 且含水量大于 30% 的砂性土也统称软土。大部分软土的天然含水量介于 30% ~ 70%，孔隙比为 1 ~ 19，渗透系数为 10.8 ~ 10.7，cm/s，压缩性系数为 0.005 ~ 0.02 抗剪强度低（快剪黏聚力在 10 kPa 左右，快剪内摩擦角 0° ~ 5°），具有触变性和显著的流变性。

（二）软土地基的处置方法

软土地区的路基问题主要是路堤填筑荷载引起软土地基滑动破坏稳定的问题和长时间大沉降的问题。软土地基处治前，应复核处治方案的可行性，编制实施性施工组织设计。处治材料的选用及处治方案，宜因地制宜、就地取材。

软基处置方法很多，不同的处置方法具有各自的适用范围和使用效果，但主要目的都是为了增强地基的稳定性和加速地基沉降或减小地基总沉降量。

（三）铺砂（砾）垫层法

铺砂（砾）垫层法是在软土层顶面铺砂（砾）垫层，主要起浅层水平排水作用。

铺砂（砾）垫层法适用于路堤高度小于 2 倍极限高度（在天然软土地基上，基底不作特殊加固处理而用快速施工法填筑路堤的最大高度）的软土层、较薄硬壳层、表面渗透性很低的硬壳或软土层稍厚但具有双面排水条件的地基情况。该法施工简便，不需特殊机具设备，占地较少。但需放慢填筑速度，控制加荷速率，以便地基进行充分排水固结。因此，铺砂（砾）垫层法适用于工期不紧迫、砂（砾）料充足、运距不远的施工环境。

铺砂（砾）垫层法施工要求：

①垫层材料宜采用无杂物的中、粗砂，含泥量应小于 5%（当与排水固结法综合处治软基时，其含泥量不大于 3%）；也可采用天然级配沙砾料，其最大粒径应小于 50 mm。砾石强度不低于四级（洛杉矶法磨耗率小于 60%）。

②垫层宜分层摊铺压实，碾压到规定的压实度。碾压时最佳含水量一般控制在 8% ~ 12%，摊铺厚度为 250 ~ 350 mm，压实机具宜采用自重为 60 ~ 80 kN 的压路机。

③垫层采用沙砾料时，应避免粒料离析。

④垫层宽度应宽出路基边脚 500 ~ 1 000 mm，两侧宜用片石护砌或采用其他方式防护。

（四）换填法

换填法一般适用于地表下 0.5 ~ 3 m 范围的软土处治。根据施工的不同，常用换填法又分开挖换填法、抛石挤淤法、爆破排淤法三种。

1. 开挖换填法

开挖换填法就是将软弱地基层全部或部分挖除，再用沙砾、碎石、钢渣等透水性较好的材料回填的一种软基处治法。该法用于泥沼（泥沼是一种以泥炭沉积为主，并包含着各种水草、淤泥和水的土层）及软土厚度小于 2.0 m 的非饱和黏性土的软弱表层，也可添加适量石灰、水泥进行改良处治。一般不用于处治深层软基、沉降控制严格的路基、桥涵构筑物、引道等情况。

（1）开挖

软基开挖要注意渗水及雨水问题，可边挖边填或全部、局部挖除后回填。

开挖深度小于 2 m 时，可用推土机、挖掘机或人工直接清除软土至路基范围以外堆放或运至取土坑还填；开挖深度不小于 2 m 时，要从两端向中央分层挖除，并修筑临时运输便道，由汽车运出。

路基坡脚宽度范围内的软土应全部清除，边部挖成台阶状；坡脚（含护坡道）范围外，对于小滑塌软土，可挖成 1∶1 ~ 1∶2 的坡度；对于高压缩性淤泥质软土，可将护坡道加宽加高至不小于原软土地面。

（2）回填及压实

回填料应选用水稳性或透水性好的材料。回填应分层填筑、压实。

用碎石土或粉煤灰等工业废渣回填时，常采用振动压路机和重型静力压路机（12 ~ 15

t 的三轮压路机）压实。为达到较好压实效果，非土方填料分层填筑厚度不宜过小。在当地条件许可时，可用这些填料填至原地面。

2. 抛石挤淤法

抛石挤淤法是向路基底部抛投片石，将淤泥挤出基底范围，以提高地基强度的一种软基处置方法。抛石挤淤法一般用于当泥沼及软土厚度小于 3.0 m，且其软土层位于水下，更换土施工困难或基底直接落在含水量极高的淤泥上，呈流动状态的情况。一般认为，抛石挤淤法是经济、适用的。在常年积水，排水困难的洼地，泥炭呈流动状态，厚度较薄，表层无硬壳，片石能沉到底部的泥沼，特别软弱的地面上施工机械无法进入，对于这种石料丰富、运距较短的情况，抛石挤淤法较为适用。当淤泥较厚、较稠时须慎重选用本法。

抛石挤淤法施工要求：

①应选用不易风化的片石，片石厚度或直径不宜小于 300 mm。片石大小应根据泥炭或软土稠度而定。

②软土地层平坦、软土成流动状时，抛投填筑应沿路基中线向前成三角形方式投放片石，再渐次向两侧全宽范围扩展，以使淤泥挤向两侧。当软土地层横坡陡于 1 ：10 时，应自高侧向低侧填筑，并在低侧坡脚外一定宽度内同时抛填形成片石平台。

③片石抛填出软土面后，宜用重型压路机反复碾压，再用较小石块填塞垫平，并碾压密实。

3. 爆破排淤法

爆破排淤法是将炸药放在软土或泥沼中引爆，利用爆炸张力把淤泥或泥沼排除，再回填强度高、渗透性好的沙砾、碎石等填料的一种软基处理方法。它用于淤泥层较厚、稠度较大、路堤较高、工期紧迫、不影响周围其他构筑物的情况。

爆破排淤法根据施工顺序分为两种，一种是先填后爆，即先在原地面上填筑低于极限高度的路堤，再在基底下爆破，适用于稠度较大的软土或泥沼；另一种是先爆后填，适用于稠度较小、回淤较慢的软土。

（五）土工合成材料处治法

土工合成材料处治法，即利用土工合成材料（如土工布、土工格栅等）增强软基承载能力的一种软基处置方法。

1. 土工合成材料施工规定

①土工合成材料技术、质量指标应满足设计要求。土工合成材料在存放以及铺设过程中应避免长时间曝晒或暴露。与土工合成材料直接接触的填料中严禁含强酸性、强碱性物质。

②下承层应平整，摊铺时应拉直、平顺，紧贴下承层，不得扭曲、折皱。在斜坡上摊

铺时，应保持一定松紧度。

③铺设土工合成材料，应在路堤每边各留一定长度，回折覆裹在已压实的填筑层面上，折回外露部分应用土覆盖。

④土工合成材料的连接，采用搭接时，搭接长度宜为 300～600 mm；采用缝接时，为保证土工聚合物的整体性，可用尼龙线或涤纶线缝接，方法有对面缝和折叠缝两种。一般多采用对面缝，缝接处强度可达到纤维强度的 80%，基本能满足要求。如果用折叠缝，应用双道缝合线，可取得更高的强度。施工时最好采用移动式缝合机，避免漏缝及断线等。缝接宽度应不小于 50 mm，缝接强度应不低于土工合成材料的抗拉强度；采用黏结时，黏合宽度应不小于 50 mm，黏合强度应不低于土工合成材料的抗拉强度。

⑤施工中应采取措施防止土工合成材料受损，出现破损时应及时修补或更换。

⑥双层土工合成材料上、下层接缝应错开，错开间距应大于 500 mm。

2. 铺设土工布

将土工布铺设于路基底部，在填筑路基自重作用下受拉产生抗滑力矩，从而提高路基的稳定性。土工布在软基中主要起排水、隔离、分散应力和加筋补强作用。

土工布的铺设分单层和多层，当为两层以上时，层与层之间要夹填 10～20 cm 厚砂或沙砾层，以提高基底透水性。

3. 土工格栅

土工格栅是通过格栅表面与土的摩擦作用、格栅孔眼对土的锁定作用、格栅肋的被动抗阻作用约束土颗粒的侧移，从而提高路基的承载力及稳定性。土工格栅的加固效果明显，施工速度快，能大大缩短工期。

4. 土工格室

土工格室是由强化的 HDPE 片材料，经高强力焊接而形成的一种三维网状格室结构。在集中载荷作用下，受力的主动区依然会把所受的力传递给过渡区，但由于格室壁的侧向限制和相邻格室的反作用力，以及填料与格室壁的摩擦力所形成的横向阻力，抑制了土体的横向移动倾向，从而使路基的承载能力得以提高。土工格室常用于处理风沙地区路基、台背路基填土加筋、多年冻土地区路基、黄土湿陷路基处理、盐渍土、膨胀土路基等。

（六）施打塑料排水板法

1. 工作原理

施打塑料排水板法是用插板机将塑料排水板插入软土地基，在上部预压荷载作用下，软土地基中的空隙水由塑料排水板排到上部铺垫的砂层或水平塑料排水管中，由其他地方排出，加速软基固结。塑料排水板施工设备的作用基本与袋装砂井相同。

2. 塑料排水板施工要求

①选用塑料排水板的技术、质量指标应符合设计要求。

②现场堆放的塑料排水板，应采取措施防止损坏滤膜。露天堆放时应有遮盖，不得长时间曝晒。

③塑料排水板超过孔口的长度应能伸入砂垫层不小于 500 mm 处，预留段应及时弯折埋设于砂垫层中，与砂垫层贯通，并采取保护措施。

④塑料排水板不得搭接。

⑤施工中防止泥土等杂物进入套管内，一旦发现，应及时清除。

⑥打设形成的孔洞应用砂回填，不得用土块堵塞。

3. 塑料排水板加固软土地基的优点

①滤水性好，排水畅通，排水效果有保证。

②材料有良好的强度和延展性，能适合地基变形能力而不影响排水性能。

③排水板断面尺寸小，施打排水板过程中对地基扰动小。

④可在超软弱地基上进行插板施工。

⑤施工快、工期短，每台插板机每日可插板 15 000 m 以上，造价比袋砂井低。

对于深厚的软土地基采用排水固结法进行加固时，从技术上和经济上考虑，排水板是一种经济、有效、可行的方法。

（七）反压护道法

反压护道法是指为防止软弱地基产生剪切、滑移，保证路基稳定，对积水路段和填土高度超过临界高度的路段，在路堤一侧或两侧填筑起反压作用的，具有一定宽度和厚度的护道土体的一种软基处置方法。其原理是通过护道改善路堤荷载方式来增加抗滑力的方法，使路堤下的软基向两侧隆起的趋势得到平衡，从而保证路堤的稳定性。

反压护道法适用于路堤高度不大于 1.5 ~ 2 倍的极限高度，非耕作区和取土不太困难的地区。

采用反压护道法加固地基，不需特殊的机具设备和材料，施工简易方便，但占地多，用土量大，后期沉降大，以后的养护工作量也大。

反压护道施工填料材质应符合设计要求。护道宜与路堤同时填筑，分开填筑时，必须在路堤达临界高度前将反压护道筑好。护道压实度应达到《公路土工试验规程》（JTG E40-2007）重型击实试验法测定的最大密度的 90%，或满足设计提出的要求。

（八）堆载预压法

1. 概念

堆载预压法是堆载预压排水固结法的简称。该方法通过在场地填土加载预压，使土体中的孔隙水沿排水板排出，地基土压密、沉降、固结，从而提高地基强度，减少路堤建成后的沉降量。预压荷载超过设计道路工程荷载称为超载预压；预压荷载等于设计道路工程荷载称为等载预压。

2. 特点及适用范围

堆载预压法对各类软弱地基均有效；使用材料、机具简单，施工操作方便。但堆载预压需要一定的时间，适合工期要求不紧的项目。对于深厚的饱和软土，排水固结所需要的时间很长，同时需要大量的堆载材料，在使用上会受限。

3. 堆载预压法施工要求

①堆载预压不得使用淤泥土或含垃圾杂物的填料，填筑过程应按设计要求或采取有效措施，防止预压土污染填筑好的路基。

②堆载预压土应边堆土边推平，顶面应平整。

③堆载预压施工时应保护好沉降观测设施。填筑过程中应同步进行地基沉降与侧向位移观测。

④堆载预压土的填筑速率应符合设计要求，保证路堤安全、稳定。

⑤堆载预压的加压量和加压时间应满足设计要求。

⑥堆载预压卸载时间应根据观测资料和工后沉降推算结果，由建设单位组织，评估单位进行沉降评估，满足设计要求后方能卸载。

（九）真空预压法

1. 概念、特点及适用范围

真空预压法是在需要加固的软土地基表面先铺设砂垫层，然后埋设垂直排水管道，再用不透气的封闭膜使其与大气隔绝，薄膜四周埋入土中。利用真空装置进行抽气，使膜内外形成气压差，密封的软弱地基产生真空负压力，土颗粒间的自由水、空气沿着排水管上升到软基上部砂垫层内，再经砂垫层过滤排到软基密封膜以外，从而使土体固结，增加地基的有效应力。

真空预压在固结结束时，地基的真空压力就全部转化为有效应力。由于真空预压荷载是等向的，地基中不产生剪应力，故地基不存在剪切破坏的问题，所以真空荷载可一次施加，而不必像堆载那样要分级。因此，真空预压法可大大地缩短预压时间。真空预压法与排水板堆载预压法相比，其主要优点是加荷时间短、工艺简单、造价低，地基不存在失稳问题。该法适用于含水量高、孔隙比大、强度低、渗透系数和固结系数小的黏土，通常在设计荷载不超过 80 kPa 的地基上采用是较适宜的。

2. 真空预压法施工要求

①垫层材料宜采用中、粗砂，泥土杂质含量小于 5%，严禁砂中混有尖石等尖利硬物。

②每个加固区用 2 ~ 3 层密封膜，具体层数可根据密封膜性能确定。密封膜厚度宜为 0.12 ~ 0.17 mm，密封膜每边长度应大于加固区相应边 3 ~ 4 m。薄膜加工后不得存在热穿、热合不紧等现象，不宜有交叉热合缝。

③滤管应不透砂。滤管距泥面、砂垫层顶面的距离均应大于 50 mm。滤管周围必须用砂填实，严禁架空、漏填。

④密封沟与围堰处理。沿加固边界开挖密封沟，其深度应低于地下水位并切断透水层，内外坡应平滑。沟底宽度应大于 400 mm，密封膜与沟底黏土之间应进行密封处理。密封沟回填料应为不含杂质的纯黏土，不得损坏密封膜。筑堰位置应跨密封沟的外沟沿，堰体应密实、牢固。铺膜前，应把出膜弯管与滤管连接好，并培实砂子，同时处理好出口的连接。

⑤真空表测头应埋设于砂垫层中间，每块加固区不少于 2 个真空度测点，真空管出口须防止弯折或断裂。

⑥抽真空。抽真空持续时间应符合设计要求，设计无规定可持续 2 ~ 5 个月。覆盖厚度宜为 200 ~ 400 mm，膜下真空压力应持续稳定在 80 kPa 以上。应注意观察负压对其相邻结构物的影响。

（十）真空堆载联合预压法

真空堆载联合预压法是堆载预压和真空预压两种方法的结合。处治原理同真空预压法，但加载更大，预压时间可缩短一半。

1. 真空堆载联合预压法施工要求

①路堤填筑宜在抽真空 30 ~ 40 d 后开始进行，或按设计规定开始堆载。

②路堤填筑速率应符合设计规定。

③路堤填筑期间应保持抽真空。

④路堤填筑高度达到设计标高（考虑沉降）后，应继续抽真空，路堤沉降值（或地基固结度）达到设计要求后方可停止抽真空。

2. 真空预压法、真空堆载联合预压法施工监测

①预压过程中，应进行孔隙水压力、真空压力、深层沉降量及水平位移等预压参数的监测。真空压力每隔 4 h 观测一次，表面沉降每 2 d 测一次。

②当连续五昼夜实测地面沉降小于 0.5 mm/d、地基固结度已达到设计要求的 80% 时，经验收，即可终止抽真空。

③停泵卸荷后 24 h，应测量地表回弹值。

（十一）袋装砂井法

袋装砂井法是用透水型土土织物长袋装砂砾石，一般通过导管式振动打设机械将沙袋设置在软土地基中形成排水砂柱，以加速软土排水固结的地基处理方法。沙袋可采用聚丙

烯、聚乙烯、聚酯等长链聚合物编织，以专用缝纫机缝制或工厂定制，目前国内普遍采用的是聚丙烯编织，该材料抗老化性能差。施工机械一般为导管式的振动打设机械，只是在进行方式上有差异。我国一般采用的打设机械有轨道门架式、履带臂架式、步履臂架式、吊机导架式。该法用于淤泥固结排水、堆荷预压，使沉降均匀。

袋装砂井法施工要点：

①所用中、粗砂中大于 0.6 mm 颗粒的含量宜占总重的 50% 以上，含泥量小于 3%，渗透系数大于 5×10^7 mm/s。沙袋的渗透系数应不小于砂的渗透系数。且应保持干燥，不宜采用潮湿填料，以免袋内填料干燥后，体积减小，造成短井。

②沙袋露天堆放时应有遮盖，不得长时间曝晒。

③沙袋应垂直下井，不得扭结、缩颈、断裂、磨损。

④拔钢套管时若将沙袋带出或损坏，应在原孔位边缘重打；连续两次将沙袋带出时，应停止施工，查明原因并处理后方可施工。

⑤沙袋在孔口外的长度，应能顺直伸入砂垫层，至少 300 mm。

（十二）砂桩法（挤密砂桩或砂桩挤密法）

1. 概念

砂桩（砂井）指的是为加速软弱地基排水固结、增加软基稳定性，在地基中经振动、冲击或水冲等方式成孔后，灌入中、粗砂而建成的排水桩体。将砂灌入织袋放进孔内形成的井，称袋装砂井。

2. 适用范围

砂桩法适用于松散砂土、粉土、黏性土、素填土、杂填土等地基；对饱和黏土地基，对变形控制要求不严的工程也可采用砂桩置换处理；砂桩还可用于处理可液化的地基。在用于饱和黏土的处理时，最好是通过现场试验后再确定是否采用。

3. 成孔分类

根据成孔方式的不同，目前工程中砂桩成孔方式分为套管成孔法、水冲成孔法和螺旋钻成孔法等。

（1）套管成孔法

将带有活瓣管尖或套有混凝土端靴的套管沉到预定深度，然后在管内灌砂后拔出套管，形成砂桩。根据沉管工艺不同，又分为静压沉管法和振动沉管法。

（2）水冲成孔法

通过专用喷头，在水压力作用下冲孔，成孔后清孔，再向孔内灌砂成孔。此法适用于土质较好且均匀的砂性土。

（3）螺旋钻成孔法

以动力螺旋钻钻孔，提钻后灌砂成桩。此法适用于陆地上的工程，砂桩长度小于 10 m，且土质较好，不会出现缩颈、塌孔现象的软弱地基；不宜用在很软弱的地基。

4. 施工要求

①材料要求：采用中、粗砂，大于 0.6 mm 的颗粒含量宜占总重的 50% 以上，含泥量应小于 3%，渗透系数大于 5×10^{-2} mm/s。也可使用沙砾混合料，含泥量应小于 5%。

②采用单管冲击法、一次打桩管成桩法或复打成桩法施工时，应使用饱和砂；采用双管冲击法、重复压拔法施工时，可使用含水量为 7% ~ 9% 的砂；饱和土中施工可用天然湿砂。

③地面下 1 ~ 2 m 土层应超量投砂，通过压挤提高表层砂的密实程度。

④成桩过程应连续。

⑤实际灌砂量未达到设计用量时，应进行处理。

（十三）碎石桩

碎石桩是散体桩（由无黏结强度材料制成的桩）的一种，按其制桩工艺可分为振冲（湿法）碎石桩和干法碎石桩两大类。采用振动加水冲的制桩工艺制成的碎石桩称为振冲碎石桩或湿法碎石桩。采用各种无水冲工艺（如干振、振挤、锤击等）制成的碎石桩统称为干法碎石桩。

碎石桩施工要求：

①材料要求：未风化碎石或砾石，粒径宜为 19 ~ 63 mm，含泥量应小于 10%。

②施工前应按规定做成桩试验。

③根据试桩成果，严格控制水压、电流和振冲器在固定深度位置的留振时间。

④碎石桩密实度抽查频率为 2%，用重口型动力触探测试，贯入量为 100 mm 时，击数应大于 5 次。

（十四）加固土桩

加固土桩（粉喷桩）主要是以水泥、石灰、粉煤灰等材料作固化剂的主剂，利用深层搅拌机械在原位软土中进行强制搅拌，经过物理化学作用生成一种特殊的具有较高强度、较好变形特性和水稳性的混合桩体。它对提高软土地基承载能力，减少地基的沉降量有明显效果。适用于加固饱和软黏土地基如淤泥、淤泥质土、粉土和含水量较高的黏性土。

1. 材料要求

①生石灰粒径应小于 2.36 mm，无杂质，氧化镁和氧化钙总量应不小于 85%，其中氧化钙含量应不小于 80%。

②粉煤灰中二氧化硅和三氧化二铝含量应大于 70%，烧失量应小于 10%。

③水泥宜用普通水泥或矿渣水泥。

2. 加固土桩施工前的准备工作

①施工前必须进行成桩试验，桩数不宜少于 5 根。

②应取得满足设计喷入量的各种技术参数，如钻进速度、提升速度、搅拌速度、喷气压力、单位时间喷入量等。

③应确定能保证胶结料与加固软土拌和均匀性的工艺。

④掌握下钻和提升的阻力情况，选择合理的技术措施。

⑤根据地层、地质情况确定复喷范围。

⑥应根据固化剂喷入的形态（浆液或粉体），采用不同的施工机械组合。

3. 固化剂相关规定

（1）采用浆液固化剂时

制备好的浆液不得离析，不得停置过长。超过 2 h 的浆液应降低等级使用。浆液拌和均匀，不得有结块。供浆应连续。

（2）采用粉体固化剂时

严格控制喷粉标高和停粉标高，不得中断喷粉，确保桩体长度；严格控制粉喷时间、停粉时间和喷入量。应采取措施防止桩体上下喷粉不匀、下部剂量不足、上下部强度差异大等问题，应按设计要求的深度复搅。当钻头提升到地面以下小于 500 mm 时，送灰器停止送灰，用同剂量的混合土回填。若喷粉量不足，应整桩复打，复打的喷粉量不小于设计用量，因故喷粉中断时，必须复打，复打重叠长度应大于 1 m。施工设备必须配有自动记录的计量系统。钻头直径的磨损量不得大于 10 mm。

（十五）水泥粉煤灰碎石桩

水泥粉煤灰碎石桩（简称 CFG 桩）是在碎石桩的基础上发展起来的，以一定配合比率的石屑、粉煤灰和少量的水泥加水拌和后制成的一种具有一定胶结强度的桩体。由于桩体中加入了水泥和粉煤灰，形成了高黏结强度的桩，从而改善了碎石桩的刚性，不仅能很好地发挥全桩的侧摩阻作用，同时，也能很好地发挥其端阻作用。CFG 桩和桩间土、垫层一起形成复合地基。

水泥粉煤灰碎石桩施工要求：

1. 材料要求

（1）骨料

应根据施工方法，选择合理的骨料级配和最大粒径。粗骨料一般采用碎石或卵石。泵送混合料时，卵石最大粒径宜为 26.5 mm，碎石最大粒径宜为 19 mm。采用振动沉管时，骨料最大粒径不宜超过 63 mm。为使级配良好，宜掺入石屑或砂填充碎石的空隙。

（2）水泥

宜选用普通硅酸盐水泥，一般采用 32.5 级。

（3）粉煤灰

宜选用袋装Ⅰ、Ⅱ级粉煤灰。

2. 施工前应进行成桩试验，试桩数量宜为 5～7 根

成桩试验应确定符合设计要求的施工工艺和施工速度，确定合理的投料数量，确定桩的质量标准。

3. 桩体施工应选择合理的施打顺序，避免对已成桩造成损害

CFG 桩施工一般采用振动沉管机械施工，因此，其施打顺序对成桩质量影响较大，根据经验，一般采用隔桩跳打，此时很少发生打桩径被挤小或缩径现象。

4. 成桩过程中，应对已打桩的桩顶进行位移监测

一般桩顶位移超过 10 mm 时，需要对桩体进行开挖查验。

5. 为保证桩体质量，混合料应拌和均匀，且投料要充分

混合料坍落度一般宜为 100 mm 左右。

（十六）沉管灌注桩

1. Y 形沉管灌注桩施工

Y 形沉管灌注桩是一种派生于传统沉管灌注桩（圆形）的异形沉管灌注桩，根据"同等截面，多边形边长之和大于圆形周长"的原理，桩侧表面积增加，摩阻力相应增加，即等长、等体积的 Y 形沉管灌注桩比传统的圆形沉管灌注桩的侧面积大、单桩承载力高。

①粗集料宜优先选用卵石；采用碎石，宜适当增加含砂率；骨料最大粒径不宜大于 63 mm。混凝土坍落度宜为 80～100 mm，在运输和灌注过程中无离析、泌水现象。

②桩尖、桩帽混凝土强度不宜低于 C30。

③邻近有建筑物（构造物）时，应采取有效的隔振措施。

④桩基定位点及施工区附近的水准点应设置在不受桩基施工影响处。

⑤群桩施工，应合理设计打桩顺序，控制打桩速度，防止影响邻桩成桩质量。

⑥沉管前，宜在桩管内先灌入高 1.5 m 左右的封底混凝土，方可开始沉管。

⑦灌注混凝土的充盈系数不得小于 1。

⑧拔管速度应保持为 1.0～1.2 m/min，桩管埋入混凝土深度应大于 1 m。

2. 薄壁筒形沉管灌注桩施工

薄壁筒形沉管灌注桩是一种派生于传统的圆形沉管灌注桩的沉管灌注桩，利用一个内、外双管及桩靴结构，配备中、高频振动锤，形成密封管状系统沉孔，并灌注混凝土，形成大口径薄壁筒桩。

①混凝土粗集料宜优先选用卵石，卵石最大粒径为 63 mm；采用碎石，宜适当增加含

砂率，碎石最大粒径为 37.5 mm。混凝土坍落度宜为 80 ～ 150 mm，在运输和灌注过程中无离析、泌水现象。

②桩尖、桩帽混凝土强度不宜低于 C30，桩尖表面应平整、密实，桩尖内外面圆度偏差不得大于 1%，桩尖端头支承面应平整。

③邻近有建筑物时，应采取有效的隔振措施。

④在软土地基上打群桩时，应合理设计打桩顺序，控制打桩速度。

⑤桩基定位点及施工区附近所设的水准点应设置在不受桩基施工影响处。

⑥沉管规定：成孔器安装时，应控制底部套筒环形空隙（即成桩壁厚）的均匀性，环隙偏差小于 5 mm 后方可固定上端法兰或缩压夹持器。沉孔之前，必须使桩尖与成孔器内、外钢管的空腔密封，确保在全部沉孔过程中水不会渗入空腔内。浇注混凝土前，应检测孔底有无渗水和淤泥。

⑦浇注混凝土规定：桩管内混凝土灌满后，先振动 5 ～ 10 s，再边振动边拔管，控制拔管速度均匀，保持管内混凝土高度不少于 2 m。穿越特别软弱土层时，拔管速度宜控制在 1.0 ～ 1.2 m/min。采取间歇性振动，即灌入 2 m 高度混凝土后，提升振动一次，不宜连续振动而不提升。在沉孔及提升成孔器时，必须控制成孔器的垂直度。浇注后的桩顶标高应大于设计标高 500 mm。

二、潮湿地段路基施工

（一）潮湿地段路基填料要求

用湿黏土、红黏土作为填料直接填筑时，应符合以下要求：

第一，液限在 40% ～ 70% 之间，塑性指数在 18 ～ 26 之间。

第二，不得作为二级及二级以上公路路床、零填及挖方路基 0 ～ 0.80 m 范围内的填料；不得作为三、四级公路上路床、零填及挖方路基 0 ～ 0.30 m 范围内的填料。

第三，采用湿土法制作试件，试件的 CBR 值应满足现行《公路路基施工技术规范》相关规定。

第四，压实度应符合规定，否则应对填料进行处理，处理后强度应符合现行《公路路基施工技术规范》相关规定。

第五，压缩系数大于 0.5 MPa-1 的红黏土不得直接用于填筑路堤。

第六，强膨胀土不得作为路堤填料。中等膨胀土经处理后可作为填料，用于二级及二级以上公路路堤填料时，改性处理后胀缩总率应不大于 0.7%。胀缩总率不超过 0.7% 的弱膨胀土可直接填筑。

（二）湿黏土路基施工

湿黏土路堤填筑时，每层宜设 2% ～ 3% 的横坡。当天的填土宜当天完成压实。填筑层压实后，应采取措施防止路基工作面曝晒失水。

1. 水稻田地段路基施工

水稻田地段路基施工，不得影响农田排灌。施工前应采取措施排除公路用地范围内的地表水。疏于地表水确有困难时，应按设计要求进行处治。二级及二级以上公路路堑段，应在边坡顶适当距离外筑埂并挖截水沟；土质、风化岩石边坡，应浆砌护墙或护坡；路堑路段宜加大边沟尺寸并采用浆砌。

2. 河、塘、湖地段路堤施工

受水浸润作用的路堤部分，宜用水稳性好、塑性指数不大于6、压缩性小、不易风化的透水性填料填筑。在洪水淹没地段的路堤两侧不得取土；对于三、四级公路，特殊情况下，可在下游侧距路堤安全距离外取土。两侧水位差较大的河滩路堤，根据具体情况，宜放缓下游一侧边坡，设滤水趾和反滤层，在基底设隔渗墙或隔渗层。防洪工程应在洪水期前完成，施工期间应注意防洪。

3. 多雨潮湿地区路基施工

多雨潮湿地区施工，应注意排水。机具停放地、库房、生活区域应选在地势较高不易被水淹的地点，并有完善的排水防洪设施。多雨潮湿地区，应按设计要求对基底过湿土层进行处理。

（三）红黏土地区路基施工

1. 路堤施工

应尽量避免雨季施工。雨季施工时，应防止松土被雨淋湿。施工中应保持作业面横坡不小于3%。雨后作业面，应经晾干且重新压实合格后方可进行下道工序的施工。路堤填筑应连续，填料应随挖随用。摊铺后必须及时碾压，做到当天摊铺当天完成碾压。碾压完成后，应采取措施防止路堤作业面曝晒失水。

2. 提高红黏土路堤压实度的措施

（1）掺加沙砾法

掺加沙砾能改善高液限土（红黏土）的液限、塑性指数以及CBR值，当粗粒料含量大于35%～40%时，一般能达到标准土质的填筑要求。随着沙砾含量的增加，对裂缝的抑制作用愈来愈明显，抗裂性能得到相应提高。

（2）化学外加剂法

掺入石灰、水泥等外加剂可有效降低含水量，提高强度，同时又可降低塑性指数，提高水稳性。

（3）包边法

将不能直接填筑的红黏土进行隔水封闭。外包材料为水稳性较好的低液限土。但是对于碾压稠度偏低（小于 1.15）导致难以压实的红黏土应避免采用此法。该法建议使用于下路堤填筑。

3. 包边法施工

包边材料应为透水性较小的低液限黏土、石灰土等，CBR 值应符合现行《公路路基施工技术规范》相关规定。严禁用粉土、砂土等低塑性土包边。分层填筑时，先摊铺包边土，后摊铺红黏土。碾压前，应控制两种填料的各自含水量，使两种填料在同一压实工艺下能达到压实标准。包边土的压实度应符合土质路基压实度规定。碾压应从两边往中间进行，对不同填料的结合处要增加碾压遍数 1 ~ 2 遍。超高弯道的碾压应自低处向高处进行。

三、盐渍土地区路基施工

（一）路堤填料

盐渍土作为路堤填料，首先与所含易溶盐的性质和数量有关，其次与所在自然区域的气候、水文和水文地质条件有关，此外也与土质道路技术等级和路面结构类型有关。路堤填料要求符合以下要求：

第一，路堤填料适用性应符合现行《公路路基施工技术规范》的相关规定。

第二，对填料的含盐量及其均匀性应加强施工控制检测，路床以下每 1 000 m，填料、路床部分每 500 m² 填料应至少作一组测试，每组 3 个土样，填方不足上列数量时，亦应做一组试件。含盐量大的土层一般分布在地表数百毫米的范围内。实际检测时，若发现上、下层含盐量不一样，但总的平均含量未超过规定允许值时，可以通过将上、下两层盐土打碎拌和来保证填料含盐量的均匀性。

第三，用石膏土作填料时，应先破坏其蜂窝状结构。根据以往公路、铁路多年实践经验，石膏土或石膏粉均可作为路堤填料。蜂窝状和纤维状石膏土，由于其疏松多孔，用作填料时，应破碎其蜂窝状结构，以保证达到要求的压实度。

（二）基底（包括护坡道）处治

含水量超过液限的原地基土，应按设计要求将基底以下 1 m 全部换填为透水性材料；含水量界于液限和塑限之间时，应按设计要求换填 100 ~ 300 mm 厚的透水性材料；含水量在塑限以下时，可直接填筑黏性土。地下水位以下的软弱土体应按设计要求采用透水性好的粗粒土换填，高度宜高出地下水位 300 mm 以上。在内陆盆地干旱地区，路面为沥青混凝土、水泥混凝土或沥青表面处治时，应按设计要求在路堤下部设置封闭性隔断层。地表为过盐渍土的细粒土、有盐结皮和松散土层时，应将其铲除，铲除的深度通过试验确定。地表过盐渍土层过厚时，若仅铲除一部分，则应设置封闭隔断层，隔断层宜设置在路床顶以下 800 mm 处；若存在盐胀现象，隔断层应设在产生盐胀的深度以下。

（三）盐渍土路堤施工

盐渍土路堤应分层填筑、分层压实，每层松铺厚度不宜大于 200 mm，砂类土松铺厚度不宜大于 300 mm。碾压时应严格控制含水量，碾压含水量不宜大于最佳含水量 1 个百分点。雨天不得施工。盐渍土路堤的施工，应从基底处理开始，连续施工。在设置隔断层的地段，宜一次做到隔断层的顶部。地下水位高的黏性盐渍土地区，宜在夏季施工；砂性盐渍土地区，宜在春季和夏初施工；强盐渍土地区，宜在表层含盐量较低的春季施工。

（四）盐渍土路堤施工排水

施工中应及时、合理设置排水设施，路基及其附近不得积水。取土坑底面应高出地下水位至少 150 mm，底面向路堤外侧应有 2% ~ 3% 排水横坡。在排水困难地段或取土坑有可能被水淹没时，应在取土坑外采取适当处治措施。在地下水位较高地段，应加深两侧边沟或排水沟，以降低路基下的地下水位。盐渍土地区的地下排水管与地面排水沟渠，必须采取防渗措施。盐渍土地区不宜采用渗沟。

四、膨胀土地区路基施工

（一）施工一般要求

膨胀土地区路基施工，应避开雨季作业，加强现场排水，基底和已填筑的路基不得被水浸泡。膨胀土地区路基应分段施工，各道工序应紧密衔接，连续完成。路基边坡按设计要求修整，并应及时进行防护施工。膨胀土路基填筑松铺厚度不得大于 300 mm；土块粒径应小于 37.5 mm。填筑膨胀土路堤时，应及时对路堤边坡及顶面进行防护。路基完成后，当年不能铺筑路面时，应按设计要求做封层，其厚度应不小于 200 mm，横坡不小于 2%。

（二）二级及二级以上公路路堤基底处理

高度不足 1 m 的路堤，应按设计要求采取换填或改性处理等措施处治；表层为过湿土时，应按设计要求采取换填或进行固化处理等措施处治；填土高度小于路面和路床的总厚度，基底为膨胀土时，宜挖除地表 0.30 ~ 0.60 m 的膨胀土，并将路床换填为非膨胀土或掺灰处理；若为强膨胀土，挖除深度应达到大气影响深度。

（三）路堑施工

路堑施工前，先施工截、排水设施，将水引至路幅以外。边坡施工过程中，必要时，宜采取临时防水封闭措施保持土体原状含水量。边坡不得一次挖到设计线，应预留厚度 300 ~ 500 mm，待路堑完成时，再分段削去边坡预留部分，并立即进行加固和封闭处理。路床底标高以下应按照设计要求进行处理。宜用支挡结构对强膨胀土边坡进行防护。支挡结构基坑应采取措施防止曝晒或浸水，基础埋深应在大气风化作用影响深度以下。

五、粉质土地区路基施工

（一）开挖边沟

由于粉性土的毛细水上升高度较大，为防止路基边坡底部土体含水量过大，从而发生由下往上的坍塌失稳，在路基开始施工时，可结合边沟设计在两侧开挖一定深度的边沟，降低地下水及路基两侧地面水对路基的侵害。

（二）增加压实宽度

在实际施工中在原设计路基宽度基础上可适当增加其压实宽度，以预留冲刷宽度，维持和保护主体路基的稳定。

（三）控制路基表面平整度

路基表面平整，有利于水在路表均匀漫流，不至于形成局部溜槽。一定的路拱有利于路基范围内的降水及时排到路基外，不使积水渗入土基。

（四）设拦水坡、泄水埂

水流对路基表面的冲刷程度随流量、流速的变化而变化，当路表水沿边坡流下后将形成一定的流速，从而对边坡形成较严重的冲刷。雨季施工时，在路基边缘设置拦水坡，并每隔一定距离设置泄水槽，路基表面降水流至路基边缘后沿拦水埂汇集至泄水槽集中排出，避免了路基水对边坡的冲刷。

（五）掺灰处治

粉质土不是石灰土的理想土源，通过掺入 5% ~ 8% 的石灰，改善土的板体性能，到了一定的龄期后，其浸水后的稳定性也大大提高，防止雨水冲刷和土体坍塌的现象。

第三节 路基质量检测方法

一、最佳含水量和最大干密度的确定

最佳含水量又称最优含水率，是指在一定压实功作用下，能使填土达到最大干密度（干容量）时相应的含水率。最佳含水量是土基施工的一个重要控制参数。

最佳含水量的试验测定方法有击实试验法（分轻型击实和重型击实）、振动台法和表面振动击实仪法。

（一）击实试验法

①用干法或湿法制备一组不同含水量（相差约 2%）的试样（不少于 5 个）。

②取制备好的土样按所选击实方法分 3 次或 5 次倒入击实筒，每层按规定的击实次数进行击实，要求击完后余土高度不超过试筒顶面 5 mm。修平称量后用推土器推出筒内试样，测定击实试样的含水量和测算击实后土样的湿密度。其余土样按相同方法进行试验。

③计算各试样干密度，以干密度为纵坐标，含水量为横坐标绘制曲线，曲线上峰值点的纵、横坐标分别为最大干密度和最佳含水量。

④当试样中有大于 25 mm（小筒）或大于 38 mm（大筒）的颗粒时，应先将其取出，求得其百分率（要求不得大于 30%），对剩余试样进行击实试验，再利用修正公式对最大干密度和最佳含水量进行修正。

（二）振动台法

①充分搅拌并烘干试样，使其颗粒分离程度尽可能小，然后大致分成 3 份，测定并记录空试筒质量。

②用小铲或漏斗将任一份试样徐徐装入试筒，并注意使颗粒分离程度最小（装填宜使振毕密实后的试样等于或略低于筒高的 1/3），抹平试样表面，然后可用橡皮锤或类似物敲击几次试筒壁，使试料下沉。

③放置合适的加重底板于试料表面，轻轻转动几下，使加重底板与试样表面密合一致。卸下加重底板把手。

④将试筒固定于振动台面上，装上套筒，并与试筒紧密固定，将合适的加重块置于加重底板上，其上部尽量不与套筒内壁接触。

⑤设定振动台在振动频率 50 Hz 下的垂直振动双振幅为 0.5 mm，或在振动频率 60 Hz 下的垂直振动双振幅为 0.35mm。在 50 Hz 下振动试筒及试样 10 min；在 60 Hz 下振动 8 min。振毕卸去加重块及加重底板。

⑥按 2 ~ 5 步进行第二层、第三层试料振动压实。但第三层振毕，加重底板不再立即卸去。

⑦卸去套筒，然后检查加重底板是否与试样表面密合一致，即按压。

⑧看加重底板边缘是否翘起，若翘起，则宜在试验报告中注明。

⑨刷净试筒顶沿面上及加重底板上位于试筒导向瓦两侧测量位置所积落的细粒土，并尽量避免将这些细粒土刷进试筒内，将百分表架支杆插入每个试筒导向瓦套中，然后分别测读并记录试筒导向瓦每侧试筒顶沿面（中心线处）各 3 个百分表读数，共 12 个读数（其平均值即为终了百分表读数 R）。

二、土基压实质量控制与检测

（一）影响土基压实的主要因素

1. 土质

一般情况下，同一压实功作用下，含粗粒土越多，其最大干密度越大，而最佳含水量越小。

2. 含水量

土中含水量对其压实效果的影响比较显著。当含水量较小时，土中空隙多，互相连通，在一定的外部压实功作用下，土粒间气体易被排出，密度增大，但由于含水量小，水膜润滑作用不明显，外部压实功不足以克服粒间引力，土粒不易移动，因此压实效果比较差；随着含水量逐渐增大，水膜润滑作用增强，在外部压实功作用下，土粒比较容易发生相对移动，压实效果渐佳；当土中含水量增加到一定程度后，土空隙中出现难以排出的自由水，减小了有效压功，压实效果反而降低。因此，土的含水量存在一个最佳含水量，在此情况下，同样压实功获得最大干密度和最好的水稳定性。

3. 压实功

经试验和工程实践发现，同一类土，其最佳含水量随压实功的增加而减小，而最大干密度则随压实功的增加而增大。当土含水量偏低时，增加压实功对提高干密度效果明显，含水量偏高时则收效甚微。当压实功增大到一定程度后，对最佳含水量的减小和最大干密度的提高，其效果都不明显了，即单纯用增大压实功来提高土的干密度并不理想，压实功过大甚至还会破坏土体结构，适得其反。

4. 铺土厚度

工程实践表明，同一类土在相同压实功条件下，压实度随土层松铺厚度的增加而减小。表层压实效果优于下面土层。因此，相关规范中都推荐了不同类土在不同压实功下的松铺土层厚度，以供施工参考。

（二）土基压实的控制与检测

要控制路基压实质量，应充分认识影响压实的各种因素及其相互关系，根据现场实际情况，采取合理的措施。质量控制与检测应重点关注以下几方面：

1. 确定土基的最大干密度和最佳含水量

沿线路基填料性质往往有较大的差别。路基施工前，应对各不同土质路段取样，采用现行相关规范推荐的测定方法进行土工试验，确定各类土质的最大干密度和最佳含水量，为后序路基施工提供参考。

含水量是影响路基土压实效果的主要因素，压实前应控制土的含水量在最佳含水量±2%之内。

2. 选择压实机械

充分了解压实功与土基压实度的关系，选择与土质相匹配的压实机械，按照合理的压实行走路线及压实遍数施工。

3. 分层填筑压实

填土分层压实厚度和压实遍数与压实机械类型、土的种类和压实度要求有关，一般应通过试验路段确定。对于低等级公路，可参照相关规范推荐值或同地区已建相同类型公路施工经验。

4. 压实质量的检测

土基压实度的检测一般采取灌砂法、环刀法、蜡封法、水袋法和核子密度仪法。环刀法适用于细粒土，灌砂法适用于各类土。采用核子密度仪时应先进行标定，并与灌砂法作对比试验，找出相关的压实度修正系数，尤其是当填土种类发生变化时，必须重新标定，方能保证压实度检测的准确性、可靠性。填筑路基时，应分层检测压实度，并要求填土层压实度达到要求后，方允许填筑上一层，这样才能保证全深度范围内的压实质量。

第六章　路面工程施工技术

第一节　路面工程基本知识

一、路面的概念、结构与分类

（一）路面的概念

路面是指用各种材料铺筑在路基上的供车辆行驶的构造物，其主要任务是保证车辆快速、安全、舒适地行驶，路面应能够承受交通荷载和自然因素的作用，还要与周围环境衬托协调。

（二）路面的结构

道路行车荷载和自然因素的作用一般随深度的增加而减弱，为适应这一特点，路面结构也是多层次的，路面结构一般由面层、基层、垫层组成，有的道路在面层和基层之间还设立了一个联结层。

1. 面层

位于整个路面结构的最上层，直接承受行车荷载，并受自然因素的影响，因此要求面层应有足够的强度、刚度和稳定性，另外面层还应有良好的平整度和抗滑性能，以保证车辆安全平稳地通行，面层通常使用水泥混凝土、沥青混凝土、沥青碎石混合料做铺筑材料，有些道路也用块石、料石或水泥混凝土预制块铺筑道路面层，山区交通量很小的地区也直接用泥灰结碎石或泥结碎石做面层。面层可分层铺筑，称为上面层（表层）、中面层和下面层。

2. 基层

是指面层以下的结构层，主要起支撑路面面层和承受由面层传递来的车辆荷载作用，因此基层应有足够的强度和刚度，基层也应有平整的表面，以保证面层厚度均匀、平整，基层还可能受到地表水和地下水的浸入，故应有足够的水稳定性，以防湿软变形而影响路面的结构强度。基层可采用水泥稳定类、石灰稳定类、石灰工业废渣稳定类以及级配碎砾石、填隙碎石或贫混凝土铺筑。当基层较厚时，应分为两层或三层铺筑，下层称为底基层，上层称为基层，中层视材料情况，可称为基层也可称底基层，选择基层材料时，为降低工程成本，应本着因地制宜的原则，尽可能使用当地材料。

3. 垫层

设在土基和基层之间，主要用于潮湿土基和北方地区的冻胀土基，用以改善土基的湿度和温度状况，起隔水（地下水和毛细水）、排水（基层下渗的水）、隔温（防冻胀）以及传递荷载和扩散荷载的作用。垫层材料不要求强度高，但要求水稳性能和隔热性能好，常用的垫层材料有沙砾、炉渣或卵圆石组成的透水性垫层和石灰土或石灰炉渣土组成的稳定性垫层。

4. 联结层

指为加强面层和基层的共同作用或减少基层裂缝对面层的影响，而设在基层上的结构层，经常被视为面层的组成部分。联结层一般采用颗粒较大的沥青稳定碎石、大粒径透水性沥青稳定碎石或沥青灌入式。

（三）路面的分类

从路面力学特性角度划分，传统的分法把路面分为柔性路面和刚性路面，随着科技的进步，又有了新的发展，路面分类进一步得到细化。

1. 柔性路面

是指刚度较小，抗弯拉强度较低，主要靠抗压和抗剪强度来承受车辆荷载作用的路面，其主要特点是刚度小，在车轮荷载的作用下弯沉变形较大，车轮荷载通过时路面各层向下传递到路基的压应力较大。

2. 刚性路面

是指路面板体刚度大，抗弯拉强度较高的路面，其主要特点是，抗弯拉强度高、刚度大，处于板体工作状态，竖向弯沉较小，传递给下层的压应力较柔性路面小得多。

3. 半刚性路面

我国公路科研工作者经过研究和探索，在 20 世纪 90 年代初又提出半刚性路面的概念。我国在公路建设中大量使用了水泥稳定类、石灰稳定类和石灰粉煤灰稳定类材料做基层，这些基层材料随着龄期的增长，其强度和刚度也在缓慢地增长，但最终的强度和刚度仍远小于刚性路面，其受力特点也不同于柔性路面，以沙庆林院士为首的我国公路路面科研人员，将之称为半刚性路面基层，加铺沥青面层之后，称为半刚性路面。

4. 复合式基层路面

《公路沥青路面施工技术规范》中提出了混合式基层的概念，即上部使用柔性基层，下部使用半刚性基层的基层称为复合式基层，它的受力特点是处于半刚性基层和柔性基层中间的一种结构，可以提高柔性路面的承载能力，在加铺沥青面层之后，称之为复合式路面。

当前一个时期内国内大量使用了半刚性路面基层，半刚性基层的整体性好，但易形成温度裂缝和干缩裂缝，并经反射造成沥青面层开裂，水渗入后在行车荷载的作用下出现唧浆现象，进而形成公路路面的早期损坏。将半刚性基层用作下基层，上覆以柔性基层，成为复合式结构，不仅可以提高基层的承载力，也可以扩散半刚性基层裂缝产生的水平应力，进而截断反射裂缝向上传递的途径。同时，柔性基层多采用级配碎砾石结构，具有一定的排水功能，进一步完善基层边缘排水设计，应能起到预防路面早期破坏的效果。重交通量和多雨潮湿地区目前已开始混合基层的研究和实践。

二、路面施工的特点和基本要求

路面工程是直接承受行车荷载的结构，经受严酷的自然环境和行车荷载的反复作用，因此对路面工程也提出了更高的要求。

（一）路面施工的特点

1. 机械化程度高

随着经济的发展，机械制造业也发展迅速，各种类型、各种功能的路面施工机械相继出现，以前使用人工施工为主的路面施工已经转变为机械化施工为主、人工为辅的局面。如何更好地发挥机械性能，减轻人工的劳动强度，也是路面工程施工组织的重要内容。

2. 工程数量均匀，容易进行流水作业

一般情况下一个工程项目路面工程的结构类型和设计厚度是相同的或相近的，除交叉口和收费区范围外，每千米工程数量是均匀的，这使得采取流水作业法安排路面工程施工变得更加容易。

3. 路面施工材料相对比较均匀，更容易控制路面质量

采用细粒土的路面基层底基层材料，虽然也采取了因地制宜的原则，用沿线的土进行基层底基层施工，但相对于路基工程——土石混合来讲，土质差别比较小，可以利用塑性指数的差别制定统一的质量控制标准来控制基层质量（如建立相同强度下，塑性指数与灰剂量的关系；或建立相同灰剂量情况下，塑性指数与最大干密度的关系等）。对于采取砂石材料进行施工的路面基层和面层，由于材料的产地相同，材质更加均匀，更容易用同样的质量标准来控制生产。

4. 与桥梁工程、台背回填、防护工程施工有相互干扰

在施工进度安排上，因桥梁工程、台背回填、防护工程的滞后影响基层施工时，可采取跳跃施工的方法；对于面层施工时，应已完成上述工作，不影响面层施工的连续性。

5. 废弃材料处理

应注意不对绿化工程、防护工程和水资源造成污染，必要时应采取环境保护措施。

6. 半刚性基层沥青路面的基层重排与面层的施工安排

半刚性基层沥青路面的基层重排与面层的施工安排，宜在同一年内施工，以减少半刚性基层的反射性裂缝和沥青面层的早期损坏。

（二）对路面工程的基本要求

一般说来，不同等级的公路对路面的使用品质具有不同的要求，主要表现在一定设计年限内允许通行的交通量和要求道路提供的服务等级。首先，路面在设计年限内通过预测交通量的情况下，路面应保持一定的承载能力和抗疲劳能力；其次，路面在风吹、日晒、雨淋、严寒、酷暑、冻融等复杂自然条件下，在设计年限内应保持一定的稳定性和耐久性；最后就是在设计年限内经过一定的养护管理，路面应具有与公路等级相适应的服务水平，为车辆行驶提供安全可靠、快捷舒适的服务。具体来说，对路面工程有以下要求：

1. 具有足够的强度和刚度

路面承受车辆在路面行驶时作用于路面的水平力、垂直力，并伴随着路面的变形（弯沉盆）和车辆的振动，受力模型比较复杂，会引起各种不同应力，如压应力、弯拉应力、剪应力等。路面的整体或结构的某一部分所受的力超出其承载能力，就出现路面病害，如断裂、沉陷等；在动载的不断作用下，进而出现碎裂和坑槽。因此必须保证路面整体和路面的组成部分具有足够的强度，包括修建路面的原材料，如砂石、水泥等，复合性材料，如水泥混凝土、沥青混凝土和路面结构本身。

刚度是指路面抵抗变形的能力，刚度不足时路面在车辆荷载的作用下也会产生变形、车辙、沉陷、波浪等破坏现象，因此要求路面具有足够的刚度，使路面整体和各组成部分的变形量控制在弹性变形范围内。

2. 具有足够的稳定性

路面结构裸露在自然环境之中，经受水和温度等影响，使其力学性能和技术品质发生变化，路面稳定性包括以下内容：①高温稳定性：在夏季高温条件下，沥青材料如没有足够的抗高温的能力，会发生泛油、面层软化，在车辆荷载的作用下产生车辙、波浪和推挤，水泥路面则可能发生拱胀开裂。②低温抗裂性：冬季低温条件下，路面材料如没有足够的抗低温能力，会出现收缩、脆化或开裂，水泥路面也会出现收缩裂缝，气温骤变时出现翘曲而破坏。③水温稳定性：雨季路面结构应有一定的防水、抗水或排水能力，否则在水的

浸泡作用下，强度会下降，甚至出现剥离、松散、坑槽等破坏。

3. 具有足够的平整度

路面应有良好的平整度，不平整的路面会使车辆颠簸，行车阻力增加影响行车安全和司乘舒适，加剧路面和车辆的损坏，因此，路面应具有与公路等级相适应的平整度。

4. 粗糙度和抗滑性能

路面表层直接接触车轮，路面表层应有一定的粗糙度和抗滑性能，车轮和路面表层间应有足够的附着力和摩擦阻力，保证车辆在爬坡、转弯、制动时车轮不空转或打滑，路面抗滑性不仅对保证安全行车十分重要，而且对提高车辆的运营效益也有重要意义。

5. 耐久性

阳光的曝晒、水分的浸入和空气氧化作用都会对路面结构和材料产生作用，尤其是沥青材料会出现老化，并失去原有的技术品质，导致路面开裂、脱落，甚至大面积的松散破坏。因此在路面修筑时，应尽可能选用有足够抗疲劳、抗老化、抗变形能力的路用材料，以提高路面的耐久性，延长路面的使用寿命。

6 尽可能低的扬尘性

汽车在路面上行驶，车身后及轮胎后产生的真空吸力作用将吸引路面表层或其中的细颗粒料而引起尘土飞扬，造成污染并影响行车视距，给沿线居民卫生和农作物造成不良影响，尤其以砂石路面为甚。所以除非在交通量特别小或抢修临时便道的情况下，一般不要用砂石路面结构。

7. 具有尽可能低的噪声

噪声污染也影响居民的正常生活，穿越居民区的公路路面可采用减噪混凝土，以降低噪声。

三、路面施工用材料

路面工程施工中，材料起着至关重要的作用，有些新建公路路面工程出现早期破坏，材料质量是最重要的影响因素。路面结构层所用材料应满足强度、稳定性和耐久性等要求。路面施工需用材料广泛，物理力学性能各异，有些材料适用于路面基层，有些材料适用于路面面层，也有些材料既可用于基层也可用于面层，但技术要求和力学性能指标略有不同，以下对路面工程所用的主要工程材料的分类和基本要求进行分述。

（一）路面材料的分类

路面材料从工程质量控制角度出发，应对集料、结合料质量进行监控，同时也应对路面混合料及辅助材料进行质量监控，只有这样才能更好地保证路面工程质量。

（二）路面材料的基本要求

路面用材料种类繁多，需求量大。路面各结构层使用的材料均应满足强度、稳定性和耐久性的要求，以保证路面各层次质量。选择路面用材料时也应依照因地制宜的原则，但更重要的是各类路面材料必须符合路面各结构层次的技术要求。

1. 基层底基层用材料

（1）水泥

普通硅酸盐水泥、矿渣硅酸盐水泥和火山灰质硅酸盐水泥均可用作基层结合料，但宜选用终凝时间较长的水泥。

（2）石灰

石灰质量应符合《建筑生石灰》和《建筑消石灰》规定的合格以上级的生石灰或消石灰的技术指标。

（3）细粒土

无机结合料稳定的细粒土，其技术要求应符合规定。

（4）中粗粒土

级配碎石、未筛分碎石、沙砾、碎石土、煤矸石、沙砾土均可作为路面基层材料，其颗粒直径不宜大于 37.5 mm。集料压碎值：高速公路和一级公路按结构层次和结构类型一般应不大于 30%，一级公路一般不大于 30% ~ 35%，二级及以下公路一般不大于35% ~ 40%。

2. 沥青面层用材料

（1）道路石油沥青

第一，各个沥青等级适用范围应符合的规定：道路石油沥青的质量应符合规范规定的技术要求。经建设单位同意，沥青的 PI 值、60℃动力黏度，15℃延度可作为选择性指标。

第二，沥青路面采用的沥青标号，宜按照公路等级、气候条件、交通条件、路面类型及在结构层中的层位及受力特点、施工方法等，结合当地的使用经验，经技术论证后确定。

（2）乳化沥青

第一，乳化沥青适用于沥青表面处置路面、沥青灌入式路面、冷拌沥青混合料路面，修补裂缝，喷洒透层、黏层与封层等。

第二，乳化沥青的质量应符合相关规范的规定。

第三，乳化沥青类型根据集料品种及使用条件选择。阳离子乳化沥青可适用于各种集料品种，阴离子乳化沥青适用于碱性石料。乳化沥青的破乳速度、黏度宜根据用途与施工方法选择。

第四，制备乳化沥青用的基质沥青，对高速公路和一级公路，宜符合《道路石油沥青》中 A、B 级沥青的要求，其他情况可采用 C 级沥青。贮存期以不离析、不冻结、不破乳为度，宜存放在立式罐中，并保持适当搅拌。

（3）液体石油沥青

第一，液体石油沥青适用于透层、黏层及拌制冷拌沥青混合料。根据使用目的与场所，可选用快凝、中凝、慢凝的液体石油沥青，其质量应符合相关规范规定。

第二，液体石油沥青宜采用针入度较大的石油沥青，使用前按先加热沥青后加稀释剂的顺序，掺配煤油或轻柴油，经适当的搅拌、稀释制成。掺配比例根据使用要求由试验确定。

（4）煤沥青

第一，道路用煤沥青的标号根据气候条件、施工温度、使用目的的选用，其质量应符合相关规范的规定。

第二，各种等级公路的各种基层上的透层，宜采用 T-1 或 T-2 级，其他等级不符合喷洒要求时可适当稀释使用；三级及三级以下的公路铺筑表面处置或灌入式沥青路面，宜采用 T-5、T-6 或 T-7 级；与道路石油沥青、乳化沥青混合使用，以改善渗透性。

第三，道路用煤沥青严禁用于热拌热铺的沥青混合料，做其他用途时的贮存温度宜为 70 ～ 90℃，且不得长时间贮存。

（5）改性沥青

第一，改性沥青可单独或复合采用高分子聚合物、天然沥青及其他改性材料制作。

第二，各类聚合物改性沥青的质量应符合相关规范的规定，当使用其他聚合物及复合改性沥青时，可通过试验研究制订相应的技术要求。

第三，改性沥青须在固定式工厂或在现场设厂集中制作，改性沥青的加工温度不宜超过 180℃。

（6）粗集料

第一，沥青层用粗集料包括碎石、破碎砾石、筛选砾石、钢渣、矿渣等，但高速公路和一级公路不得使用筛选砾石和矿渣。粗集料必须由具有生产许可证的采石场生产或施工单位自行加工。

第二，粗集料应该洁净、干燥、表面粗糙，质量应符合规范的规定。当单一规格集料的质量指标达不到表中要求，而按照集料配合比计算的质量指标符合要求时，工程上允许使用。对受热易变质的集料，宜采用经拌和机烘干后的集料进行检验。

第三，粗集料的粒径规格应按照规范的规定选用。破碎砾石应采用粒径大于 50mm、含泥量不大于 1% 的砾石乳制，经过破碎且存放期超过 6 个月以上的钢渣可作为粗集料使用。钢渣在使用前应进行活性检验。要求钢渣中的游离氧化钙含量不小于 3%，浸水膨胀率不小于 2%。

（7）细集料

第一，沥青路面的细集料包括天然砂、机制砂和石屑，其规格应分别符合相关规范要求。

第二，细集料应洁净、干燥、无风化、无杂质，并有适当的颗粒级配。细集料的洁净程度，天然砂以小于 0.075 mm 含量的百分数表示，石屑和机制砂以砂当量（适用于 0 ～ 4.75

mm）或亚甲蓝值表示。

第三，热拌密级配沥青混合料中天然砂的用量通常不应超过集料总量的 20%，并且是在不得已情况下经试验论证后才可采用，SMA 和 OGFC 混合料不得使用天然砂。

（8）填料

第一，沥青混合料的矿粉必须采用石灰岩或岩浆岩中的强基性岩石等憎水性石料经磨细得到的矿粉，原石料中的泥土杂质应除净。矿粉应干燥、洁净，能自由地从矿粉仓流出，其质量应符合相关规范的规定。

第二，拌和机的粉尘严禁回收使用。

第三，粉煤灰作为填料使用时，用量不得超过填料总量的 50%，粉煤灰的烧失量应小于 12%，与矿粉混合后的塑性指数应小于 4%，其余质量要求与矿粉相同。高速公路、一级公路的沥青面层不宜采用粉煤灰做填料。

3. 水泥路面用材料

（1）水泥

第一，各等级公路均宜优先选用旋窑生产的道路硅酸盐水泥，确有困难时或中轻交通路面可以使用立窑水泥，低温天气施工或有快速通车要求的路段可采用 R 型早强水泥。各交通等级路面用水泥的抗折强度、抗压强度应符合规范的规定。

第二，水泥进场时每批量应附有化学成分、物理、力学指标合格的检验证明。各交通等级路面所使用水泥的化学成分、物理性能等品质要求应符合规范的规定。

第三，采用机械化铺筑时，宜选用散装水泥。散装水泥的夏季出厂温度：南方不宜高于 65℃，北方不宜高于 55℃；混凝土搅拌时的水泥温度：南方不宜高于 60℃，北方不宜高于 50℃，且不宜低于 10℃。

第四，当混凝土和碾压混凝土用作基层时，可使用各种硅酸盐类水泥。不掺用粉煤灰时，宜使用强度等级 32.5 级以下的水泥。掺用粉煤灰时，只能使用道路水泥、硅酸盐水泥、普通水泥，水泥的抗压强度、抗折强度、安定性和凝结时间必须检验合格。

（2）粉煤灰及其他掺合料

第一，混凝土路面在掺用粉煤灰时，应掺用质量指标符合规定的磨细粉煤灰，不得使用 3 级粉煤灰。贫混凝土、碾压混凝土基层或复合式路面下面层应掺用符合规定的 3 级或 3 级以上粉煤灰，不得使用等外粉煤灰。

第二，粉煤灰宜采用散装灰，进货应有等级检验报告，并了解所用水泥中已经加入的掺合料种类和数值。

第三，路面和桥面混凝土中可使用硅灰或磨细矿渣，使用前应经过试配检验，确保路面和桥面混凝土弯拉强度、工作性、抗磨性、抗冻性等技术指标合格。

（3）粗集料

第一，粗集料应使用质地坚硬、耐久、洁净的碎石、碎卵石和卵石，并应符合规范的规定。

高速公路、一级公路、二级公路及有抗（盐）冻要求的三、四级公路混凝土路面使用的粗集料级别应不低于2级，无抗（盐）冻要求的三、四级公路混凝土路面、碾压混凝土及贫混凝土基层可使用HI级粗集料。有抗（盐）冻要求时，1级集料吸水率不应大于1.0%；2级集料吸水率不应大于2.0%。

第二，用作路面和桥面混凝土的粗集料不得使用不分级的统料，应按最大公称粒径的不同采用2～4个粒级的集料进行掺配，并应符合合成级配的要求。卵石最大公称粒径不宜大于19.0 mm；碎卵石最大公称粒径不宜大于26.5mm；碎石最大公称粒径不应大于31.5 mm；贫混凝土基层粗集料最大公称粒径不应小于31.5 mm；钢纤维混凝土与碾压混凝土粗集料最大公称粒径不宜大于19.0mm。碎卵石或碎石中粒径小于$75\mu m$，石粉含量不宜大于1%。

（4）细集料

第一，细集料应采用质地坚硬、耐久、洁净的天然砂、机制砂或混合砂，并应符合规定。高速公路、一级公路、二级公路及有抗（盐）冻要求的三、四级公路混凝土路面使用的砂应不低于2级，无抗（盐）冻要求的三、四级公路混凝土路面、碾压混凝土及贫混凝土基层可使用3级砂。特重、重交通混凝土路面宜使用河砂，砂的硅质含量不应低于25%。

第二，细集料的级配要求应符合规定，路面和桥面用天然砂宜为中砂，也可使用细度模数在2.0～3.5的砂。同一配合比用砂的细度模数变化范围不应超过0.3，否则应分别堆放，并调整配合比中的砂率后使用。

第三，路面和桥面混凝土所使用的机制砂还应检验砂浆磨光值，其值宜大于35，不宜使用抗磨性较差的泥岩、页岩、板岩等水成岩类母岩生产机制砂。配制机制砂混凝土应同时掺入高效减水剂。

第四，在河砂资源紧缺的沿海地区，二级及二级以下公路混凝土路面和基层可使用淡化海砂，缩缝设传力杆混凝土路面不宜使用淡化海砂，钢筋混凝土及钢纤维混凝土路面和桥面不得使用淡化海砂。淡化海砂带人每立方米混凝土中的含盐量不应大于1.0 kg，碎贝壳等甲壳类动物残留物含量不应大于1.0 kg。

（5）水

饮用水可直接用作混凝土搅拌和养护用水。如果有质疑，检验硫酸盐含量小于0.0027 mg/m立方米，含盐量不得超过0.005 mg/m立方米，pH值不得小于4，合格后方可使用。

（6）外加剂

第一，外加剂的产品质量应符合各项技术指标。供应商应提供有相应资质外加剂检测机构的品质检测报告，检验报告应说明外加剂的主要化学成分，认定对人员无毒副作用。

第二，引气剂应选用表面张力降低值大、水泥稀浆中起泡容量多而细密、泡沫稳定时间长、不溶残渣少的产品。有抗冰（盐）冻要求地区，各交通等级路面、桥面、路缘石、路肩及贫混凝土基层必须使用引气剂；无抗冰（盐）冻要求地区，二级及二级以上公路路面混凝土中应使用引气剂。

第三，各交通等级路面、桥面混凝土宜选用减水率大、坍落度损失小、可调控凝结时间的复合型减水剂。高温施工宜使用引气缓凝（保塑）（高效）减水剂；低温施工宜使用引气早强（高效）减水剂。选定减水剂品种前，必须与所用的水泥进行适应性检验。

第四，处在海水、海风、氯离子、硫酸根离子环境的或冬期洒除冰盐的路面或桥面钢筋混凝土、钢纤维混凝土中宜掺阻锈剂。

（7）钢筋

各交通等级混凝土路面、桥面和搭板所用钢筋网、传力杆、拉杆等钢筋应符合国家有关标准的技术要求。所用钢筋应顺直，不得有裂纹、断伤、刻痕、表面油污和锈蚀。传力杆钢筋加工应锯断，不得挤压切断；断口应垂直、光圆，用砂轮打磨掉毛刺，并加工成 2 ~ 3 mm 圆倒角。

（8）钢纤维

用于公路混凝土路面和桥面的钢纤维应满足《混凝土用钢纤维》的规定，单丝钢纤维抗拉强度不宜小于 600 MPa。钢纤维长度应与混凝土粗集料最大公称粒径相匹配，最短长度宜大于粗集料最大公称粒径的 1/3；最大长度不宜大于粗集料最大公称粒径的 2 倍；钢纤维长度与标称值的偏差不应超过 ±10%。

路面和桥面混凝土中，宜使用防锈蚀处理的钢纤维和有锚固端的钢纤维，不得使用表面磨损前后裸露尖端导致行车不安全的钢纤维和搅拌易成团的钢纤维。

（9）接缝材料

①胀缝板

宜选用适应混凝土面板膨胀和收缩，施工时不变形、弹性复原率高、耐久性好的产品。高速公路、一级公路宜采用塑胶、橡胶泡沫板或沥青纤维板，其他公路可采用各种胀缝板。

②填缝材料

填缝材料应具有与混凝土板壁黏结牢固、回弹性好、不溶于水、不渗水，高温时不挤出、不流淌、抗嵌入能力强、耐老化龟裂，负温拉伸量大，低温时不脆裂、耐久性好等性能，

四、路面施工的基本方法

路面工程是层状结构，路面工程施工的共同点是几乎所有的路面结构（手摆拳石和条石路面等结构除外）都需要拌和混合料、摊铺和压实三道工序，路面工程施工主要有三种方法：人工搅拌法、机械搅拌法、厂拌机铺法。

（一）人工搅拌法

20 世纪 80 年代以前路面工程施工主要采取这种方法，人工摊土（石料）、人工拌和、简易机械压实，基层施工主要有人工翻拌法、人工筛拌法等，沥青面层施工主要有沥青灌入式和人工冷拌沥青混合料、使用炒盘人工拌和沥青混合料等。其主要的特点是：用工数

量大，劳动强度大，工作效率低，工程质量受人为因素影响大，且质量不稳定，安全生产和防护措施比较严格，安全生产难度大。

（二）机械搅拌法

20 世纪 80 年代以后，我国开始引进德国生产的宝马牌搅拌机，路面基层施工开始机械搅拌法为主的施工方法，其操作是以人工或机械分层摊铺各种路用材料，然后用搅拌机械拌和，整形后碾压成形，也是目前路面底基层和二级以下公路路面基层常用的施工方法。其主要特点是：用人工数量大大减少，混合料拌和质量较好，但如不严控拌和深度，易出现素土夹层。对于高速公路和一级公路除直接和土基相邻的路面底基层外，不宜采用机械搅拌法施工，而应采取厂拌机铺法施工。

（三）厂拌机铺法

随着高速公路的快速发展，无机结合料稳定粒料路面基层得到广泛的应用，这种结构多使用厂拌机铺法，此外，沥青碎石和沥青混凝土路面的施工，水泥混凝土路面的施工，也采用厂拌机铺法，即用专门的厂拌机械拌制混合料，用专门的摊铺机械摊铺路面的施工方法。其主要特点是：机械化程度高，混合料配比准确，厚度控制、高程控制比较直观，但需要大量的自卸运输车辆。

五、路面工程试验路段

在进行大面积施工之前，修筑一定长度的试验路段是很必要的，在高速公路与一级公路的工程实践中，施工单位通过修筑试验路段，进行施工优化组合，把施工中存在的问题找出来，并采取措施予以克服，提出标准的施工方法和施工组合用来指导大面积施工，从而使整个工程施工质量高、进度快。

修筑试验路段的任务是：检验拌和、运输、摊铺、碾压、养生等拟投入设备的可靠性；检验混合料的组成设计是否符合质量要求及各道工序的质量控制措施；提出用于大面积施工的材料配比和松铺系数；确定每一作业段的合适长度和一次铺筑的合理厚度；对于沥青混合料还应提出施工温度的保障措施，水泥稳定类混合料还应提出在延迟时间内完成碾压的保证措施等；最后提出标准施工方法。标准施工方法主要内容应包括：集料与结合料数量的控制与计量方法；摊铺方法；合适的拌和方法：拌和深度、拌和速度、拌和遍数；混合料最佳水量控制方法；沥青混合料油石比的控制方法；整平和整形的合适机具与方法；平整度及厚度的控制方法；压实机械的组合、压实顺序、速度和遍数；压实度的检查方法和对比试验，机械的选型与配套，自卸车辆与摊铺机械的配合等。

第二节 路面基层施工技术

路面基层可以分为无机结合料稳定类、粒料类和沥青碎石类。无机结合料稳定类又称为半刚性基层，包括水泥稳定类、石灰稳定类和石灰工业废渣稳定类等；粒料类常分为嵌锁型和级配型等，如填隙碎石、级配碎石、级配砾石等；沥青碎石类分为骨架密实型和骨架空隙型，如 ATB 和 LSPM 等。

一、无机结合料稳定类路面基层施工技术

（一）概述

在粉碎的或原状松散的土中掺入一定数量的无机结合料（包括水泥、石灰和工业废渣）和水，经拌和得到的混合料在压实与养生后，其抗压强度指标符合规定要求的路面结构层称为无机结合料稳定类基层。无机结合料稳定类基层具有稳定性好、抗渗性能强、结构层自身成板体等特点，但其抗裂性能差。无机结合料稳定细料土广泛用于修筑高等级公路路面底基层和其他等级公路的路面基层，无机结合料稳定粒料被用于高等级路面的基层结构，无机结合料稳定类材料的刚度介于柔性路面材料和刚性路面材料之间，常被称为半刚性材料，以该种材料修筑的基层称为半刚性路面基层。

无机结合料一般采用水泥、石灰和工业废渣（如粉煤灰）等，采用水泥稳定的称为水泥稳定土，采用石灰稳定的称为石灰稳定土，采用石灰和工业废渣综合稳定的称为石灰工业废渣稳定土。各种不同的稳定材料有不同的强度要求，各稳定混合料的配合比应通过组成设计及相关试验确定。

无机结合料稳定类基层可以采取搅拌法的施工方法，也可以采取厂拌法的施工方法，一般规定：对于二级以下的公路，无机结合稳定类基层和底基层可以采用搅拌法施工；对于二级公路应采用专门的稳定土拌和机或使用集中厂拌法制备混合料；对于高速公路和一级公路直接铺筑在土基上的底基层下层，可以使用稳定土拌和机进行搅拌法施工，当土基上层已用石灰或固化剂处理时，底基层的下层也宜用集中厂拌法拌制混合料，其上的各稳定土层都应采取集中厂拌法拌制混合料，并用摊铺机摊铺基层混合料。

（二）半刚性路面基层混合料组成设计

施工时应根据每个结构层的特点，选用符合规范的优质材料。配合比设计所使用的材料和路面基层施工所用材料必须一致。

1. 无机结合料稳定类基层混合料组成设计的一般原则

混合料组成设计所要达到的目标是：碎石级配合理，胶结料含量合适，混合料的强度符合设计要求，有良好的抗裂、抗水害、抗疲劳、耐冻性能，同时能够进行准确的生产控制，易于铺筑和压实，而且比较经济。结合料的剂量较低，不能达到设计强度时，规范称之为改善土，集料应有较好的级配，传统习惯认为，集料数量以达到靠拢而不紧密为原则，其空隙让无机结合料填充，形成各自发挥优势的稳定结构。最近的一些省市研究和试验，将骨架密实型结构引入半刚性基层混合料，取得了减少裂缝、提高强度的良好效果。半刚性路面基层材料结合料和集料种类繁多，应以就地取材、节约工程成本为前提，并根据混合料组成设计，求得组成合理、经济实用的效果。

2. 无机结合料稳定类混合料规定的抗压强度

现行混合料组成设计的主要内容是：通过试验选取适宜于半刚性基层的材料，确定满足强度要求的集料和其他材料的配比，确定混合料的最大干密度和最佳含水量。

3. 无机结合料稳定类混合料组成设计方法步骤

（1）从沿线料场或计划使用的远运料场选取有代表性的试样

并进行原材料的试验，以判定这样材料可否使用于该工程。试验项目包括：颗粒分析；液限和塑性指数；相对密度；击实试验；碎石或砾石的压碎值；石灰的有效钙和氧化镁含量；水泥的标号和初、终凝时间；粉煤灰的化学成分、细度和烧失量；必要时要对土样的有机质含量和硫酸盐含量进行检测。

（2）根据强度标准和以往的工程经验选择无机结合料的剂量范围

通过上述原材料的试验，级配差的碎石、碎石土、沙砾、沙砾土等宜首先考虑改善其级配。

（3）各种无机结合料稳定类颗粒组成范围

《公路路面基层施工技术规范》对各种无机结合料稳定类的颗粒组成范围有细致的规定，在进行混合料组成设计和施工中应遵守这一规定。

（三）搅拌法施工工艺

在路面基层稳定土混合料的搅拌和摊铺施工中，广泛采用搅拌法和厂拌法施工工艺，选用哪种方法，应根据公路施工技术规范要求及施工单位拥有的机械设备来决定。搅拌法施工仅适用于二级及以下公路以及高速公路、一级公路直接铺筑在土基上的底基层。这里叙述其施工工艺流程时，以水泥石灰综合稳定类为例，其工艺流程为：

1. 准备下承层

下承层的表面应平整、坚实，具有规定的路拱，下承层的平整度、压实度、标高、横坡、弯沉（如为路基顶面）等应符合《公路工程质量检验评定标准》和招标文件相应条款的规定。下承层如出现表层过于现象，应适当洒水，如土过湿，应采取挖开晾晒、换土、掺石灰或水泥等措施进行处理。下承层出现的表层松散和局部松散，如下承层为土基，可直接洒水压实；如下承层为底基层，应开挖掺拌新结合料后夯实或压实。下承层出现的低洼和坑洞，应仔细填压并压实，下承层出现的槎板和辙槽应刮除。槽式断面的路段应在两侧路肩上每隔一定距离（5～10m）交错开挖泄水沟，以便及时排除雨季降水。

2. 施工放样

在下承层上恢复中线、直线段每 15～20 m 设一桩，曲线段每 10～15 m 设一桩，并在两侧路肩边缘外设指示桩。在中桩和两侧指示桩标记出运输摊铺路用材料的松铺标高。

3. 备素土、集料

第一，采用老路面或土基上部材料做铺筑材料时，应首先清出垃圾、石块等杂物，翻松老路面或土基上部，至路基顶面标高，并使土块破碎到要求粒径，初步按设计路拱和预计的松铺厚度整形。

第二，采用料场的土（含细粒土和中、粗粒土）时，应首先将料场的草皮、树木和杂土清理干净，筛除超粒径的颗粒，使之满足最大颗粒要求，塑性指数大于 15 的黏性土，可视土质和机械性能确定是否需要过筛。在料场预定的深度挖土的，不应分层开挖，尽可能一次开挖土层全厚，如果夹有不合格材料应将不合格材料弃用。

第三，计算土或集料用量，根据稳定土的设计厚度、宽度及预定的干密度计算干燥土或集料用量，根据料场的含水量和运料车辆的吨位，计算每车料对应的卸料距离或卸料面积，在同一料场供料的路段内，由远到近将料按上述计算距离或面积卸置于下承层表面的中间或两侧。

第四，当集料采用多种不同的规格的碎石需按比例掺配时，上述备料方法不易控制级配，可计算出不同规格的碎石在每延米的体积，备料时各规格碎石分别运铺，运到后首先码成一个三角形断面或梯形断面的料带，断面尺寸根据该规格材料用量，该材料之松方干重及材料堆自然休止角（决定三角形断面的坡度）计算求得，然后机械或人工摊铺在道路的全断面上，铺完一种规格，用小型压路机或链轨车稳定 1～2 遍，再运另一种规格的碎石，直至全部材料运铺完成。上述方式称为层铺法。二灰稳定类搅拌法施工时，除集料外还有粉煤灰和石灰，也采取这种方法运铺各种路用材料。

第五，摊铺土或集料的注意事项：

①应事先通过试验确定土和集料的松铺系数，可用人工或摊土机配合平地机进行摊铺，不论采用人工或是机械摊铺，都应将土或集料均匀地摊铺在预定的宽度上，表面力求平整，并有规定的路拱。

②摊铺过程中，应将大的土块、石块和超尺寸颗粒的杂物拣除，检验松铺层的厚度，应符合预计要求，除洒水车辆外应禁止其他车辆在土层上通行，洒水车亦尽可能在便道上通行，使用侧喷法洒水。

4. 洒水闷料

如已整平的土含水量过小，应在土层上洒水闷料，洒水应均匀，防止出现局部水分过多的现象，细粒土应经一夜闷料，中、粗粒土视其中细料含量的多少，可缩短闷料时间，综合稳定土和二灰稳定土也可在拌和后再行闷料，水泥稳定土应预先闷料。

5. 整平和轻压

土层经整形后，使用轻型压路机或链轨车稳压 1～2 遍，使其表面平整，并有一定的压实度。

6. 消解石灰

石灰应在临时料场集中堆放，临时料场应选择在公路两侧，临近水源且地势较高的地方。生石灰应在使用前 7～10 天充分消解，对于氧化镁含量比较高的镁质石灰，应在使用前 10～15 天消解。每吨石灰消解用水一般在 500～800 kg，消解后的石灰应保持一定湿度，以免过湿成团，更应避免过干飞扬，消解时应注意加水的均匀性，消解石灰应注意以下两个问题：

第一，料堆不宜太高，宜在 0.8～1.2 m，太高的料堆底部进水困难，消解不完全，消解湿胀后，料堆太高，影响使用安全。

第二，消解时为消解充分，在加水的同时使用机械翻倒，消解后的石灰应过 10mm 筛，并尽快使用，减少消石灰的有效转镁含量损失。

7. 运输和摊铺石灰

根据稳定土的设计厚度和混合料组成设计确定的石灰剂量以及击实试验确定的最大干密度，计算出该稳定土基层每 1m² 所需的石灰用量，进而计算出每车石灰对应的摊铺面积，使用袋装生石灰粉时则可计算出每袋石灰的摊铺面积，计算出每车或每袋石灰对应的纵横间距，并确定卸放位置。在规定卸放位置做卸放石灰的标记，并划出摊铺每车或每袋石灰的边线。按规定位置卸放石灰，用刮板将石灰均匀摊开，并量测石灰的松铺厚度，根据石灰的松方密度，校核石灰用量是否合适。

在具体操作中，将每车石灰的装载质量控制得完全一致十分困难，小型机动农用三轮自卸车在某些地区因方便灵活，价格便宜，在运铺石灰环节得到了大量应用，石灰的用量采取体积法来控制。根据稳定土基层的厚度、宽度、石灰剂量计算每延米石灰质量，并根据试验的松方干密度计算出每延米的石灰体积，根据路面宽度采取三角形断面沿中线或两侧，卸成 1～3 条不间断的石灰料带，然后人工或使用平地机摊铺。石灰也可使用粉料撒布机直接撒布。

8. 拌和（第一次）

对于二级及以上公路应使用专用的稳定土拌和机进行拌和，并设专人跟机检查拌和深度及拌和质量，并配合拌和操作手调整泮和深度，摔和深度检查宜开挖检查，每 5～10 m

应挖一检查坑，有些单位使用钢杆插检拌和深度，不能发现素土夹层，是不可取的。拌和深度应达到稳定层底并宜超拌下承层 5 ~ 10 mm，以利于上下层的黏结，严禁在拌和层底部留有素土夹层。通常拌和应在 2 遍以上，对发现素土夹层的部位，可使用多铧犁紧贴下承层表面翻拌一遍，然后使用专用拌和机复拌。直接铺在土基上的拌和层也应避免素土夹层。

对于三级及以下公路，也应尽量使用专用拌和机械拌和，在没有专用拌和机械的前提下，可使用农用旋耕机和多铧犁或平地机相配合拌和，但应特别注意拌和质量，包括拌和的均匀程度，土颗粒的最小粒径等，拌和过程中，应及时检查混合料的含水量，含水量应当均匀，并宜控制在略大于最佳含水量，拌和时，还应安排人工配合拣出超尺寸的颗粒，消除粗细颗粒"窝"及局部过分潮湿或过分干燥之处。拌和完成后，混合料应色泽一致，没有灰条、灰团和花面，没有明显粗细集料离析现象。

9. 稳压、洒水、整形

混合料拌和均匀后，应立即用平地机初步整形，在直线段和不设超高的平曲线段，平地机由道路两侧向路中心进行刮平；在设有超高的平曲线段，由内侧向外刮平，然后使用链轨拖拉机或轮胎压路机在初平的路段上快速地碾压一遍，以暴露出潜在的不平整，再次用平地机按上述方法进行整形，整形前使用齿耙将轨迹低洼处表层 5 cm 以上耙松、整形后再使用前述方法再次碾压，对于局部低洼处，应先耙松表层 5 cm 以上，再用新混合料找平，之后再次稳压找平。每次整形都应达到规定的坡度和路拱。也可采取人工挂线的方法整形，再使用路拱板来回拖拉几趟，整形并稳压后，如含水量低于最佳含水量范围，可再次洒水。

10. 运铺水泥

搅拌法施工时，宜使用袋装水泥。首先根据路面基层的设计厚度及通过试验求得的最大干密度和水泥剂量，计算出每平方米需要的水泥剂量，然后计算出每袋水泥对应的摊铺面积，确定水泥摆放的纵横间距，并用石灰粉划格，每格内摆放一袋水泥，方格应呈矩形，长宽比应接近于 1 ：1，以利于摊铺。水泥宜当日直接运送到摊铺路段，当天摆放，摆放完成破袋摊铺，摊铺时应使用刮板将水泥均匀摊开，每袋水泥正好铺满各自对应的方格，做到厚度均匀，没有空白位置，也没有过分集中的部位。水泥摊铺也可使用粉料撒布机进行撒布摊铺，使用粉料撒布机撒布时应使用散装水泥，并应注意在大风季节采取措施防止污染周边的植被。

11. 拌和（第二次）

与上述工序工拌和要求相同，注意与上次拌和基本等厚，以使水泥均匀地掺拌到混合料中。

12. 整形

与上述工序 9 要求相同，此时含水量应已经两次调整，已基本在最佳含水量范围，故一般不需再次洒水。

13. 碾压

整形后，即可组织碾压机械进行碾压，碾压时混合料的含水量应略大于最佳含水量 1% ~ 2%。碾压应遵循先轻后重，先慢后快，先两边后中间（直线段和不设超高的曲线段，设超高的曲线段，曲线内侧向曲线外侧）先静压后振压的原则进行碾压。碾压时，每次重轮应重叠 1/2 轮宽，重轮压完路面全宽即为一遍，一般需碾压 6 ~ 8 遍，压路机的碾压速度，头两遍宜采用 1.5 ~ 1.7 km/h，以后可加快至 2.0 ~ 2.5 km/h，应禁止压路机在正在碾压或已完成的路段调头或急刹车。

碾压过程中，应保持表面湿润，如水分蒸发过快时，可及时补洒少量的水，使表面潮湿，但禁止出现水流。碾压过程中，如遇有"弹簧"、起皮、松散等现象，应及时翻松并重新添加适当的稳定材料，重新拌和，然后一起压实。碾压完成前，应迅速地检测标高和横坡，对于高出设计标高的部位，可用平地机刮除，并扫出路外，对于局部低洼处，不再进行找补，留待铺筑其上层次时处理。

水泥稳定类混合料从掺拌水泥到碾压完成的时间，称为延迟时间，虽然在配合比设计和施工时选用了终凝时间较长的水泥，但是水泥是一种速凝性材料，施工时应在试验确定的延迟时间内完成碾压。碾压完成后，混合料基层应达到要求的压实度，且在表面没有明显的轨迹。

14. 接缝和调头处的处理

（1）横向接缝

同日施工的两工作段的衔接处应采用搭接，即前一段拌和整形后，留 5 ~ 8m 不进行碾压，后一段施工时，前段留下的未碾压部分再加部分水泥重新拌和，并与后一段一起碾压。

第二天摊铺并完成拌和作业之后，移去方木，用人工补充拌和靠近方木未能拌和的一小段，并用混合料回填不足的部分，和正常施工段一起整形，新整形的接缝处应高出已完成断面 3 ~ 5 cm，以利于形成一个平顺的接缝，碾压时应将接缝修整平顺。

（2）纵向接缝

稳定土基层施工时，应该避免纵向施工，确因无法封闭交通等原因，必须分两幅施工时，纵缝必须垂直相接，禁止斜接。纵向接缝可按下述方法处理：在前一幅施工时，在靠近中央一侧用方木和钢模板支撑，方木或钢模板的高度与稳定土层的压实厚度相同。然后进行摊铺拌和等作业，拌和结合后，靠近支撑模板（木）的部位，人工补充拌和，然后整形碾压。养生结束后，拆除支撑模板，在后一幅施工时，结束后，靠近第一幅的部分，应人工进行补充拌和，然后整形碾压。

15. 养生

稳定土养生应保持一定的湿度，不得忽干忽湿，养生期不得少于 7 天，养生宜采取覆盖措施。可使用草帘、麦草或湿砂进行覆盖，并经常性洒水，使之保持湿润，不得采用湿黏土覆盖，避免形成素土夹层。上下两层采用相同的稳定材料时，也可在下层完成后的第二天即着手进行其上层次的摊铺，利用上层对下层养生，但应注意在运铺材料过程中对下层进行保护，防止运输机械破坏下层。

养生结束后，必须将覆盖物清除干净，虽然养生达到 7 天，但如果不能及时进行其上层次的施工，仍应保持基层的湿润状态，以减少干裂，并进一步促使基层强度的增长。

二、级配碎石基层施工

（一）材料要求

第一，轧制碎石的材料可以是各种类型的岩石（软质岩石除外）、圆石或矿渣。圆石的粒径应是碎石最大粒径的 3 倍以上；矿渣应是已崩解稳定的，其干密度和质量应比较均匀，干密度不小于 960 kg/ 立方米。

第二，碎石中针片状颗粒的总含量应不超过 20%，碎石中不应有黏土块、植物等有害物质。

第三，石屑或其他细集料可以使用一般碎石场的细筛余料，也可以利用乳制沥青表面处置和灌入式用石料时的细筛余料，或专门乳制的细碎石集料。也可以用天然沙砾或粗砂代替石屑。天然沙砾的颗粒尺寸应该合适，必要时应筛除其中的超尺寸颗粒。天然沙砾或粗砂应有较好的级配。

第四，级配碎石或级配碎砾石用作一级和二级以下公路的基层时，其颗粒组成和塑性指数应满足级配的规定。级配碎石用作高速公路和一级公路的基层时，其颗粒组成和塑性指数应满足级配的规定。同时，级配曲线宜为圆滑曲线。

第五，在塑性指数偏小的情况下，塑性指数与 0.5 mm 以下细土含量的乘积应符合下列规定：①在年降雨量小于 600 mm 的地区，地下水位对土基没有影响时，乘积不应大于 120°。②在潮湿多雨地区，乘积不应大于 100。

（二）级配碎石搅拌法施工

1. 备料

根据各路段基层或底基层的宽度、厚度及规定的压实度，并按确定的配合比分别计算各段需要的未筛分碎石和石屑的数量，或不同粒级碎石和石屑的数量，计算每车料的堆放距离。未筛分碎石和石屑可按预定比例在料场混合，同时洒水加湿，使混合料的含水量超过最佳含水量约 1%。未筛分碎石的含水量较最佳含水量宜大 1% 左右。

2. 运输和摊铺集料

集料装车时，应控制每车料的数量基本相等。在同一料场供料的路段内，宜由远到近卸置集料。却料距离应严格掌握，避免料不够或过多。未筛分碎石和石屑分别运送时，应先运送碎石。料堆每隔一定距离应留一缺口。集料在下承层上的堆置时间不应过长。

集料摊铺前先通过试验确定集料的松铺系数并确定松铺厚度。人工摊铺混合料时，其松铺系数为 1.40 ~ 1.50；平地机摊铺混合料时，其松铺系数为 1.25 ~ 1.35。

未筛分碎石摊铺平整后，在其较潮湿的情况下，将石屑按计算的距离卸置其上。用平地机辅以人工将石屑均匀摊铺在碎石层上，并摊铺均匀。用平地机或其他合适的机具将料均匀地摊铺在预定的宽度上，表面应力求平整，并具有规定的路拱。应同时摊铺路肩用料。用不同粒级的碎石和石屑时，应将小碎石铺在下层，中碎石铺在中层，小碎石铺在上层。洒水使碎石湿润后，再摊铺石屑。

3. 拌和及整形

第一，用稳定土拌和机应拌和两遍以上。拌和深度应直到级配碎石层底，在进行最后一遍拌和之前，必要时先用多铧犁紧贴底面翻拌一遍。

第二，用平地机进行拌和，宜翻拌 5 ~ 6 遍，使石屑均匀分布于碎石料中。平地机拌和的作业长度，每段宜为 300 ~ 500 m。平地机刀片的安装角度宜符合要求。拌和结束时，混合料的含水量应均匀，并较最佳含水量大 1% 左右，同时应没有粗细颗粒离析现象。

第三，用缺口圆盘耙与多铧犁相配合拌和级配碎石时，用多铧犁在前面翻拌，圆盘耙紧跟在后面拌和，即采用边翻边耙的方法，共翻耙 4 ~ 6 遍。应随时检查调整翻耙的深度。用多铧犁翻拌时，第一遍由路中心开始，将混合料向中间翻，同时机械应慢速前进。第二遍从两边开始，将混合料向外翻。拌和过程中，应保持足够的水分。拌和结束时，混合料的含水量和均匀性应符合要求。

使用在料场已拌和的级配碎石混合料时，摊铺后混合料如有粗细颗粒离析现象，应用平地机进行补充拌和。用平地机将拌和均匀的混合料按规定的路拱进行整平和整形，在整形过程中，应注意消除粗细集料离析现象。用拖拉机、平地机或轮胎压路机在已初平的路段上快速碾压一遍，以暴露潜在的不平整。再用平地机进行整平和整形。

4. 碾压

经过整形后，当混合料的含水量等于或略大于最佳含水量时，立即用 12t 以上三轮压路机、振动压路机或轮胎压路机进行碾压。直线和不设超高的平曲线段，由两侧路肩开始向路中心碾压；设超高的平曲线段，由内侧路肩向外侧路肩进行碾压。碾压时，后轮应重叠 1/2 轮宽且后轮必须超过两段的接缝处。后轮压完路面全宽时即为一遍，碾压一直进行到要求的密实度为止。一般需碾压 6 ~ 8 遍，应使表面无明显轨迹，路面的两侧应多压 2 ~ 3遍。压路机的碾压速度，头两遍以采用 1.5 ~ 1.7 km/h 为宜，以后用 2.0 ~ 2.5 km/h。严禁压路机在已完成的或正在碾压的路段上调头或急刹车点凡含土的级配碎石层，都应进行滚浆碾压，一直压到碎石层中无多余细土泛到表面为止。滚到表面的浆（或事后变干的薄土层）应清除干净。

5. 横缝处理

两作业段的衔接处应搭接拌和。第一段拌和后，留 5 ~ 8m 不进行碾压，第二段施工时，前段留下未压部分与第二段一起拌和整平后进行碾压。

6. 纵缝处理

应避免纵向接缝。在必须分两幅铺筑时，纵缝应搭接拌和，前一幅全宽碾压密实，在后一幅拌和时，应将相邻的前幅边部约 30cm 搭接拌和，整平后一起碾压密实。

（三）级配碎石厂拌法施工

1. 拌和

级配碎石混合料可以在拌和站用多种机械进行集中拌和，如强制式拌和机、卧式双转轴桨叶式拌和机、普通水泥混凝土拌和机等。对用于高速公路和一级公路的级配碎石基层和底基层，宜采用不同粒级的单一尺寸碎石和石屑，按预定配合比在拌和机内拌制级配碎石混合料。不同粒级的碎石和石屑等细集料应隔离，分别堆放。细集料应有覆盖，防止雨淋。在正式拌制级配碎石混合料之前，必须先调试所用的厂拌设备，使混合料的颗粒组成和含水量都能达到规定的要求。在采用未筛分碎石和石屑时，如未筛分碎石或石屑的颗粒组成发生明显变化，应重新调试设备。

将级配碎石用于高速公路和一级公路时，应用沥青混凝土摊铺机或其他碎石摊铺机摊铺碎石混合料。摊铺机后面应设专人消除粗细集料离析现象。级配碎石用于二级和二级以下公路时，如没有摊铺机，也可用自动平地机（或摊铺箱）摊铺混合料。

2. 整形和碾压

用平地机摊铺混合料后的整形和碾压均与搅拌法施工相同。

3. 接缝处理

①横向接缝处理

用摊铺机摊铺混合料时，靠近摊铺机当天未压实的混合料，可与第二天摊铺的混合料一起碾压，但应注意此部分混合料的含水量。必要时，应人工补充洒水，使其含水量达到规定的要求。

②纵向接缝处理

应避免纵向接缝。如摊铺机的摊铺宽度不够，必须分两幅摊铺时，宜采用两台摊铺机一前一后相隔 5 ~ 8 m 同步向前摊铺混合料。在仅有一台摊铺机的情况下，可先在一条摊铺带上摊铺一定长度后，再开到另一条摊铺带上摊铺，然后一起进行碾压。

在不能避免纵向接缝的情况下，纵缝必须垂直相接，不应斜接。在前一幅摊铺时，在靠后一幅的一侧应用方木或钢模板做支承，方木或钢模板的高度与级配砾石层的压实厚度相同；在摊铺后一幅之前，将方木或钢模板除去。如在摊铺前一幅时未用方木或钢模板支承，靠边缘的 30cm 左右难于压实，而且形成一个斜坡，在摊铺后一幅时，应先将未完全压实部分和不符合路拱要求部分挖松并补充洒水，待后一幅混合料摊铺后一起进行整平和碾压。

三、级配砾石基层施工

（一）材料要求

第一，级配砾石用作基层时，砾石的最大粒径不应超过 37.5 mm；用作底基层时，烁石的最大粒径不应超过 53 mm。

第二，砾石颗粒中细长及扁平颗粒的含量不应超过 20%。

第三，级配砾石基层的颗粒组成和塑性指数应满足规定，同时级配曲线应为圆滑曲线在塑性指数偏大的情况下，塑性指数与 0.5 mm 以下细土含量的乘积应符合下列规定：①在年降雨量小于 600 mm 的中干旱和干旱地区，地下水位对路基没有影响时，乘积不应大于 120。②在潮湿多雨地区，乘积不应大于 100。

第四，当用于基层的在最佳含水量下制备的级配砾石试件的干密度与工地规定达到的压实干密度相同时，浸水 4 天的承载比值应不小于 160%。

第五，用作底基层的沙砾、沙砾土或其他粒状材料的级配，应位于范围内，液限应小于 28%，塑性指数应小于 9。

第六，当用作底基层的在最佳含水量下制备的级配砾石试件的干密度与工地规定达到的压实干密度相同时，浸水 4 天的承载比值在轻交通道路上应不小于 40%，在中等交通道路上应不小于 60%。

（二）级配砾石施工工艺

1. 级配砾石施工工艺流程为

准备下承层——施工放样——运输和摊铺集料——洒水拌和——整形——碾压。

2. 准备下承层和施工放样的有关要求

同半刚性搅拌法施工中的准备下承层和施工放样。

3. 运输和摊铺集料

集料装车时，应控制每车料的数量基本相等。同一料场供料的路段内，由远到近将料按计算的距离卸置于下承层上。材料用量应根据各路段基层或底基层的宽度、厚度及预定的干密度，计算各段需要的集料数量。如级配砾石用两种集料合成时，分别计算两种集料的数量；根据料场集料的含水量以及所用运料车辆的吨位，计算每车材料的堆放距离。卸料距离应严格掌握，避免料不够或过多。采用两种集料时，应先将主要集料运到路上，待主要集料摊铺后，再运另一种集料并摊铺。如粗细两种集料的最大粒径相差很多，应在粗集料处于潮湿状态下摊铺细集料。料堆每隔一定距离应留一缺口。集料在下承层上的堆置时间不宜过长。运送集料较摊铺集料工序宜只提前数天。

集料摊铺前，应通过试验确定集料的松铺系数，并确定松铺厚度。人工摊铺混合料时，其松铺系数为 1.40 ~ 1.50；平地机摊铺混合料时，其松铺系数为 1.25 ~ 1.35。用平地机或其他合适的机具将料均匀地摊铺在预定的宽度上，表面应力求平整，并有规定的路拱。应同时摊铺路肩用料。检查松铺材料层的厚度是否符合预计要求，必要时应进行减料或补料工作。

4. 拌和及整形

用平地机拌和时，每一作业段的长度宜为 300 ~ 500 m。刀片的安装角度同级配碎石的要求。一般需拌和 5 ~ 6 遍。拌和过程中，用洒水车洒足所需的水分。使用符合级配要求的天然沙砾时，如摊铺后混合料有粗细颗粒离析现象，应用平地机进行补充拌和。用平地机将拌和均匀的混合料按规定的路拱进行整平和整形。用拖拉机、平地机或轮胎压路机在已初平的路段上快速碾压一遍，以暴露潜在的不平整。再用平地机进行整平和整形。拌和结束时，混合料的含水量应均匀，并较最佳含水量小 1% 左右。应无粗细颗粒离析现象。

用拖拉机牵引四铧犁或五铧犁进行拌和时，每一作业段的长度宜为 100 ~ 150m。第一遍由路中心开始，将混合料向中间翻，同时机械应慢速前进。第二遍则应从两边开始，将混合料向外翻。拌和过程中，用洒水车洒足所需的水分。拌和遍数以双数为宜，一般需拌 6 遍。

第三节　路面工程施工质量监督

路面工程直接承受行车荷载，且暴露在大气之中，受风吹、日晒、雨淋和冻融等诸多自然条件的影响较大，强化路面施工质量管理是保证工程优质的最重要环节。只有强化施工过程中的质量管理，尤其是重点质量监控点的施工控制，才能更好地保证工程质量。

一、路面工程施工质量重点监控点

（一）路面基层（底基层）施工质量重点监控点

1. 搅拌法施工时，路面基层（底基层）应着重监控以下要点

①原材料的松铺厚度和摊铺的均匀程度。原材料包括土、碎石以及水泥、石灰、粉煤灰等结合料剂量的控制方法，保证配合比准确性的措施，EDTA 滴定试验。②原材料的含水量检验。③拌和深度的控制方法，防止出现夹层的措施，拌和均匀性的检查。④高程与横坡度的施工控制。⑤压实机械的组合形式、碾压方法、碾压遍数和压实度的质量检验。

⑥接头部位的处理，保证前后施工段的平整。⑦保湿养生。⑧水泥稳定类延迟时间的控制。⑨未成型基层的交通管制。

2. 厂拌法施工时，路面基层（底基层）应着重监控以下要点

①原材料质量，料场硬化，不同规格的石料隔离措施。②拌和机配合比的准确性，尤其是防止易结块的粉状料堵塞喂料斗的筛孔。③各种原材料的含水量检测和拌和加水量的调整，使混合料处于最佳含水量范围。④装运和卸料、摊铺过程中防止混合料离析。⑤摊铺过程中平整度控制，纵横向接缝的施工方法，联机摊铺时的相互配合。⑥碾压与养生。⑦施工便道畅通，保护未成型路段。

（二）沥青类路面施工质量重点监控点

①沥青的标号和质量指标及其适用的环境；乳化沥青的质量指标和其基质沥青的质量状况。②石料的强度，石料与沥青的黏附性，粗集料的颗粒形状、耐磨性能、压碎值等。③拌和机的结构与性能，与工程要求的适应程度。④配合比的检查与监控，沥青用量的检测。⑤温度监控包括沥青加热温度、石料加热温度、混合料出厂温度、摊铺温度、初压和终压温度的监控。⑥防止混合料离析的措施。⑦摊铺机与自卸汽车的配合，保证摊铺机均匀不间断地摊铺。⑧厚度的施工控制。⑨纵横向接缝的处理。⑩未冷却路面禁止通行，沥青灌入式或沥青表处的交通管制。

（三）水泥类路面施工质量重点监控点

①水泥、石料、砂的质量指标满足要求。②搅拌机的性能，包括产量、搅拌均匀性、配合比的准确性满足要求。③配合比的准确性检查、和易性检查，试件制作和强度试验。④摊铺、振捣、饰面等的控制，拉杆、传力杆的设置。⑤防止和避免混凝土离析的措施。⑥模板架设的顺直度、相邻模板的高差，模板架设的牢固程度，拆模时对路面板的保护。⑦胀缝制作。⑧切缝方法、切缝时间和填缝。⑨养生和交通管制。

二、安全施工

路面工程材料用量大，动用机械多，需要多个施工现场，用水、用电、用油，安全生产存在的隐患点比较多，必须高度重视安全生产。

（一）料场、拌和场安全生产要点

①料场、拌和场的生产区和生活区要分开，整个场地有排污和排水设施。②电力线路要规范，临时用电线路应使用电缆线，并按规定架设或埋设。③油库、仓库应符合消防要求，配备必要的消防设施。④办公区如使用煤炉取暖，应有防止煤气中毒的措施。⑤施工管理人员应戴安全帽，吊臂下、传送带下禁止站人、禁止有人作业。⑥建立夜间值班制度，

防火防盗。⑦进出口道路和场内运输设备运行线路减少相互干扰。⑧拌和设备检修或清理，必要时（如清理搅拌仓等）应切断电源。

（二）施工现场安全要点

①根据工程具体情况，设立施工标志、限速标志或禁行标志。②遵守机械操作规程，合理安排机械作业运行线路。③定期对设备进行保养和小修，保持机械的良好状态。④自卸卡车向前进的摊铺机械倒料时，应专人指挥、密切配合，禁止撞击摊铺机，运行过程中应轻踩自卸卡车的刹车，防止卡车滑溜。⑤热铺沥青混合料或洒布沥青时，操作人员配备必要的防护用品，防止烫伤。⑥消解和摊铺石灰、摊铺水泥，配备防护眼镜。大风天气，禁止摊铺石灰、水泥等易扬尘易污染环境的粉状物。⑦运输车辆应避免在陡坡停止、调头，运输车辆禁止急转弯、急刹车。

（三）消解石灰安全要点

消解石灰时，石灰体积膨胀 2 倍以上，并且散发大量热量，遇大风天气，尘粒飞扬，对周边环境和操作人员有较大影响。消解石灰时应注意以下几点：①生石灰不应堆得太高，宜保持在 1.0m 左右的局年度。②尽可能使用石灰粉碎消解机进行消解。③人工消解时，操作人员应配备防护眼镜、防护手套、防护靴等。④操作人员应处在上风口，边翻拌边加水，尽可能使用挖掘机或装载机翻拌，人工翻拌，劳动强度大且易出现烫伤和眼角膜炎症。⑤加水量宜略大于化学反应计算所需水量的 1.3 ~ 1.8 倍，以消解充分、保持水分和防止扬尘。

（四）沥青洒布作业安全施工要点

①检查洒布车辆、洒布装置、防护、防火设施是否齐全有效。②沥青罐如果装运过乳化沥青，再次装运热沥青时，应缓慢小心加注，防止沥青泡沫对人身造成伤害。③使用加热喷灯、加热管线和沥青泵前，应首先封闭吸油管和进料口。④洒布车应中速行驶，弯道应提前减速，行驶时禁止使用加热系统。⑤喷洒作业前，应对路缘石、桥栏杆等进行遮挡，避免污染其他构筑物。⑥操作人员配备安全防护设施，施工中注意自身安全。⑦质量检测和施工监理人员应站在上风口，喷洒方向 10 m 以内不得有人停留。

（五）沥青拌和站操作安全要点

①沥青拌和站应在燃料（燃油、煤）储存处设置必需的消防器材和消防设施，如灭火器、砂、铁锹等。

②用泵抽送热沥青进出油罐时，操作人员应远离，无关人员应避让注入沥青的总数量应和油罐的设计容量相对应，不得超量注入。

③使用导热油加热时，加热炉应在加热前进行耐压试验，水压力不低于额定工作压力的 2 倍，导热油加热系统的泵、阀门系统和安全附件应符合安全要求，超压、超温报警系

统应灵敏可靠。

④拌和站的各种设备，在运转前均应由机电和电脑操作人员仔细检查，确认正常后，开始按顺序启动。

⑤点火后，观察除尘器是否工作正常，必须保证烘干滚筒在正常负压下燃烧。

⑥拌和站启动后，各岗位操作人员要随时检查监督各部位运转情况，发现异常，及时报告机长，并及时排除故障。

⑦料斗下禁止站人，或从料斗下经过，检修料斗时，必须将保险链挂好。

⑧滚筒或拌和仓清理检修时，必须切断电源，且在筒（仓）外始终有人监护。

⑨停机前，应首先停止进料，等各部位卸料完毕后才可以停机，再次启动时，不得带荷启动。

⑩紧急停车按钮，只能在涉及人员安全的紧急情况下使用，一旦使用后再次启动时，注意启动顺序。

第四节　路面工程质量通病及防治

一、无机结合料基层裂缝的防治

（一）原因分析

①混合料中石灰、水泥、粉煤灰等比例偏大；集料级配中细料偏多，或石粉中性指数偏大。②碾压时含水量偏大。③成型温度较高，强度形成较快。④碎石中含泥量较高。⑤路基沉降尚未稳定或路基发生不均匀沉降。⑥养护不及时、缺水或养护时洒水量过大。⑦拌和不均匀。

（二）预防措施

1.石灰稳定土基层裂缝的主要防治方法

①改善施工用土的土质，采用塑性指数较低的土或适量掺加粉煤灰。

②掺加粗粒料，在石灰土中适量掺加砂、碎石、碎砖、煤渣及矿渣等。

③保证拌和遍数：控制压实含水量，需要根据土的性质采用最佳含水量，避免含水量过高或过低。

④铺筑碎石过渡层：在石灰土基层与路面间铺筑一层碎石过渡层，可有效避免裂缝。

⑤分层铺筑时，在石灰土强度形成期，任其产生收缩裂缝后，再铺筑上一层，可有效

减少新铺筑层的裂缝。

⑥设置伸缩缝，在石灰土层中，每隔 5 ~ 10 m 设一道缩缝。

2.水泥稳定土基层裂缝的主要防治方法

①改善施工用土的土质，采用塑性指数较低的土或适量掺加粉煤灰或掺砂。

②控制压实含水量，需要根据土的性质采用最佳含水量，含水量过高或过低都不好。

③在能保证水泥稳定土强度的前提下，尽可能采用低的水泥用量。

④一次成型，尽可能采用慢凝水泥，加强对水泥稳定土的养护，避免水分挥发过快。养护结束后应及时铺筑下封层。

⑤设计合理的水泥稳定土配合比，加强拌和，避免出现粗细料离析和拌和不均匀现象。

（三）治理措施

①可采用聚合物加特种水泥压力注入法修补水泥稳定粒料的裂缝。

②加铺高抗拉强度的聚合物网。

③破损严重的基层，应将原破损基层整幅开挖维修，不应横向局部或一个单向车道开挖，以避免板边受力产生的不利后果，最小维修长度一般为6m。维修半刚性基层所用材料也应是同类半刚性材料。

④一般情况下，石灰土被用于底基层时，根据其干缩特性，应重视初期养护，保证基层表面处于潮湿状态，防止干晒。在石灰稳定土施工结束后，要及早铺筑面层，使基层含水量不发生大的变化，以减轻干缩裂隙。

二、沥青混凝土路面接缝病害的防治

（一）原因分析

1.横向接缝

①采用平接缝，边缘未处理成垂直面。采用斜接缝时，施工方法不当。

②新旧混合料的黏结不紧密。

③摊铺、碾压不当。

2.纵向接缝

①施工方法不当。

②摊铺、碾压不当。

（二）预防措施

1.横向接缝

①尽量采用平接缝，将已摊铺的路面尽头边缘在冷却但尚未结硬时锯成垂直面，并与

纵向边缘成直角，或趁未冷透时用凿岩机或人工垂直刨除端部层厚不足的部分。采用斜接缝时，注意搭接长度，一般为 0.4 ~ 0.8m。

②预热软化已压实部分路面，加强新旧混合料的黏结。

③摊铺机起步速度要慢，并调整好预留高度摊铺结束后立即碾压，压路机先进行横向碾压（从先铺路面上跨缝开始，逐渐移向新铺面层），再纵向碾压成为一体，碾压速度不宜过快。同时也要注意碾压的温度符合要求。

2. 纵向接缝

①尽量采用热接缝施工，采用两台或两台以上摊铺机梯队作业。当半幅路施工或因特殊原因而产生纵向冷接缝时，宜加设挡板或加设切刀切齐，也可在混合料尚未冷却前用镐刨除边缘留下毛缝的方式。铺另半幅前必须将缝边缘清扫干净，并涂洒少量黏层沥青。

②将已摊铺混合料留 10 ~ 20 cm 暂不碾压，作为后摊铺部分的高程基准面，待后摊铺部分完成后一起碾压。纵缝如为热接缝时，应以 1/2 轮宽进行跨缝碾压；纵缝如为冷接缝时，应先在已压实路上行走，只压新铺层的 10 ~ 15cm，随后将压实轮每次再向新铺面移动 10 ~ 15 cm。③碾压完成后，用 3m 直尺检查，用钢轮压路机处理棱角。

（三）治理措施

接缝处理不好常容易产生的缺陷是接缝处下凹或凸起以及由于接缝压实度不够和结合强度不足而产生裂纹甚至松散。施工时应边压边以 3m 直尺测量，并配以人工细料找平。对横向接缝，在摊铺层施工结束后再用 3m 直尺检查端部平整度，有不符合要求的应趁混合料尚未冷却时立即处理，以摊铺层面直尺脱离点为界限，用切割机切缝挖除。

三、水泥混凝土路面裂缝的防治

（一）原因分析

1. 横向裂缝

①混凝土路面切缝不及时，由于温缩和干缩发生断裂。混凝土连续浇筑长度越长，浇筑时气温越高，基层表面越粗糙越易断裂。

②切缝深度过浅，由于横断面没有明显削弱，应力没有释放，因而在邻近缩缝处产生新的收缩缝。

③混凝土路面基础发生不均匀沉陷（如穿越河道、沟槽，拓宽路段处），导致板底脱空而断裂。

④混凝土路面板厚度与强度不足，在行车荷载和温度作用下产生强度裂缝。

⑤水泥干缩性大；混凝土配合比不合理，水灰比大；材料计量不准确；养护不及时。

⑥混凝土施工时，振捣不均匀。

2. 纵向裂缝

①路基发生不均匀沉陷，如由于纵向沟槽下沉、路基拓宽部分沉陷、路堤一侧积水、排灌等导致路基基础下沉，板块脱空而产生裂缝。

②由于基础不稳定，在行车荷载和水、温度的作用下，产生塑性变形或者由于基层材料水稳性不良，产生湿软膨胀变形，导致各种形式的开裂，纵缝也是其中一种破坏形式。

③混凝土板厚度与基础强度不足产生的荷载型裂缝。

3. 龟裂

①混凝土浇筑后，表面没有及时覆盖，在炎热或大风天气，表面游离水分蒸发过快，体积急剧收缩，导致开裂。

②混凝土拌制时水灰比过大；模板与垫层过于干燥，吸水大。

③混凝土配合比不合理，水泥用量和砂率过小。

④混凝土表面过度振捣或抹平，使水泥和细集料过多上浮至表面，导致缩裂。

（二）预防措施

1. 横向裂缝

①严格掌握混凝土路面的切缝时间

②当连续浇捣长度很长，切缝设备不足时，可在 1/2 长度处先锯，之后再分段锯；可间隔几十米设一条压缝，以减少收缩应力的积聚。

③保证基础稳定、无沉陷。在沟槽、河道回填处必须按规范要求，做到密实、均匀。

④混凝土路面的结构组合与厚度设计应满足交通需要，特别是重车、超重车的路段。

⑤选用干缩性较小的硅酸盐水泥或普通硅酸盐水泥。严格控制水泥用量，保证计量准确，并及时养护。

⑥混凝土施工时，振捣要适度、均匀。

2. 纵向裂缝

①对于填方路基，应分层填筑、碾压，保证均匀、密实。

②对新旧路基界面处的施工应设置台阶或格栅处理，保证路基衔接部位的严格压实，防止相对滑移。

③河道地段，淤泥必须彻底清除；沟槽地段，应采取措施保证回填材料有良好的水稳性和压实度，以减少沉降。

④在上述地段应采用半刚性基层，并适当增加基层厚度；在拓宽路段应加强土基，使其具有略高于旧路的强度，并尽可能保证有一定厚度的基层能全幅铺筑；在容易发生沉陷地段，混凝土路面板应铺设钢筋网或改用沥青路面。

⑤混凝土路面板厚度与基层结构应按现行规范设计，以保证应有的强度和使用寿命。

基层必须稳定。宜优先采用水泥、石灰稳定类基层。

3. 龟裂

①混凝土路面浇筑后，及时用潮湿材料覆盖，认真浇水养护，防止强风和暴晒。在炎热季节，必要时应搭棚施工。

②配制混凝土时，应严格控制水灰比和水泥用量，选择合适的粗骨料级配和砂率。

③在浇筑混凝土路面时：将基层和模板浇水湿透，避免吸收混凝土中的水分。

④干硬性混凝土采用平板振动器时，应防止过度振捣而使砂浆积聚表面。砂浆层厚度应控制在 2 ~ 5 mm。抹面时不必过度抹平。

（三）治理措施

1. 横向裂缝

①当板块裂缝较大，咬合能力严重削弱时，应局部翻挖修补，先沿裂缝两侧一定范围画出标线，最小宽度不宜小于 1 m，标线应与中线垂直，然后沿缝锯齐，凿去标线间的混凝土，浇捣新混凝土。

②整块板更换。

③用聚合物灌浆法封缝或沿裂缝开槽嵌入弹性或刚性黏合修补防水材料，起封缝防水作用。

2. 纵向裂缝

①如属于土基沉陷等原因引起的，则宜先从稳定土基着手或者等待自然稳定后，再着手修复。在过渡期可采取一些临时措施，如封缝防水；严重影响交通的板块，挖除后可用沥青混合料修复。

②裂缝的修复，如采用一般性的扩缝嵌填或浇筑专用修补剂有一定效果，但耐久性不易保证；采用扩缝加筋的办法进行修补具有较好的增强效果。

③翻挖重铺是一个常用的有效措施，但基层必须稳定可靠，否则必须首先从加强、稳定基层方面入手。

3. 龟裂

①如混凝土在初凝前出现龟裂，可采用镘刀反复压抹或重新振捣的方法来消除，再加强湿润覆盖养护。

②一般对结构强度无甚影响，可不予处理。

③必要时应用注浆进行表面涂层处理，封闭裂缝。

四、水泥混凝土路面断板的防治

（一）原因分析

①混凝土板的切缝深度不够、不及时以及压缝距离过大。②车辆过早通行。③原材料不合格。④由于基层材料的强度不足，水稳性不良，以致受力不均，出现应力集中而导致的开裂断板。⑤基层标高控制不严和不平整。⑥混凝土配合比不当。⑦施工工艺不当。⑧边界原因。

（二）预防措施

①做好压缝并及时切缝。②控制交通车辆。③合格的原材料是保证混凝土质量的必要条件。④强度、水稳性、基层标高及平整度的控制。⑤施工工艺的控制。⑥边界影响的控制。

（三）治理措施

1. 裂缝的修补

裂缝的修补方法有直接灌浆法、压注灌浆法、扩缝灌注法、条带罩面法、全深度补块法。

2. 局部修补

①对轻微断裂，裂缝有轻微剥落的，先画线放样，按画线范围开凿成深 5 ~ 7cm 的长方形凹槽，刷洗干净后，用快凝细石混凝土填补。

②对轻微断裂，裂缝较宽且有轻微剥落的断板，应按裂缝两侧至少各20cm的宽度放样，按画线范围开凿成深至板厚一半的凹槽，此凹槽底部裂缝应与中线垂直，刷洗干净凹槽，在凹槽底部裂缝的两侧用冲击钻离中线沿平行方向，间距为30 ~ 40 cm，打眼贯通至板厚达基层表面，然后再清洗凹槽和孔眼，在孔眼安设Ⅱ型钢筋，冲击钻钻头采用30规格，Ⅱ型钢筋采用22螺纹钢筋制作，安设钢筋完成后，用高等级砂浆填塞孔眼至密实，最后用与原路面相同等级的快凝混凝土浇筑至路面齐平。

③较为彻底的办法是将凹槽凿至贯通板厚，在凹槽边缘两侧板厚中央打洞，深10 cm，直径为4 cm，水平间距为30 ~ 40 cm。每个洞应先将其周围润湿，插入一根直径为18 ~ 20 mm、长约20 mm的钢筋，然后用快凝砂众填塞捣实，待砂浆硬后浇筑快凝混凝土夯捣实齐平路面即可。

3. 整块板更换

对于严重断裂，裂缝处有严重剥落，板被分割成3块以上，有错台或裂块并且已经开始活动的断板，应采用整块板更换的措施。由于基层强度不足或渗水软化以及路基不均匀沉降，造成混凝土板断裂成破碎板或严重错台时，应将整块板凿除，在处置好基层以及路基后，重新铺筑新的混凝土板，或采用混凝土预制块或条块石换补。对于路基稳定性差，沉降没有完全结束的段落，建议采用预制块换补断板。对基层也要求采用水泥稳定层。修补块的缝隙宜用水泥砂浆或沥青橡胶填满，以防渗水破坏。

采用重新浇筑新的混凝土板时，若采用常规材料修复或更换，则养护期长，影响交通，最好采用快凝材料。

第七章 桥梁工程

第一节 桥梁工程概述

一、桥梁的组成

概括地说，桥梁由上部结构、下部结构、支座系统和附属设施四个基本部分组成。

上部结构通常又称为桥跨结构，是在线路中断时跨越障碍的主要承重结构；下部结构包括桥墩、桥台和基础；桥梁附属设施包括桥面系、伸缩缝、桥头搭板和锥形护坡等，桥面系包括桥面铺装（或称行车道铺装）、排水防水系统、栏杆（或防撞栏杆）、灯光照明等。

二、桥梁的分类

桥梁有各种不同的分类方式，每一种分类方式均反映出桥梁在某一方面的特征。

（一）按桥梁用途

按桥梁用途划分有铁路桥、公路桥、公铁两用桥及自行车桥、农桥等。铁路桥活载大，桥宽小，结实耐用且易于修复。公路桥活载相对较轻，桥宽大。

（二）按桥跨材料

按桥跨结构所用的材料来划分，有钢桥、钢筋混凝土桥、预应力混凝土桥、结合桥等。钢桥具有较大的跨越能力，在跨度上一直处于领先地位。钢与混凝土形成的结合桥主要指钢梁与钢筋混凝土桥面板组合成的梁式桥。

（三）按桥梁平面形状

按桥梁的平面形状划分，有直桥、斜桥、弯桥。绝大部分桥梁为直桥（正交桥），斜桥指水流方向同桥的轴线不呈直角相交的桥。

（四）按桥梁全长和跨径

按桥梁全长和跨径的不同，分为特大桥、大桥、中桥和小桥。

（五）按跨越障碍的性质

按跨越障碍的性质，可分为跨河桥、跨线桥（立体交叉）、高架桥和栈桥。

（六）按上部结构的行车道位置

按上部结构的行车道位置，分为上承式桥、下承式桥和中承式桥。

（七）按桥梁结构体系

按结构体系即结构受力及立面形状划分，有梁式桥、拱桥、悬索桥和钢架桥四种基本体系，以及由基本体系与其他体系或基本构件（塔、柱、斜索等）形成的组合体系桥。

1. 梁式桥

梁式桥主要承重构件是梁（板），梁部结构只受弯、剪，不承受轴向力，主要以其抗弯能力来承受荷载。桥梁的整体结构在竖向荷载作用下无水平反力，只承受弯矩，墩台也仅承受竖向压力。梁桥结构简单，施工方便，对地基承载能力的要求不高，跨越能力有限，常用跨径在 25 m 以下。

梁式体系是古老的结构体系。梁作为承重结构是以它的抗弯能力来承受荷载的。

按主梁的静力图示分，桥梁可以分为简支梁、悬臂梁和连续梁。都是利用支座上的卸载弯矩去减少跨中弯矩，使梁跨内的内力分配更合理，以同等抗弯能力的构件断面就可建成更大跨径的桥梁。

悬臂梁又分为单悬梁和双悬梁。

按主要承重结构的形式分，梁式桥可以分为实腹实梁和桁架梁，前者梁的截面型式多为 T 形、工字形和箱形等，后者指主要由拉杆、压杆、拉压杆以及连接件组成的桁架式桥跨结构。

2. 拱桥

拱桥的建造经济合理，有很大跨越能力，外形美观大方。拱桥的主要承重结构是拱圈或拱肋，拱圈的截面形式可以是实体矩形、肋形、箱形、桁架等。

以承受轴向压力为主的拱圈或拱肋作为主要承重构件的桥梁，拱结构由拱圈（拱肋）及其支座组成。拱桥可用砖、石、混凝土等抗压性能良好的材料建造；大跨度拱桥则用钢筋混凝土或钢材建造，以承受发生的力矩。按拱圈的静力体系分为无铰拱、双铰拱、三铰拱。前二者为超静定结构，后者为静定结构。无铰拱的拱圈两端固结于桥台，结构最为刚劲，变形小，比有铰拱经济，结构简单，施工方便，是普遍采用的形式，但修建无铰拱桥要求有坚实的地基基础。双铰拱是在拱圈两端设置可转动的铰支承，结构虽不如无铰拱刚劲，但可减弱桥台位移等因素的不利影响，在地基条件较差和不宜修建无铰拱的地方，可采用双铰拱桥。三铰拱则是在双铰拱的拱顶再增设一铰，结构的刚度更差些，拱顶铰的构造和维护也较复杂，一般不宜作主拱圈。拱桥按结构形式可分为板拱、肋拱、双曲拱、箱形拱、桁架拱。拱桥为桥梁基本体系之一，一直是大跨径桥梁的主要形式。

3. 悬索桥

悬索桥主要由索（缆）、塔、锚碇、加劲梁等组成。现代悬索桥的悬索一般均支承在两个塔柱上。塔顶设有支撑悬索的鞍形支座。承受很大拉力悬索的端部通过锚碇固定在地基中，个别也有固定在刚性梁的端部，称为自锚式悬索桥。

对跨度小、活载大且加劲梁较刚劲的悬索桥，可以视为缆与梁的组合体系。但大跨度悬索桥的主要承重结构为缆，组合体系效应可以忽略。在竖向荷载作用下，其悬索受拉，锚碇处会产生较大向上的竖向反力和水平反力。悬索是由高强度钢丝制成的圆形大缆，加劲梁则多采用钢桁架或扁平箱梁，桥塔可采用钢筋混凝土或钢架。因悬索的抗拉性能得以充分发挥且大缆尺寸基本上不受限制，故悬索桥的跨越能力在各种桥型中具有无可比拟的优势。

4. 刚架（构）桥

刚架桥是介于梁与拱之间的一种结构体系，它是由受弯的上部梁（或板）与承压的下部柱（或墩）整体结合在一起的结构。由于梁与柱的刚性连接，梁因柱的抗弯刚度而得到卸载作用，整个体系是压弯结构，也是有推力的结构。刚架分直腿刚架与斜腿刚架。刚架桥施工较复杂，一般用于跨径不大的城市桥或公路高架桥和立交桥。

5. 组合体系桥

根据结构的受力特点，承重结构采用两种基本结构体系或一种基本体系与某些构件（塔、柱、斜索等）组合在一起的桥梁称为组合体系桥。组合体系种类很多，但一般都是利用梁、拱、吊三者的不同组合，上吊下撑以形成新的结构。在两种结构系统中，梁经常是其中一种，与梁组合的，则可以是拱、缆或塔、斜索等。

（1）连续钢构

连续钢构是由梁和钢架相结合的体系，它是预应力混凝土结构采用悬臂施工法而发展起来的一种新体系。

（2）梁、拱组合体系

这类体系中有系杆拱、桁架拱、多跨拱梁结构等。它们利用梁的受弯与拱的承压特点组成联合结构，其中梁和拱都是主要承重构件。

（3）斜拉桥

它是由承压的塔、受拉的索与承弯的梁体组合起来的一种结构体系。

第二节 桥梁工程施工技术

一、桥梁基础分类

桥梁基础按施工方法可分为扩大基础、桩基础、管柱、沉井等，下面分别介绍各类基础的分类及受力特点。

（一）扩大基础

所谓扩大基础，是将墩（台）及上部结构传来的荷载由其直接传递至较浅的支承地基的一种基础形式，一般采用明挖基坑的方法进行施工，故又称为明挖扩大基础或浅基础。

扩大基础按其施工方法分为机械开挖基坑浇筑法、人工开挖基坑浇筑法、土石围堰开挖基坑浇筑法、板桩围堰开挖基坑浇筑法。

扩大基础按其材料性能特点可分为配筋与不配筋的条形基础和单独基础。无筋扩大基础常用的有混凝土基础、片石混凝土基础等，不配筋基础的材料都具有较好的抗压性，但抗拉、抗剪强度不高，设计时必须保证发生在基础内的拉应力和剪应力不超过相应的材料强度设计值。钢筋混凝土扩大基础的抗弯和抗剪性能良好，可在竖向荷载较大、地基承载力不高以及承受水平力和力矩荷载下使用。

扩大基础是由地基反力承担全部上部荷载，将上部荷载通过基础分散至基础底面，使之满足地基承载力和变形的要求。扩大基础主要承受压应力，一般用抗压性能好，抗弯拉、抗剪性能较差的材料（如混凝土、毛石、三合土等）建造，适用于地基承载力较好的各类土层，根据土质情况分别采用铁镐、十字镐、挖掘机、爆破等设备与方法开挖。

扩大基础在埋置深度和构造尺寸确定以后，应先根据最不利（有存在的可能性）的情况下的荷载组合，计算出基底的应力，然后进行基础的合力偏心距、稳定性以及地基的强度（包括持力层、弱下卧层的强度）的验算，需要时还应进行地基变形的验算。

（二）桩基础

桩基础是深入土层的柱形结构，其作用是将作用于桩顶以上的结构物传来的荷载传到较深的地基持力层中去。当荷载较大或桩数量较多时需在桩顶设承台将所有基桩连接成一个整体共同承担上部结构的荷载。

桩是垂直或微斜埋置于土中的受力杆件，它的横截面尺寸比长度小得多，其所承受的荷载由桩侧土的摩阻力及桩端地层的反力共同承担。

（三）管柱

管柱基础是由管柱群和钢筋混凝土承台组成的基础结构，也有由单根大型管柱构成基础的。它是一种深基础，埋入土层一定深度，柱底尽可能落在坚实土层或锚固于岩层中，作用在承台的全部荷载，通过管柱传递到深层的密实土或岩层上。

管柱基础因其施工方法和工艺较为复杂，所需机械设备较多，所以较少采用。但当桥址处的地质水文条件十分复杂，如大型的深水或海中基础，特别是深水岩面不平、流速大或有潮汐影响等自然条件下，不宜修建其他类型基础时，可采用管柱基础。管柱基础主要适用于岩层、紧密黏土等各类紧密土质的基底，并能穿过溶洞、孤石支承在紧密的土层或新鲜岩层上，不适用于有严重地质缺陷的地区，如断层挤压破碎带或严重的松散区域。

管柱按材料分类有由钢筋混凝土管柱、预应力混凝土管柱及钢管柱三种。

管柱基础按地基土的支承情况可分为以下两种：

第一，如管柱穿过土层落于基岩上或嵌于基岩中，则柱的支承力主要来自柱端岩层的阻力，称为支承式管柱基础。

第二，如管柱下端未达基岩，则柱的支承力将同时来自柱侧土的摩擦力和柱端土的阻力，称为摩擦式或支承及摩擦式管柱基础。

由于管柱基础的结构形式和受力状态类似桩基础，故其设计计算与桩基础类同。

（四）沉井

沉井基础是一种断面和刚度均比桩要大得多的井筒状结构，是依靠在井内挖土，借助井体自重及其他辅助措施而逐步下沉至预定设计标高，最终形成的一种结构深基础型式。沉井基础施工时占地面积小，坑壁不需设临时支撑和防水围堰或板桩围护，与大开挖相比较，挖土量少，对邻近建筑物的影响比较小，操作简便，无须特殊的专业设备。

当桥梁结构上部荷载较大，而表层地基土的容许承载力不足，但在一定深度下有好的持力层，扩大基础开挖工作量大，施工围堰支撑有困难，或采用桩基础受水文地质条件限制时，此时采用沉井基础与其他深基础相比，经济上较为合理。

沉井是桥梁墩台常用的一种深基础型式，有较大的承载面积，可以穿过不同深度覆盖层，将基底放置在承载力较大的土层或岩面上，能承受较大的上部荷载。

沉井基础刚度大，有较大的横向抗力，抗震性能可靠，尤其适用于竖向和横向承载力大的深基础。

沉井基础按其制造情况可分为就地浇筑下沉沉井、浮式沉井；按其横截面形状分为圆形、矩形、椭圆形、圆端形、多边形及多孔井字形沉井等；按其竖向剖面形状可分为柱形、锥形、阶梯形沉井等；按材料可分为混凝土、钢筋混凝土、钢、砖、石、木沉井等。

二、明挖扩大基础施工

明挖扩大基础施工的内容包括：基础的定位放样、基坑开挖、基坑排水、基底处理以及砌筑（浇筑）基础结构物等。

（一）准备工作

在开挖基坑前，应做好复核基坑中心线、方向和高程，并应按地质水文资料，结合现场情况，决定开挖坡度、支护方案以及地面的防水、排水措施。

放样工作是根据桥梁中心线与墩台的纵横轴线，推算出基础边线的定位点，再放线画出基坑的开挖范围。基坑底部的尺寸较设计平面尺寸每边各增加 0.5 ～ 1.0 m，以便于支撑、排冰与立模板（坑壁垂直的无水基坑坑底，可不必加宽，直接利用坑壁作基础模板亦可）。

（二）基坑开挖

1.坑壁不加支撑的基坑

对于在干涸河滩、河沟中，或经改河或筑堤能排除地表水的河沟中，在地下水位低于基底，或渗透量少，不影响坑壁稳定，以及基础埋置不深，施工期较短，挖基坑时，不影响邻近建筑物安全的场所，可选用坑壁不加支撑的基坑。

基坑开挖时，坑壁的形式有直坡式、斜坡式和踏步式。

黏性土在半干硬或硬塑状态，基坑顶无活荷载，稍松土质，基坑深度不超过 0.5m，中等密实（锹挖）土质基坑深度不超过 1.25m，密实（镐挖）土质基坑深度不超过 2.0m 时，均可采用垂直坑壁基坑。基坑深度在 5m 以内，土的湿度正常时，采用斜坡坑壁开挖或按坡度比值挖成阶梯形坑壁，每梯高度为 0.5 ～ 1.0m 为宜，可作为人工运土出坑的台阶。基坑深度大于 5m 时，坑壁坡度适当放缓，或加做平台。土的湿度影响坑壁的稳定性时，应采用该湿度下土的天然坡度或采取加固坑壁的措施。当基坑的上层土质适合敞口斜坡坑壁条件，下层土质为密实黏性土或岩石，可用垂直坑壁开挖，在坑壁坡度变换处，应保留有至少 0.5m 的平台。

2.坑壁有支撑的基坑

当基坑壁坡不易稳定并有地下水，或放坡开挖场地受到限制，或基坑较深、放坡开挖工程数量较大，不符合技术经济要求时，可根据具体情况，采取加固坑壁措施，如挡板支撑、钢木结合支撑、混凝土护壁及锚杆支护等。

混凝土护壁一般采用喷射混凝土。根据经验，一般喷护厚度为 5 ～ 8cm，一次喷护约需 1 ～ 2h。一次喷护如达不到设计厚度，应等第一次喷层终凝后再补喷，直至达到要求厚度为止。喷护的基坑深度应按地质条件决定，一般不宜超过 10m。

（1）横撑式支撑

分为水平式支撑和垂直式支撑。

①水平式支撑

断续或连续的挡土板水平放置。断续式水平挡土板支撑，适于能保持直立壁的干土或天然湿度的黏土，深度在 3 m 以内的基坑。连续式水平挡土板支撑，适于较潮湿的或散粒的土，深度在 5 m 以内的基坑。

②垂直式支撑

断续或连续的挡土板垂直放置。适于土质较松散或土的湿度很高、地下水较少、深度不限的基坑。

（2）锚拉支撑

水平挡土板支在柱桩的内侧，柱桩一端打入土中，另一端用拉杆与锚桩拉紧，锚桩必须设在土的破坏范围以外，在挡土板内侧回填土。适用于开挖面积较大、深度不犬的基坑或使用机械挖土的基坑。

（3）短柱横隔支撑

打入短木桩，部分打入土中，部分露出地面，钉上水平挡土板，在背面填土。适于开挖宽度大的基坑，当部分地段下部放坡不够时使用。

（4）钢板桩支撑

挖土之前在基坑的周围打入钢板桩或钢筋混凝土板桩，板桩入土深度及悬臂长度应经计算确定，如基坑深度较大，可加水平支撑。它适于在一般地下水位较高的黏性或砂土层中应用。

（5）大型钢构架横撑

在开挖的基坑周围打钢板桩或钢筋混凝土桩，在柱位置上打入暂设的钢柱，在基坑中挖土，每下挖 3 ~ 4 m，装上一层钢构架支撑体系，挖土在钢构架网格中进行，亦可不预先打下钢柱，随挖随接长支柱。适于在饱和软弱土层中开挖较大、较深基坑，钢板桩刚度不够时采用。

（6）钢筋混凝土灌注桩支撑

在开挖的基坑周围，现场灌注钢筋混凝土桩，达到强度后，在基坑中间用机械或人工挖土，下挖 1 m 左右装上横撑，在桩背面装上拉杆与已设锚桩拉紧，然后继续挖土至要求深度。桩间土方挖成外拱形，使之起土拱作用。如基坑深度小于 6 m，或邻近有建筑物，亦可不设锚拉杆，采取加密桩距或加大桩径处理。适于开挖较大、较深（＞6 m）基坑，临近有建筑物，不允许支护，背面地基有下沉、位移时采用。

（7）土层锚杆支护

沿开挖基坑边坡每 2 ~ 4 m 设置一层水平土层锚杆，直到挖土至要求深度。适于在较硬土层中或破碎岩石中开挖较大、较深基坑，如邻近有建筑物，必须保证边坡稳定时才可采用。

（8）地连墙加锚杆支护

在基坑周围现浇地下连接墙，开挖土方至锚杆部位，用锚杆钻机在要求位置钻孔，放入锚杆，进行灌浆，待达到强度，装上锚杆横梁，或锚头垫座，然后继续下挖至要求深度。根据需要，锚杆可设 2 ~ 3 层，每挖一层装一层，采用快凝砂浆灌浆。适于开挖放大、较深（＞10 m）、不允许内部设支撑、有地下水的大型基坑。

（三）基坑排水

桥梁基础施工中常用的基坑排水方法有：

1. 集水坑排水法

除严重流沙外，一般情况下均可采用。基坑坑底一般多位于地下水位以下，而地下水会经常渗进坑内，因此必须设法将坑内的水排除，以便于施工。集水坑（沟）的大小，主要根据渗水量的大小而定，排水沟底宽不小于 0.3 m，纵坡为 1% ~ 5%。如排水时间较长或土质较差时，沟壁可用木板或篱笆支撑。

2. 其他排水法

对于土质渗透较大、挖掘较深的基坑可采用板桩法或沉井法。此外，视现场条件、工程特点及工期等因素，还可采用帷幕法，即将基坑周围土用硅化法、水泥灌浆法、沥青灌浆法以及冻结法等处理成封闭的不透水的帷幕。这种方法除自然冻结法外，其余均因设备多、费用大，在桥涵基础施工时较少采用。

（四）基坑施工过程中注意要点

第一，在基坑顶缘四周适当距离处设置截水沟，并防止水沟渗水，以避免地表水冲刷坑壁，影响坑壁稳定性。

第二，坑壁边缘应留有护道，静荷载距坑边缘不小于 0.5 m，动荷载距坑边缘不小于 1.0 m，垂直坑壁边缘的护道还应适当增宽，水文地质条件欠佳时应有加固措施。

第三，应经常注意观察坑边缘顶面土有无裂缝，坑壁有无松散塌落现象发生。

第四，基坑施工不可延续时间过长，自开挖至基础完成，应抓紧时间连续施工。

第五，如用机械开挖基坑，挖至坑底时，应保留不小于 30 cm 厚度的底层，在基础浇筑圬工前用人工挖至基底标高。

第六，基坑应尽量在少雨季节施工。

第七，基坑宜用原土及时回填，对桥台及有河床铺砌的桥墩基坑，则应分层夯实。

三、桩基础

（一）沉入桩

沉入桩所用的基桩主要为预制的钢筋混凝土和预应力混凝土桩。截面形式常用的有实心方桩和空心管桩两种。管桩一般由工厂以离心成型法制成，分为上、中、下三节，管壁厚度为 8 ~ 10 cm。

1. 桩的制作

（1）制作方法

钢筋混凝土方桩可在工厂或施工现场预制。工厂预制利用成组拉模生产，用不小于桩截面高度的槽钢安装在一起组成。现场预制宜采用工具式木模或钢模板，支在坚实、平整的混凝土地坪上，用间隔重叠的方法生产，重叠层数不宜超过 4 层。水平向可采用间隔施工的方法，间接浇筑法要求桩与邻桩的接触面不得发生黏结，且要求第一批桩的混凝土达到设计强度的 30% 以后，方可拆除侧模。混凝土空心管桩采用成套钢管胎模在工厂用离心法生产。

（2）制作程序

现场布置→场地整平与处理→场地地坪混凝土浇筑→支模→绑扎钢筋、安装吊环→浇筑混凝土→养护至 30% 强度拆模，再支上层模，涂刷隔离层→重叠生产浇筑第二层桩混凝土→养护至 100% 混凝土→起吊、运输、堆放→沉桩。

（3）钢筋设置

桩内设纵向钢筋或预应力钢筋（丝）和横向钢箍，以承受桩在运输、起吊和沉桩过程中产生的弯曲应力和冲击应力。钢筋骨架的主筋连接宜用对焊或电弧焊，对于受拉钢筋，同一截面内的主筋接头数量不得超过 50%；相邻两根主筋接头截面的距离应大于 35 倍主筋直径。

（4）接桩方法

桩的接桩方法有焊接、法兰盘接及硫黄胶泥锚接三种。前面两种可用于各种土类，硫黄胶泥锚接适用于软土层，且对一级建筑桩基或承受拔力的桩宜慎重。

焊接接桩时，钢板宜用低碳钢，焊条宜用 E43；法兰盘接桩时，钢板和螺栓宜用低碳钢；硫黄胶泥锚接时，硫黄胶泥配合比应通过试验确定。

（5）注意事项。

①钢筋混凝土桩内的纵向主钢筋如需接头时，采用对焊接头；②螺旋筋或箍筋必须箍紧主筋，与主筋交接处应用点焊焊接或用铁丝扎接牢固；③预应力混凝土的纵向主筋采用冷拉钢筋且需焊接时，应在冷拉前采用闪光接触对焊焊接；④桩长用法兰盘连接时，法兰盘应对准位置焊接在钢筋或预应力筋上；对先张法预应力混凝土桩，法兰盘应先焊接在受

力筋上，然后进行张拉；⑤混凝土应由桩顶向桩尖方向连续灌注，不得中断；填写制桩记录；⑥桩的钢筋骨架（包括预应力钢筋骨架）的允许偏差应在规定的范围以内；⑦当预制桩的长度不足时，需要接桩。

2. 施工要求

（1）沉桩前

掌握桩基的工程地质、水文和试桩等资料。

（2）沉桩前

对沉桩设备移动范围进行平整与加固，检验预制桩，并用油漆画出长度标志，测定墩、台、基桩的纵、横轴线并做好记录。

（3）桩的堆放、起吊与搬运

①堆放

按种类和使用顺序堆放，层数不超过四层，两点支承时应设在距桩端 0.21 倍桩长处，三点支承时应设在距桩端 0.15 倍桩长及桩中点处。

②起吊

平稳提升，使各吊点同时受力。一个吊点吊桩时，吊点应设在距桩上端 0.3 倍桩长处。在起吊中，应用钢丝绳捆绑并控制桩的下端。防止冲撞和发生附加弯矩。

（4）锤击沉桩时

宜重锤低击，附近有重要建筑物（如高层建筑、堤防工程、铁路干线等）不宜选用振动或射水沉桩。锤击时考虑锤击振动对附近新浇筑混凝土的影响。

（5）沉桩顺序

可按水流、地形、地质、桩架移动难易等因素确定，当桩基平面尺寸较大或桩距较小时，宜由中间向外周进行沉桩，在较松软的土层中宜由外周向中间进行沉桩。

3. 施工方法

沉桩顺序应根据现场地形条件、土质情况、桩距大小、斜桩方向、桩架移动的方便等来决定。同时应考虑使桩入土深度相差不多，土均匀挤密。

沉入桩的施工方法主要有：锤击沉桩、振动沉桩、射水沉桩及静力压桩等。

（1）锤击沉桩

一般适用于中密砂类土、黏性土。由于锤击沉桩依靠桩锤的冲击能量将桩打入土中，因此一般桩径不能太大（不大于 0.6 m），入土深度在 40 m 左右。

锤击沉桩的主要设备有桩锤、桩架及动力装置三部分。冲击锥的选择，原则上是重锤低击。桩架在沉桩施工中，承担吊锤、吊桩、插桩及桩在下沉过程中的导向作用等。其他设备中主要有桩帽与送桩。桩帽主要是承受冲击，保护桩顶，在沉桩时能保证锤击力作用于桩轴线而不偏心。送桩就是要把桩顶送到地面以下的设计深度。

送桩主要用于当桩顶被锤击低于龙门挺而仍需继续沉入时，即需把桩顶送到地面下必要深度处用。

①施工要点

采用与桩和锤相适应的桩帽及适合桩帽大小的弹性衬垫。顶面和底面平整并与桩的中轴线相垂直。沉桩前,应对桩架、桩锤、动力机械等主要设备部件进行检查;开锤前应再次检查桩锤、桩帽或送桩与桩中轴线是否一致;锤击沉桩开始时,应严格控制各种桩锤的动能。如桩尖已沉入到设计标高,但沉入度仍达不到要求时,应继续下沉至达到要求的沉入度为止。沉桩时,如遇到:沉入度突然发生急剧变化;桩身突然发生倾斜、移位;桩不下沉,桩锤有严重回弹现象;桩顶破碎或桩身开裂、变形,桩侧地面有严重隆起现象等等,应立即停止锤击,查明原因,采取措施后方可继续施工。

②停锤控制标准

设计桩尖标高处为硬塑黏性土、碎石土、中密以上的砂土或风化岩等土层时,根据灌入度变化并对照地质资料,确认桩尖已沉入该土层,贯入度达到控制贯入度。

当贯入度已达到控制贯入度,而桩尖标高未达到设计标高时,应继续锤入 0.10 m 左右(或锤入 30 ~ 50 次),如无异常变化即可停锤;若桩尖标高比设计标高高得多时,应报有关部门研究确定。

设计桩尖标高处一般为黏性土或其他松软土层时,应以标高控制,贯入度作为校核。

在同一桩基中,各桩的最终贯入度应大致接近,而沉入深度不宜相差过大,避免基础产生不均匀沉降。

③水上沉桩

可用固定平台、浮式平台或打桩船进行施工。有潮汐的水域,宜用固定平台或专用打桩船施工。如采用专用打桩船,当波浪超过 2 级(波峰高 0.25 ~ 0.5 m)、流速大于 1.5 m/s 或风力超过 5 级(风速大于 8.0 ~ 10.7 m/s)时,均不宜沉桩。其他船舶通过施工区,船行波影响打桩船稳定时,宜暂停沉桩。已沉好的水中桩,应用钢制杆件把相邻桩连成一体加以防护,并在水面设置标志。严禁在已沉好的桩上系缆。

④使用打桩船进行沉桩施工时

对锚碇布置、船的停位及移动顺序等均应做好设计。施工过程中,应保持船体平衡。

(2)射水沉桩

射水施工方法的选择视土质情况而异,在砂夹卵石层或坚硬土层中,一般以射水为主,锤击或振动为辅;在亚黏土或黏土中,为避免降低承载力,一般以锤击或振动为主,以射水为辅,并适当控制射水时间和水量;下沉空心桩,一般用单管内射水。

射水沉桩的施工要点如下:

①吊插桩基时要注意及时引送输水胶管,防止拉断与脱落。

②基桩插正立稳后,压上桩帽桩锤,并开始用较小水压,使桩靠自重下沉。初期应控制桩身不使下沉过快,以免阻塞射水管嘴,并注意随时控制和校正桩的方向。

③下沉渐趋缓慢时,可开锤轻击,沉至一定深度(8 ~ 10 m)已能保持桩身稳定后,

可逐步加大水压和锤的冲击动能。

④沉桩至距设计标高一定距离（2.0 m以上）停止射水，拔出射水管，进行锤击或振动使桩下沉至设计要求标高。

（3）振动沉桩

振动沉桩一般适用于松软的或可塑性黏土和较松散的砂土中，在紧密黏性土和砂质土中可用射水配合施工。

振动锤的振动力应大于下沉桩的土摩阻力。振动打桩机和机座（桩帽）必须与桩顶连接紧密、牢固。

在插好桩后，初期宜依靠桩和振动锤的自重下沉，待桩身入土达到一定深度并确认桩位和竖直度符合要求后再振动下沉。每根桩的沉桩作业应连续完成，不可中途停顿过久，以免土的阻力恢复，使继续下沉困难。

采用振动为主射水配合沉桩时，桩尖沉至距设计高程 2 m 时应停止射水并将射水管提高，应进行干振直至设计高程，当最后下沉贯入度小于试桩最后下沉贯入度、振幅符合规定时，即可认为沉桩合格。

同一基础的基桩全部沉完后，宜将全部基桩再进行一次干振，保证全部基桩达到合格标准。

（4）静力压桩

静力压桩是以设备本身自重（包括配重）作反力，液压驱动，用静压力将桩压入土中，即以压桩机的自重克服沉桩过程中的阻力，适用于高压缩性黏土或砂性较轻的亚黏土层。这种施工工艺具有无震动、无噪声、无污染、无冲击力和施工应力小等特点。有利于避免沉桩振动对邻近建筑物和精密设备的影响，避免对桩头的冲击损坏，降低用钢量。在沉桩过程中还可以测定沉桩阻力，为设计和施工提供参数，预估和验证单桩极限承载力，检验桩的工程质量。

（5）水中沉桩

在河流较浅时，一般可以搭设施工便桥、便道、土岛和各种类型的脚手架组成的工作平台，其上安置桩架并进行水中沉桩作业。在较宽阔的河中，可将桩安设在组合的浮体上或固定平台，亦可适用专门打桩船。此外还可采用：①先筑围堰后沉桩基法：一般在水不深，桩基临近河岸时采用；②先沉桩基后筑围堰法：一般适用于较深的水中桩基；③用吊箱围堰修筑水中桩基法：一般适用于修筑深水中的高桩承台。

（二）钻孔灌注桩基础施工

1. 钻孔灌注桩的特点及方法

（1）钻孔灌注桩的特点

钻孔灌注桩桩长可以根据持力土层的起伏面变化，并按使用期间可能出现的最不利内力组合配置钢筋，钢筋用量较少，便于施工，且承载能力强，故应用较为普遍。

（2）钻孔灌注桩的方法

①冲击法

用冲击钻机或卷扬机带动冲锥，借助锥头自重下落产生的冲击力，反复冲击破碎土石或把土石挤入孔壁中，用泥浆浮起钻渣，或用抽渣筒或空气吸泥机排出而形成钻孔。

②冲抓法

用冲抓锥靠自重产生冲击力，切入土层或破碎土层，叶瓣抓土、弃土以形成钻孔。

③旋转法

用钻机通过钻杆带动锥或钻头旋转切削土，用泥浆浮起并排出钻渣形成钻孔。

以上每种方法因动力与设备功能的不同而分为多种。

2. 钻孔灌注桩施工的主要工序

钻孔灌注桩施工的主要工序有：埋设护筒、制备泥浆、钻孔、清底、钢筋笼制作与吊装以及灌注混凝土等。

（1）埋设护筒

护筒能稳定孔壁、防止坍孔，还有隔离地表水、保护孔口地面、固定桩孔位置和起到钻头导向作用等。

护筒要求坚固耐用，不漏水，其内径应比钻孔直径大（旋转钻约大20cm，潜水钻、冲击或冲抓锥约大40 cm），每节长度约2～3 m。一般常用钢护筒，在陆上与深水中均能使用，钻孔完成，可取出重复使用。在深水中埋设护筒时，先打入导向架，再用锤击或振动加压沉入护筒。护筒入土深度视土质与流速而定。护筒平面位置的偏差不得大于5 cm，倾斜度不得大于1%。

（2）泥浆制备

钻孔泥浆由水、黏土（膨润土）和添加剂组成，具有浮悬钻渣、冷却钻头、润滑钻具，增大静水压力，并在孔壁形成泥皮，隔断孔内外渗流，防止坍孔的作用。

通常采用塑性指数大于25，粒径小于0.005 mm的黏土颗粒含量大于50%的黏土，通过泥浆搅拌机或人工调和，贮存在泥浆池内，再用泥浆泵输入钻孔内。

（3）钻孔

一般采用螺旋钻头或冲击锥等成孔，或用旋转机具辅以高压水冲成孔。根据井孔中土（钻渣）的取出方法不同，常用的方法是：螺旋钻孔，正循环回转钻孔，反循环回转钻孔，潜水钻机钻孔，冲抓钻孔，冲击钻孔，旋挖钻机钻孔。

①正循环回转钻孔

系利用钻具旋转切削土体钻进，泥浆泵将泥浆压进泥浆笼头，通过钻杆中心从钻头喷入钻孔内，泥浆挟带钻渣沿钻孔上升，从护筒顶部排浆孔排出至沉淀池，钻渣在此沉淀而泥浆流入泥浆池循环使用。其特点是钻进与排渣同时连续进行，在适用的土层中钻进速度较快，但需设置泥浆槽、沉淀池等，施工占地较多，且机具设备较复杂。

②反循环回转钻孔

与正循环法不同的是泥浆输入钻孔内，然后从钻头的钻杆下口吸进，通过钻杆中心排出至沉淀池内。其钻进与排渣效率较高，但接长钻杆时装卸麻烦，钻渣容易堵塞管路。另外，因泥浆是从上向下流动，孔壁坍塌的可能性较正循环法的大，为此需用较高质量的泥浆。

③旋挖钻机钻孔

旋挖钻机是一种高度集成的桩基施工机械，采用一体化设计、履带式 360° 回转底盘及桅杆式钻杆，一般为全液压系统。旋挖钻机采用筒式钻斗，钻机就位后，调整钻杆垂直度，注入调制好的泥浆，然后进行钻孔。当钻头下降到预定深度后，旋转钻斗并施加压力，将生挤入钻斗内，仪表自动显示筒满时，钻斗底部关闭，提升钻斗将土卸于堆放地点。钻进施工过程中应保证泥浆面始终不得低于护筒底部，保证孔壁稳定性。通过钻斗的旋转、削土、提升、卸土和泥浆撑护孔壁，反复循环直至成孔。

旋挖钻机特殊的桶型钻头直接取土出渣，不需接长钻杆，钻孔时孔口注浆以保持孔内泥浆高度即可，因而能大大缩短成孔时间，提高施工效率。由于带有自动垂直度控制和自动回位控制，成孔垂直度和孔位等能得到保证。桶钻取土上提过程中对孔壁扰动较小，桶钻周边设有溢浆孔，溢出泥浆可起到护壁作用。

旋挖钻机一般适用黏土、粉土、砂土、淤泥质土、人工回填土及含有部分卵石、碎石的地层。对于具有大扭矩动力头和自动内锁式伸缩钻杆的钻机，可适用微风化岩层的钻孔施工。

（4）孔径检查与清孔

钻孔的直径、深度和孔形直接关系到成桩质量，是钻孔桩成败的关键。为此，除了钻孔过程中严谨操作、密切观测监督外，在钻孔达到设计要求深度后，应采用适当器具对孔深、孔径、孔形等认真检查，符合设计要求后，填写"终孔检查表"。

①清孔的方法

有抽浆法、换浆法、掏渣法、喷射清孔法以及用砂浆置换钻渣清孔法等，应根据设计要求、钻孔方法、机具设备和土质条件决定。其中抽浆法清孔较为彻底，适用于各种钻孔方法的灌注桩。对孔壁易坍塌的钻孔，清孔时操作要细心，防止坍孔。

②清孔的质量要求

对摩擦桩，孔底沉淀土的厚度，中、小桥不得大于（0.4 ~ 0.6）d（d 为桩的直径），大桥按设计文件规定。清孔后的泥浆性能指标，含砂率为 4% ~ 8%，相对密度为 1.10 ~ 1.25，黏度为 18 ~ 20 s。对支承桩（柱桩、嵌岩桩），宜用抽浆法清孔，并宜清理至吸泥管出清水为止。灌注混凝土前，孔底沉淀土厚度不得大于 50mm。若孔壁易坍塌，必须在泥浆中灌注混凝土时，建议采用砂浆置换钻渣清孔法，清孔后的泥浆含砂率不大于 4%。其他泥浆性能指标同摩擦桩要求。对于沉淀土厚度的测量，用冲击、冲抓锤时，沉淀土厚度从锤头或抓锤底部所到达的孔底平面算起。沉淀土厚度测量方法可在清孔后用取样盒（开口铁盒）吊到孔底，待到灌注混凝土前取出，直接测量沉淀在盒内的沉渣厚度。

（5）钢筋笼制作与吊装

钢筋笼的制作应符合设计和规范要求，长桩骨架宜分段制作，分段长度应根据吊装条件确定；后场制作时应在固定胎架上进行，以保证钢筋笼的顺直；注意在钢筋笼外侧设置控制保护层厚度的垫块；钢筋笼起吊入孔一般用吊机，无吊机时，可采用钻机钻架、灌注塔架。

（6）灌注混凝土

①灌注普通混凝土

在土中形成一定直径的井孔，达到设计标高后，将钢筋骨架（笼）吊入井孔中，灌注混凝土形成桩基础。每根灌注桩应留取混凝土抗压强度试件不少于 2 组。同时应以钻取芯样法或超声波法、机械阻抗法、水电效应法等无破损检测法对桩的匀质性进行检测。检测应符合下列规定：其一，宜对各墩台有代表性的桩用无破损法进行检测，重要工程或重要部位的桩宜逐根检测。其二，对质量有怀疑的桩及因灌注故障处理过的桩，均应进行检测。

②灌注水下混凝土

灌注水下混凝土时配备的搅拌机等设备，应能满足桩孔在规定时间内灌注完毕。灌注时间不得长于首批混凝土初凝时间。若估计灌注时间长于首批混凝土初凝时间，则应掺入缓凝剂。

水下混凝土一般用钢导管灌注，导管内径为 200 ~ 350 mm，视桩径大小而定。导管使用前应进行水密承压和接头抗拉试验，严禁用压气试压。

混凝土拌和物运至灌注地点时，应检查其均匀性和坍落度等，如不符合要求，应进行第二次拌和，二次拌和后仍不符合要求时，不得使用。

首批灌注混凝土的数量应能满足导管首次埋置深度和填充导管底部的需要。首批混凝土拌和物下落后，混凝土应连续灌注。

在灌注过程中，导管的埋置深度宜控制在 2 ~ 6 m，在灌注过程中，应经常测探井孔内混凝土面的位置，及时地调整导管埋深。

为防止钢筋骨架上浮，当灌注的混凝土顶面距钢筋骨架底部 1m 左右时，应降低混凝土的灌注速度。当混凝土拌和物上升到骨架底口 4 m 以上时，提升导管，使其底口高于骨架底部 2 m 以上，即可恢复正常灌注速度。

在灌注过程中，特别是潮汐地区和有承压水地区，应注意保持孔内水头。

在灌注过程中，应将孔内溢出的水或泥浆引流至适当地点处理，不得随意排放，污染环境及河流。

灌注中发生故障时，应查明原因，确定合理处理方案，及时处理。

混凝土应连续灌注直至灌注到设计的混凝土顶面，以保证截切面以下的全部混凝土具有优良质量。

（三）人工挖孔灌注桩

人工挖孔灌注桩是指在桩位用人工和适当的小型爆破，配合简单机具挖直孔，每挖一段即施工一段支护结构，如此反复向下挖至设计标高，然后下放钢筋笼，灌注混凝土而成桩。这种方法的优点是：设备简单、对施工现场周围的原有建筑物影响小、在挖孔时，可直接观察土层变化情况、清除沉渣彻底、施工成本低等。

1. 挖掘成孔

人工挖孔灌注桩的直径除应满足设计承载力要求外，还应给施工人员提供足够的工作面。当用机械挖掘并用钢护筒护壁的孔，其孔径不宜小于 0.8m；用人力挖掘的方桩边长或圆桩孔径不宜小于 1.4m，孔深一般不宜超过 20m。挖孔时必须采取孔壁支撑，支撑形式视土质、渗水情况、工期与工地条件而定，一般可用就地灌注混凝土或用便于拆装的钢、木支撑。支护应高出地面，以防杂物滚入孔内，支护结构应经过验算。施工人员进入孔内必须注意安全；孔内有人施工时，孔上必须有人监督防护；孔内照明应用安全电压设置鼓风机，向孔内输送洁净空气，排除有害气体。当挖至设计标高时，必须对孔底进行鉴别、处理后方可灌注混凝土。

钢套筒护圈法适宜于深度不大于 8 m，孔径小于 1.2 m 的桩。护圈一般由 3 mm 厚度的钢板焊接，做成分段组合式，以便于施工时安装拆卸、下放或提升。

混凝土护壁适用于砂土层，每节高度以 1m 为宜，在易坍塌的砂层中，每节高度宜减为 0.5 m。为便于浇筑混凝土和严密接茬，护壁可做成上厚下薄，护壁的平均厚度不宜小于 100 mm，两节护壁的搭接长度不得小于 50 mm，并用钢筋拉结。扩大端斜面应以竖向钢筋拉结。护壁模板用二至四块弧形钢板拼装而成。护壁用 C15 细石混凝土现场浇筑，坍落度不小于 150 mm。

2. 浇筑混凝土

挖孔完毕并检查合格后应立即浇筑混凝土。有扩大端的先浇筑扩大端部分的混凝土，桩身混凝土应连续浇筑，分段振捣，每端高度不宜大于 1m。浇筑时必须采用溜槽和串筒，不能直接从孔口倒入混凝土。

3. 安全措施

人工挖孔桩成孔工作的劳动条件比较差，施工时必须采取严格的安全措施，以防止发生安全事故。

①要了解孔内是否存在有害气体，深度超过 10 m 的孔应有通风设施，风量应大于 25 L/s。

②供施工人员上下的井道电葫芦、吊篮等应有自动卡紧保险装置，不得用单绳徒手蹬井帮上下，孔内必须设置应急软梯。

③随时检查提升设备的完好情况。

④暂时停止施工的孔口应加盖板并设护栏，挖出的土方应及时运走，不得堆放在孔口附近。

⑤严守用电规程，各孔用电必须分闸，孔内电线必须有防潮湿、防折断的保护措施。

4. 不良地质条件下人工挖孔灌注桩的施工

人工挖孔灌注桩的施工受地质条件的制约很大，在不良地质条件下，如不采取必要的措施，不仅影响桩的质量，而且可能造成工程事故。下面主要讨论三种不良地质条件：

（1）涌水量较大时的混凝土护壁施工

当地下水位较高且土层透水性较好时，往往涌水量比较大，护壁隔水难以成功，造成施工困难，严重威胁桩孔安全，混凝土的浇筑质量明显下降。

单孔涌水量在每小时 1 t 以下时，对施工影响不大，在工作面上人工排水或潜水泵间断排水即可；当涌水量每小时超过 5 t 时，不宜采用人工挖孔灌注桩；对于涌水量每小时 1 ~ 5 t 的情况可采用抽水井集中降水法或钢管导水法施工。前者工期较长，造价较高，但降水后施工条件比较好，质量比较有保证，使用时应注意降水对邻近建筑物和市政设施的影响；后者在浇筑护壁混凝土时预埋导水钢管，将水引至吊桶中再用潜水泵将水抽走，此法比较简单，但水量不能太大。

（2）淤泥层较厚时混凝土护壁施工

淤泥层的厚度大小是能否进行人工挖孔灌注桩施工的控制因素，一般认为，当淤泥层的厚度超过一节护壁高度时便不能采用人工挖孔灌注桩。当淤泥层的厚度较厚时，可以缩短护壁的高度，在护壁内增加箍筋和插筋以增加护壁的整体性，对于厚度在 3m 以内的软塑至流塑的淤泥也可采用钢套筒护圈的方法。

（3）有较厚含水沙砾石层的施工

含水沙砾石层的渗透系数比较大，涌水量大，且易垮孔。一般认为含水沙砾石层的厚度超过 2 节护壁厚度时不宜采用人工挖孔灌注桩。

当桩身混凝土灌注量在 4000 m³ 以上，工程量巨大时，可采用抽水井大面积降低地下水位的方法，以降低水压力，减少坍孔的危险性。

（四）沉管灌注桩

沉管灌注桩也称为套管成孔灌注桩，这种方法采用振动、静压或锤击的办法将钢管沉入土层中，然后边浇筑混凝土边拔管而成，称为振动沉管灌注桩、静压沉管灌注桩和锤击沉管灌注桩。

沉管灌注桩在成孔时有挤上作用，由于有钢管护壁，孔壁不会坍塌；但要注意在灌注混凝土的同时拔起钢管，钢管和混凝土之间具有一定的摩擦力影响混凝土的成型，在钢管已拔出的部分土体挤向尚未结硬的混凝土；这些过程如处理不当，会影响桩身质量。

套管钻机适用于砂类土和黏性土层钻孔，当地下水位以下有厚于 5m 的细砂层时，应选用上拔力较大的钻机。根据土层紧密情况和机械上拔力大小来决定套管下沉总深度。钻机就位后须用支腿将机身支平支牢，使套管竖直度满足设计要求。

套管钻机在开孔下套管时，钻进速度宜慢，并应反复上提下压套管，校正好位置和竖直度。中等密实或密实的土层中钻孔，宜随钻进随下套管；松散土层中钻孔，应先下套管并深入抓土面 1 ~ 1.5 m，然后钻进；地下水位较高的粉、细砂土层中，应随时向套管中补水，保持套管中水位不低于地下水位，防止翻砂。

钻孔作业过程中，应观察主机所在地面和支腿支承处地面变化情况，发现下沉现象应及时停机处理。因故停机时间较长时，应将套管口保险钩挂牢。

四、沉井基础

又称开口沉箱基础，由开口的井筒构成的地下承重结构物。一般为深基础，适用于持力层较深或河床冲刷严重等水文地质条件，具有很高的承载力和抗震性能。这种基础系由井筒、封底混凝土和预盖等组成，其平面形状可以是圆形、矩形或圆端形，立面多为垂直边，井孔为单孔或多孔，井壁为钢筋、木筋或竹筋混凝土，甚至由钢壳中填充混凝土等建成。

1. 施工方法

沉井法施工就是在墩台位置上，按照基础的外形尺寸，用钢筋混凝土或混凝土预先制成一段井筒，然后在井筒内挖土，随着挖土，井筒借助于自重逐渐下沉，沉完一段，接筑一段，一直下沉到设计高程为止。

若为陆地基础，它在地表建造，由取土井排土以减少刃脚土的阻力，一般借自重下沉；若为水中基础，可用筑岛法，或浮运法建造。在下沉过程中，如侧摩阻力过大，可采用高压射水法、泥浆套法或"空气幕"等加速下沉。

泥浆套法是把拌制好的泥浆，用高压泥浆泵（压力 150 ~ 500 kN/cm^2），通过预埋在井壁中的压浆管，直送井筒下部，喷向井壁外部，在井壁外周形成一圈厚度为 10 ~ 20 mm 的泥浆润滑套，使沉井下沉得又快又稳。

空气幕法则是向预埋在井壁四周的气管中压入高压气流，气流由喷气孔喷出壁外，沿沉井外壁上升，在井壁外周形成一圈压气层（亦称空气幕），使周围的土松动或激化，减少摩擦力，促使沉井顺利下沉。

当水很深，筑岛困难时，一般采用浮运法下沉沉井。以钢丝网水泥双壁浮运沉井为例，井筒由内外两层井壁组成，用横隔板相连，同时又将井筒分隔成多个空格。通过对不同空孔的灌注，可以调节井筒的下沉。井壁用钢筋网和铁丝网组成壁体，抹以不低于 M40 的水泥砂浆，使之充满网眼，并具有 1 ~ 3 cm 的保护层，就形成了井筒的两壁。

浮运沉井可以在岸上制造而滑入水中，也可在驳船上制造，而由驳船载运就位、吊放入水。

沉井下沉到达基底设计高程后，把井底清理干净，灌注一层封底混凝土，然后用混凝土或砂石填实井筒（也有留成空心的），再在筒顶灌注混凝土盖板，桥梁墩身和台身就是建立在盖板上的。

2. 清底、封底及浇筑

（1）不排水清底

①沉井下沉至设计高程后基底面地质满足设计要求，如有不符须作处理时，其方法征得设计单位同意，必要时取样检查

②基底土面或岩面尽量整平。基底面距隔墙底面的高度和刃脚斜面露出的高度，满足设计规定的最小高度。

③基底浮泥或岩面残存物（风化岩碎块、卵石、砂等）均应清除，封底混凝土与基底间不得产生有害夹层。清理后的有效面积（即沉井底面积扣除在刃脚斜面下一定宽度内不可能完全清除干净的面积）不得小于设计要求。

④隔墙底部及封底混凝土高度范围内井壁上的泥污应清除。

（2）沉井在封底

混凝土强度满足受力要求后方可抽水浇筑填充混凝土。

第八章　隧道工程施工

第一节　隧道工程概述

一、概念

隧道通常指用作地下通道的工程建筑物。按地层分为岩石隧道（软岩、硬岩）、土质隧道；按所处位置分为山岭隧道、城市隧道、水底隧道；按施工方法分为矿山法、明挖法，盾构法等；按埋置深度分为浅埋和深埋隧道；按断面形式分为圆形、马蹄形、矩形隧道等；按国际隧道协会（ITA）定义的断面数值划分标准分为特大断面（100 m² 以上）、大断面（50 ~ 100 m²）、中等断面（10 ~ 50 m²）、小断面（3 ~ 10 m²）、极小断面（2 ~ 3 m²）；按车道数分为单车道、双车道、多车道；按照长度分为特长隧道：L > 300 m，长隧道：3000 m ≥ L ≥ 1000 m，中隧道：1000 m > L > 500 m，短隧道：L ≤ 500 m；按隧道间的距离分为连拱、小净距和分离式隧道。

二、隧道的结构

隧道结构，由主体构造物和附属构造物两大类组成。主体构造物是为了保持岩体的稳定和行车安全而修建的人工永久建筑物，通常指洞身衬砌和洞门构造物。附属构造物是主体构造物以外的其他建筑物，是为了运营管理、维修养护、给水排水、供配发电、通风、照明、通信、安全等建造的。

（一）主体结构

1. 衬砌

衬砌的平、纵、横断面形状由道路隧道的几何设计确定，衬砌断面的轴线形状和厚度由计算决定。隧道的衬砌结构形式，主要是根据隧道所处的地质地形条件，考虑其结构受力的合理性，施工方法和施工技术水平等因素来确定的。衬砌种类繁多，按隧道断面形状，分为曲墙、直墙、圆墙、矩形以及喇叭口衬砌；按支护理论，分为整体式衬砌、复合式衬砌和喷锚衬砌。

2. 洞门

洞门是隧道两端的外露部分，也是联系洞内衬砌与洞口外路堑的支护结构，其作用是保证洞口边坡的安全和仰坡的稳定，引离地表流水，减少洞口土石方开挖量。洞门还是隧道的标志性建筑物；因此，应与隧道规模、使用特性以及周围建筑物、地形条件等相协调。

洞口仰坡地脚至洞门墙背应有不小于 1.5 m 的水平距离。洞门端墙与仰坡之间水沟的沟底与衬砌拱顶外缘的高度不应小于 1.0 m。洞门墙顶应高出仰坡脚 0.5m 以上；洞门墙应根据情况设置伸缩缝、沉降缝和泄水孔。洞门墙的厚度可按计算或结合其他工程类比确定，但墙身厚度不得小于 0.5 m；洞门墙基础必须置于稳固地基上，基底埋入土质地基的深度不应小于 1 m，嵌入岩石地基的深度不应小于 0.5 m；地基为冻胀土层时，要求基底设在冻结线以下不小于 0.25 m。

3. 明洞

当隧道埋深较浅，上覆岩（土）体较薄，难采用暗挖法时，则应采用明挖法来开挖隧道。用这种明挖法修筑的隧道结构，通常称明洞。明洞具有地面、地下建筑物的双重特点，既作为地面建筑物用以抵御边坡、仰坡的坍方、落石、滑坡、泥石流等病害，又作为地下建筑物用于在深路堑、浅埋地段不适宜暗挖隧道时，取代隧道的作用。

（1）类型

明洞主要分为两大类，即拱式明洞和棚式明洞。按荷载分布，拱式明洞又可分为路堑对称型、路堑偏压型、半路堑偏压型和半路堑单压型。按构造，棚式明洞又可分为墙式、刚架式、柱式等。根据明洞的用途、地形、地质条件、荷载分布情况、运营安全、施工难易以及条件等进行具体分析、比较，确定明洞形式。

（2）构造

①明洞基础

明洞基础应置于稳固的地基上。当基岩埋深较浅时，基础可设置于基岩上；当基础位于软弱地基上时，基础可采用仰拱，整体式钢筋混凝土底板等结构。外墙基础趾部，应有一定的嵌入深度并应设在冻结线以下 0.25 m，且保证符合《公路隧道设计规范》规定的护基宽度。

②明洞填土

明洞顶设计填土厚度，应根据山坡病害的情况，预计明洞顶可能出现的坍塌量及将来明洞所要起的作用来确定。

公路隧道明洞填土不小于 2.0 m。明洞顶填土横坡以能顺畅排除坡面水为原则，不小于2%。明洞顶设计填土坡度可为 1∶5～1∶3。1∶5 是对称式明洞边坡基本稳定的情况，实际填土坡可为 1∶10～1∶5。

（二）附属设施

隧道的附属设施是指为确保交通安全和顺适而设置的通风设施、照明设施、安全设施、供配电设施、应急设施等。

第二节　隧道工程施工方法

隧道施工方法基本可以归纳为：传统矿山法、掘进机法、明挖法、盾构法等。

一、传统矿山法

传统矿山法指的是用开挖地下坑道的作业方式修建隧道的施工方法。通过凿眼爆破，以木或钢等构件作为临时支撑，待隧道开挖成形后，逐步将临时支撑撤换下来而代之以整体式衬砌作为永久性支护。其基本原理是：隧道开挖后受爆破影响，造成岩体破裂形成松弛状态，随时都有可能坍落，基于这种松弛荷载理论依据，开挖时按分部顺序采取分割式小块开挖，即将整个断面分成几个部分按一定顺序施工，开挖后立即以构件支护抵御围岩变形的坍塌。分块的跨度小，既有利于减小扰动围岩的可能性，又便于很快安设支撑，保证施工安全。但要求边挖边撑以求安全，所以支撑复杂，木料耗用多。这种施工方法由于没有充分发挥围岩自身的承载能力，存在较多问题，尤其是无法使衬砌与围岩保持全面紧密接触，不能有效地制止围岩变形，乃至松动、崩塌。该法现已基本淘汰，这里只作简单介绍。

二、TBM 掘进机法

掘进机法，是装置有破碎岩石的刀具，采用机械破碎岩石的方法开挖隧道。并将破碎的石渣传送出机外的一种开挖与出渣联合作业的掘进机械，能连续掘进。

TBM 就是适合硬岩掘进的隧道掘进机。

硬岩 TBM 适用于山岭隧道硬岩掘进，代替传统的钻爆法，在相同的条件下，其掘进速度约为常规钻爆法的 4 ~ 10 倍；具有快速、优质、安全、经济、有利于环境保护和劳动力保护等优点。特别是高效快速可使工程提前完工，提前创造价值，对我国的现代化建设有很重要的意义。

隧道掘进机通过刀具在隧道断面内直接破碎岩石从而进行连续掘进。它包括：装有切削刀具的旋转切削头，装渣设备，机身前进的推进装置和支撑装置，控制方向的激光准直仪，安装临时支撑的设备和其他用于吸尘、通风的辅助装置。掘进机具有掘进、开挖、喷锚支护、出渣运输、通风冷却、除尘降温、材料供应、自动测量定位、地质超前钻探等功能，具有作业人员少、掘进速度快、开挖成型好、施工安全可靠、工作环境好、劳动强度低、工厂化作业、生产效率高等特点。

三、明挖法

明挖法是当隧道埋深较浅时的一种施工方法，它可将地面挖开，形成露天的基坑，然后在基坑中修筑隧道衬砌，敷设防水层，最后用土回填。隧道洞口段不能用暗挖法施工时均可用明挖法施工。在明挖法施工中，常用的基坑开挖方式有：敞口开挖法、工字钢桩法、地下连续墙法等。

明挖法指的是先将隧道部位的岩（土）体全部挖除，然后修建洞身、洞门，再进行回填的施工方法。

1. 主要优点

明挖法具有施工简单、快捷、经济、安全的优点，城市地下隧道工程发展初期都把它作为首选的开挖技术。其缺点是对周围环境的影响较大。

2. 关键工序

明挖法的关键工序是：降低地下水位，边坡支护，土方开挖，结构施工及防水工程等。其中边坡支护是确保安全施工的关键技术。

（1）放坡开挖技术

适用于地面开阔和地下地质条件较好的情况。基坑应自上而下分层、分段依次开挖，随挖随刷边坡，必要时采用水泥和黏土护坡。

（2）型钢支护技术

一般使用单排工字钢或钢板桩，基坑较深时可采用双排桩，由拉杆或连梁连接共同受力，也可采用多层钢横撑支护或单层、多层锚杆与型钢共同形成支护结构。

（3）连续墙支护技术

一般采用钢丝绳和液压抓斗成槽，也可采用多头钻和切削轮式设备成槽。连续墙不仅能承受较大载荷，同时具有隔水效果，适用于软土和松散含水地层。

（4）混凝土灌注桩支护技术

一般有人工挖孔或机械钻孔两种方式。钻孔中灌注普通混凝土和水下混凝土成桩。支护可采用双排桩加混凝土连梁，还可用桩加横撑或锚杆形成受力体系。

（5）土钉墙支护技术

在原位土体中用机械钻孔或洛阳铲人工成孔，加入较密间距排列的钢筋或钢管，外注水泥砂浆或注浆，并喷射混凝土，使土体、钢筋、喷射混凝土板面结合成土钉支护体系。

（6）锚杆（索）支护技术

在孔内放入钢筋或钢索后注浆，达到强度后与桩墙进行拉锚，并加预应力锚固后共同受力，适用于高边坡及受载大的场所。

（7）混凝土和钢结构支撑支护方法

依据设计计算在不同开挖位置上灌注混凝土内支撑体系和安装钢结构内支撑体系，与灌注桩或连续墙形成一个框架支护体系，承受侧向土压力，内支承体系在做结构时要拆除。适用于高层建筑区密集区和软弱淤泥底层。

四、盾构法

盾构法是在地面下暗挖隧道的一种施工方法。构成盾构法的主要内容是：先在隧道某段的一端建造一竖井（始发井），以供盾构安装就位。盾构从始发井的墙壁开孔处出发，在地层中沿着设计轴线，向另一竖井（到达井）的设计孔洞推进。盾构推进中所受到的地层阻力，通过盾构千斤顶传至盾构尾部已拼装的预制隧道衬砌结构，再传到竖井的后靠壁上。盾构是这种施工方法中最主要的独特的施工机具。它是一个既能支承地层压力，又能在地层中推进的圆形或矩形或马蹄形等特殊形状的钢筒结构，在钢筒的前面设置各种类型的支撑和开挖土体的装置，在钢筒中段内部安装顶进所需的千斤顶，钢筒尾部是具有一定空间的壳体，在盾尾内可以拼装一至二环预制的隧道衬砌环。盾构每推进一环距离，就在盾尾支护下拼装一环衬砌，并及时向紧靠盾尾后面的开挖坑道周边与衬砌环外周之间的空隙中压注足够的浆液，以防止隧道及地面下沉。在盾构推进过程中不断从开挖面排出适量的土方。

1. 盾构法施工的基本条件

第一，线位上要求有允许建造用于盾构进出洞和出渣进料的工作井的空间。

第二，隧道要有足够的埋深，覆土深度宜不小于 6 m。

第三，相对均质的地质条件。

第四，如果是单洞则要有足够的线间距，洞与洞及洞与其他建（构）筑物之间所夹土（岩）体加固处理的最小厚度为水平方向 1.0 m，竖直方向 1.5 m。

2. 盾构法的优点

盾构法施工得到广泛使用，因其具有明显的优点：

第一，在盾构的掩护下进行开挖和衬砌作业，有足够的施工安全性。

第二，地下施工不影响地面交通，在河底下施工不影响河道通航。

第三，施工操作不受气候条件的影响。

第四，产生的振动、噪声等环境危害较小。

第五，对地面建筑物及地下管线的影响较小。

3.盾构法存在的问题

第一，当隧道曲线半径过小时，施工较为困难。

第二，在陆地建造隧道时，如隧道覆土太浅，则盾构法施工困难很大；而在水下时，如覆土太浅，则盾构法施工不够安全。

第三，盾构隧道上方一定范围内的地表沉陷尚难完全防止，特别是在饱和含水松软的土层中，要采取严密的技术措施才能把沉陷限制在很小的限度内。

第四，在饱和含水地层中，盾构法施工所用的拼装衬砌，对达到整体结构防水性的技术要求较高。

五、沉管法

沉管隧道是将隧道管段分段预制，分段两端设临时止水头部，然后浮运至隧道轴线处，沉放在预先挖好的基槽内，完成管段间的水下连接，移去临时止水头部，回填基槽保护沉管，铺设隧道内部设施，从而形成一个完整的水下通道。

沉管法先在隧址以外的预制场制作隧道管段，两端用临时封墙密封。制成以后用拖轮拖运到隧址指定位置上。预先在设计位置处，挖好水底沟槽。待管段定位就绪后，往管段中注水加载，使之下沉。然后，将沉设完毕的管段在水下连接起来，覆土回填，完成隧道。

第三节　隧道辅助施工技术

一、隧道通风施工

（一）通风方式

1.管道式通风

管道式通风分为压入式、抽出式和混合式。

（1）压入式

压入式隧道通风，单机适用于 100～400 m 内的独头巷道；多机串联适用于400～800 m 的独头巷道。这种方式的通风，能较快排除工作面的污浊空气、拆除简单、污浊空气排出时流经全洞。

（2）抽出式

抽出式隧道通风，适用长度在 400 m 内的独头巷道。

这种通风方式，新鲜空气排出时流经全洞，到达工作面时已不太新鲜；要求管末端距工作面不超过 10 m，爆破时容易损坏。

（3）混合式

混合式隧道通风有两种。第一种混合式通风适用于长度在 800～1500m 的独头巷道，第二种混合式隧道通风适用于上下导坑或全断面分块开挖。

两条通风管道必须有 20m 以上的搭接长度，以免在洞内形成循环风流；吸出风机的能力大于压入风机能力的 20%～30%：压入式风管的端口与工作面间距应在风流的有效射程内，一般为 15～20 m；排风管的出口端必须伸出洞外 20m 以上，或引向洞口外的上方或旁侧，以免污浊空气回流进洞。

2. 巷道式通风

巷道式通风是利用巷道作为循环风流通道的一种通风方式。整个通风系统是由一个主风流循环系统和一个或一个以上的局部风流循环系统组成的。

（1）主风流循环系统

在平行导坑洞口的侧面（或顶部）开挖一个通风洞，在其洞口安装通风机（主扇）向洞外排气。新鲜空气从正洞洞口补入，以正洞为通风道送进洞内；污浊空气经横通道和平行导坑，再经通风道排出。为了使主风流能按这样的路线流动，平行导坑的洞口用双层风门关闭，两扇风门的距离应能容纳一组列车；不作风门通道的横通道也用风门关闭和堵死，风门要严密不漏风，并有专人负责开闭。由于巷道的断面比风管大得多，主通风机的功率也比较大，而且通常都要安装两台，轮换工作，以保证不间断通风。

（2）局部风流循环系统

主风流循环系统一般并不能直接把新鲜空气送到导坑和平行导坑的开挖面上去，对于这两个工作面，是采用风管式通风来解决的。图中对导坑是采用压入式通风，而在平行导坑开挖面上，采用的是混合式通风，因为平行导坑总是超前于正洞，通风的距离较长。

3. 风墙式通风

这种方式适用于较长隧道，一般管道式通风难以解决，又无平行导坑可以用的情况，它得用隧道成洞部分较大的断面，用砖砌或木板隔出一条 2～3m³ 的风道，以减小风管的长度，增大风量，满足通风要求。

（二）通风机的安装与使用要求

第一，主风机安装必须满足通风设计的要求，洞内辅助风机安装在新鲜风流中；对于压入式通风，主风机架设在距洞口大于 30 m 且有一定高度的高架上。

第二，主风机保持正常运转，如需间歇时，因停止供风而受影响的工作面必须停止工作。

第三，通风机前后 5 m 范围内不得堆放杂物，通风机进气口应设置铁箅，并装保险装置，当发生故障时能自动停机。

第四，通风机应有适当的备用数量。

第五，当巷道内的风速小于通风要求最小风速时，可布设射流风机来卷吸升压，提高风速。

（三）通风管的安装要求

第一，单独压入式的进风管口或吸（压）出式的出风管口应设在洞外，前者宜在洞口里程 30m 以外，后者则应做成烟囱式。

第二，通风管靠近开挖工作面的距离应根据具体情况确定。压入式通风出风口距开挖工作面的距离不大于 5°；吸出式进风口距工作面的距离大于 1.5。

第三，采用混合式通风时，当一组通风机向前移动，另一组通风机的管路应相应接长。两组通风管交错的距离不得小于 20 ~ 30 m。压出式风机吸风口距工作面的距离不大于炮烟抛散距离；压入式风管出风口距工作面的距离小于风流的有效射程。局部通风中，吸出式通风管的出风口应引入主风流循环的回风流中。

第四，通风管优先采用高频热塑焊接工艺加工的软风管及加长的风管节，尽量减少接头个数；通风管的安装应平顺，接头严密，每 100 m 平均漏风率不应大于 1%。弯管平面轴线的弯曲半径不得小于通风管直径的 3 倍。

第五，长、特长隧道施工在断面净空允许的前提下，应采用大直径风管。

第六，通风管破损时，应及时修理或更换。当采用软风管时，靠近风机部分，应采用加强型风管。

第七，通风管路安装完成后应调整至整个风路稳、直、无扭曲、无皱褶。

（五）防尘措施

隧道施工应采用综合防尘措施，并按规定时间测定作业区粉尘和有害气体浓度。

隧道施工防尘的方法是湿式凿岩标准化、喷雾洒水经常化、机械通风正常化、个人防护普遍化等综合措施。在水源缺乏，容易冻结或岩石性质不适于湿式凿岩的地区，可采用带有浦尘设备的干式凿岩。当干式凿岩所采用防尘措施不能达到 $2mg/m^3$ 以下时，严禁打干风钻。

1. 湿式凿岩

就是通常所谓的"水风钻"凿岩，在凿岩过程中，利用高压水湿润岩粉，变成岩浆，流出炮眼，防止岩粉飞扬。钻眼时必须先送水后送风。

2. 喷雾洒水

爆破后进行喷雾、洒水。出渣前宜用水淋湿全部石碴和附近的岩壁。

3. 个人防护

如佩戴口罩，可减少吸入粉尘和有害气体，也是行之有效的防尘措施。

二、隧道供水施工

1. 供水方式

给水水源主要有地表水、泉水或钻井取水，用渠道引流或用机械提升到高处的蓄水池储存，通过管路送到使用地点。水池位置应高于工作面 30 m 以上，以确保有 0.3 MPa 的工作压力。缺水地区须用汽车运水，以确保给水。

2. 高压水管的安装和使用要求

第一，钢管在安装前应进行检查，有裂纹、创伤、凹陷等现象时不得使用，管内不得保留有残余物和其他脏物。

第二，水池的总输出管路上必须安装总闸阀；主管路上每隔 300 ~ 500m 应安装闸阀。

第三，洞内水管前端至开挖面宜保持 30 m 距离，并用高压软管连接分水器。洞内软管的长度，一般情况下不宜大于 50 m。

第四，管路应敷设平顺，接头严密，不漏水。

第五，洞内水管管路应敷设在电缆、电线相对的一侧，不得妨碍运输；当与水沟同侧时，不得影响排水。

第六，管路使用中应有专人负责检查、养护。

三、隧道供风施工

隧道施工中应用种类众多而大量的风动机具，诸如凿岩机、装碴机，混凝土压送器，喷射混凝土机，压浆机，锻钎机等，无不以压缩空气为动力，需要大量的压缩空气的供应。这些压缩空气由空气压缩机（简称空压机）生产，并通过高压风管输送给风动机具。

空压机分为电动或内燃两种，一般短隧道多采用移动式内燃型，而长隧道则采用大型固定式电动型机。集中在洞口的空压机站工作，用高压风管向风动机具输送。

每座空压机站的生产能力，按其所服务的风动机具同时工作耗风总量，加上管路漏风量和一定的储备量而定。

1. 风量与风压

空压机站的设备能力应能满足同时工作的各种风动机具的最大耗风量。国产空压机排气压力一般为 0.7 ~ 0.8 MPa，经过管道的压力损失，要求到达最前面的工作面风压不小于 0.5 MPa。确定风管管径时，可根据计算的总耗风量和允许的最大压力损失，按有关施工手册查表，一般不需精确计算。即首先根据总耗风量与管路总长查表选用钢管直径，至于管路中的变径管、弯头、阀门、三通等，均可查表折合为直线长度而并入管路总长，再由总耗风量与钢管直径或胶管直径便可查表得出风压损失。如此反复查选调整，便可得出能保证工作面风压的合理管路与管径。

2. 高压风管路安装

第一，高压风管应敷设平顺，接头严密，不漏风。

第二，在空气压缩机站和水池总输出管上必须设总闸阀；主管上每隔 300 ~ 500 m 应分装闸阀。高压风管长度大于 1000 m 时，应在管路最低处设置油水分离器，定时放出管中的积油和水。

第三，洞内高压风管应敷设在电缆电线相对的一侧，风管的前端至开挖面距离宜保持 30 m，并用分风器连接高压软风管。当采用导坑或台阶法开挖时，软风管的使用长度不宜大于 50 m。

第四，高压风管在安装前应进行检查，有裂纹、创伤、凹陷等现象时不得使用，管内不得保留有残余物和其他脏物。

第五，高压风管使用中应有专人负责检查、养护。

四、隧道供电施工

隧道施工离不开用电。洞内必须有充足照明，洞外有大量电动机械和设备。

隧道供电一般是通过变电所将 6 ~ 35 kV 的系统电压降到三相四线 400/230 V 的动力和成洞地段照明电压，然后在工作地段降为 36，32，24，12V 四个等级的照明电压。动力设备采用三相 380 V，照明电压作业地段不得大于 36 V，成洞和不作业地段可用 220 V。

对于长隧道，低压长距离输电的压降太大，往往需用 6 ~ 10 kV 的高压电引入洞内，在洞内适当地点设置变电站，将电压降到 400/230 V，然后再在工作地段用携带式照明变压器继而降到 24 V 或 36 V。

变压器容量应按电气设备总用电量确定。当单台电动设备容量超过变压器容量 1/3 时，应适当考虑增加起动附加容量。

洞外变电站宜设在洞口附近，并应靠近负荷集中地点和设在电源来线一侧。变电站电源来线如跨越施工地区，电线最低距人行道和运输线路的最小高度 35 kV 为 7.5 m；6 ~ 10 kV 为 6.5 m；400 V 为 6 m。

洞内照明和动力线路安装在同一侧时（风水管路相对一侧）。必须分层架设，电线悬挂高度距人行地面，400 V 以下不小于 2 m，6 ~ 10 kV 不小于 3.5 m。高压在上、低压在下；动力线在上，照明线在下；干线在上，支线在下。禁止在动力线上加挂照明设施。

工作地段的动力线都应用橡皮电缆，以确保安全。当施工地段没有高压电时，一般采用自发电解决。

第九章　桥梁结构施工技术

第一节　桥梁上部结构施工技术

一、桥梁上部结构装配式施工技术

（一）先张法预制梁板

1. 台座

台座是先张法施工的主要设备之一，承受预应力钢筋的全部张拉力，它应有足够的强度和稳定性，以免台座变形、倾覆、滑移而引起预应力损失。台座由一个框架（两根固定横梁和两根受压柱构成）和两根活动横梁组成，固定和活动横梁间设置千斤顶，预应力钢筋两端用工具锚固在活动横梁的锚固板上。千斤顶顶起活动横梁，使预应力筋受张拉。全部张拉力由框架承受。

压柱的承压形式可为中心受压或偏心受压，一般采用偏心受压。前者省料但作业不方便，后者则相反。

2. 模板工程

预制梁的模板是施工过程的临时结构，它不仅关系到预制梁尺寸的精度，而且对工程质量、施工进度和工程造价有直接的影响。

预制梁的模板通常按材料分类，有钢模板、木模板、土木组合模、土模以及钢木组合模等数种。预制工厂常采用钢模板和钢木结合的模板。

模板在制作时，应保证表面平整，转角光滑，连接孔配合准确。对于钢模要考虑焊缝收缩对长度的影响，对于木模要在构造上采取措施以防漏浆。模板的组装可在工作平台上进行，底模在制作时需考虑预制梁的预拱度。

模板的安装应与钢筋工作配合进行。在底模整平以及钢筋骨架安装后，安装侧模板和端模板；也可先安装端模，后安装侧模板。模板安装的精度要高于预制梁的精度要求。每次模板安装完成后需通过验收合格后，方可进入下一道工序。

模板分为底模、侧模、端模和内模。底模支承在底座上或设置在流水台车上，可用12～16 mm厚的钢板制成。将先张台座的混凝土底板作为预制构件的底模，要求地基不产生非均匀沉陷，底板制作必须平整光滑、排水畅通，预应力筋放松，梁体中段拱起，两端压力增大，梁位端部的底模应满足强度要求和重复使用的要求。底模在构造上应注意设置底模与侧模、底模与端模以及底模接长的联系构件。此外，还应在底模与台座之间设置减振垫。

侧模由侧板、水平加劲肋、斜撑等构件组成。钢侧模板一般采用4～8 mm厚钢板。侧模板在构造上应考虑悬挂振捣器的构件，要加强侧模间的连接构造，并需设置拆模板的设施。先张法制作预应力板梁，预应力钢筋放松后板梁压缩量为1%。左右。为保证梁体外形尺寸准确，侧模制作要增长1%。

端模设置在梁的两端，安装时连接在侧模上，用于形成梁端形状。端模预应力筋孔的位置要准确，安装后与定位板上对应的力筋孔要求均在一条中心线上。由于施工中实际上存在偏差，力筋张拉时的筋位有移动，制作时端模力筋孔径可按力筋直径扩大2～4 mm，力筋孔水平向还可做成椭圆形。

内模是空心截面梁、板的预制关键。其结构形式直接影响到制作是否经济、拆装是否方便、周转率高低等问题。

3. 预应力筋的张拉

预应力钢筋通常采用高强钢丝，钢绞线和精轧螺纹钢筋。

预应力混凝土预制梁制造过程中，张拉预应力筋、对梁施加预应力是一项十分重要的工作。施加预应力过多或不足都会影响梁的预制质量，必须按设计要求，准确地施加预应力。

先张法梁的预应力筋是在底模整理后，在台座上张拉已加工好的预应力筋。

先张法梁通常一端张拉，另一端在张拉前要设置好固定装置或安放好预应力筋的放松装置。张拉前，应先在端横梁上安装预应力筋的定位钢板，同时检查其孔位和孔径是否符合设计要求。之后在台座安装预应力筋，穿钢筋不能刮碰掉台面上的隔离剂。安装张拉设备时，应使张拉力的作用线与钢筋中心线一致。张拉时应采用应力与伸长值双控制，如发现伸长值异常，应停止张拉，查明原因。此外，在张拉过程中要十分重视施工安全。

为了减少张拉过程中的预应力损失，可以采用超张拉的方法。

4. 预应力混凝土的配料与浇筑。

混凝土工程质量好坏是保证混凝土能否达到设计强度等级的关键，将直接影响钢筋混凝土结构的强度和耐久性。

（1）预应力混凝土配料

预应力混凝土配料除符合普通混凝土有关规定外，尚应符合如下要求。

配制高强度等级的混凝土应选择级配优良的配合比，在构件截面尺寸和配筋允许下，尽量采用大粒径骨料、强度高的骨料；含砂率不超过 0.4，水泥用量不宜超过 500 kg/m³，最大不超过 550 kg/m³，水灰比不超过 0.45，一般可采用低塑性混凝土，坍落度不大于 30 mm，以减少因徐变和收缩所引起的预应力损失。

在拌和料中可掺入适量的减水剂（塑化剂），以达到易于浇筑、早强、节约水泥的目的，其掺入量可由试验确定，也可参考经验值。拌和料不得掺入氯化钙、氯化钠等氯盐及引气剂，亦不宜掺用引气型减水剂。值得注意是，由于混凝土掺加减水剂效果显著，目前用于建造预应力混凝土桥梁的高强度混凝土几乎没有不掺加减水剂的，但对它的使用不能掉以轻心，使用不当将会严重影响混凝土的质量。

水、水泥、减水剂用量应准确到 ±1%；骨料用量准确到 ±2%。

预应力混凝土所用的一切材料，必须全面检查，各项指标均应合格。预应力混凝土选配材料总的发展趋势是提高强度，减轻自重，主要途径是采用多孔的轻质骨料。改善预应力混凝土物理力学性能的另一个重要途径是发展研制改性混凝土。

（2）预应力混凝土浇筑

混凝土浇筑前除按操作规程检查外，对先张构件还应检查台座受力、夹具、预应力筋数量、位置及张拉吨位是否符合要求等。

浇筑质量主要从两个方面来控制，一个是浇筑层的厚度与浇筑程序；另一个是良好的振捣，两个方面互相影响。当构件的高度（或厚度）较大时，为了保证混凝土能振捣密实，应采用分层浇筑法，并应在下层混凝土初凝之前，将上层混凝土浇筑并振捣完毕。T 形梁的浇筑顺序一般采用水平层浇筑，也可采用斜层浇筑。

混凝土浇筑不得任意中断，由于技术上或组织上的原因必须间歇时，间歇时间应根据环境温度、水泥性能、水灰比、外加剂类型及混凝土硬化条件确定。无试验资料时，对不掺外加剂的混凝土，间歇时间不宜超过 2 h；当温度高达 30℃左右时，应减少为 1.5 h；当温度低于 10℃左右时，可延长至 2.5 h。

（3）混凝土的振捣

混凝土浇筑与混凝土振捣要密切配合，分层浇筑分层振捣。

在预制梁时，组织强力振捣是提高施工质量的关键。由于预制梁截面形状复杂，梁高、壁薄、钢筋密集，在浇筑梁下层或下马蹄处的混凝土时，可使用底模和侧模下排的振捣器联合振捣，并依照浇筑位置调整振捣部位。当浇筑到梁的上层或梁肋混凝土时，主要使用侧模振捣，辅以插入式振捣。待浇筑桥面混凝土时，可使用侧模上排振捣器、插入式振捣器和平板式振捣器联合振捣。

混凝土的振捣时间应严格控制。振捣时间过长，容易引起混凝土的离析现象；振捣时间过短，不能达到要求的密实度。一般以振捣至混凝土不再下沉、无显著气泡上升、混凝土表面出现浮浆、表面达到平整为适度。当用附着式振捣器时，因振捣效率差，一般约需 120 s。当用插入式振捣器时，效果较好，一般只要 20 ~ 30 s。当用平板式振捣器时，在每个位置上的振捣时间为 25 ~ 40 s。

（4）混凝土的养护及拆模

为保持混凝土硬化时所需的温度与湿度，混凝土浇筑后需进行养护。预应力混凝土梁一般采用蒸汽法养护。开始时恒温，温度应按设计规定执行，不得任意提高，以免造成不可补救的预应力损失。

拆模的施工质量好坏直接影响到预制梁的质量和模板的周转使用。不承重的侧模，在混凝土强度达到 2.5 MPa 时，可以拆除。侧模可用千斤顶协助脱模，为使模板单元安全脱模，常用旋转法拆模，其转动中心可设在侧模的下端或上端。承重的底面模板应在混凝土强度能承受自重和其他可能的外荷载时拆除。

拆模后，如发现有缺陷，应进行修补。应遵循以下三点。

对有面积小、数量不多的蜂窝或露石的混凝土，先用钢丝刷或加压水洗刷基层，然后用 1 ∶ 2 ~ 1 ∶ 2.5 的水泥砂浆抹平。

对有较大面积的蜂窝、露石和露筋的混凝土应按其全部深度凿去薄弱层，然后用钢丝刷或加压水冲刷，再用比原混凝土强度等级高一个级别的细骨料混凝土填塞，并仔细捣实。

对影响结构性能的缺陷，应与设计单位研究处理。

5. 预应力筋的放松

当混凝土强度达到设计强度的 70% ~ 80% 以后，可在台座上放松受拉预应力筋，对预制梁施加预应力。放松过早会造成较多的预应力损失（主要是收缩、徐变损失）；放松过退，则影响台座和模板的周转。放松操作时速度不应过快，尽量使构件受力对称均匀。只有待预应力筋被放松后才能切割每个构件端部的钢筋。

放松预应力钢筋的方法有：用千斤顶先拉后松、沙箱放松、滑楔放松和螺杆放松等方法，用得较多的是千斤顶放松。

采用千斤顶放松，是在混凝土达到规定强度后，再安装千斤顶重新张拉钢筋，施加的应力不应超过原有的张拉控制应力，之后将固定在横隔梁定位板前的双螺帽慢慢旋动后，再将千斤顶回油，让钢筋慢慢放松，使构件均匀对称受力。当逐根放松预应力筋时，应严格按有利于梁受力的次序分阶段进行。通常自构件两侧对称地向中心放松，以免较后一根钢筋断裂时使梁承受大的水平弯曲冲击作用。

（二）后张法预制梁板

1. 后张法预制梁板施工工序

①按施工需要规划预制场地，整平压实，完善排水系统，确保场内不积水。

②根据预制梁的尺寸、数量、工期，确定预制台座的数量、尺寸，台座用表面压光的梁（板）筑成，应坚固不沉陷，确保底模沉降不大于 2 mm，台座上铺钢板底模或用角钢镶边代作底模。当预制梁跨大于 20 m 时，要按规定设置反拱。

③根据需要及设备条件，选用塔吊或跨梁龙门吊作吊运工具，并铺设轨道。

④统筹规划梁（板）拌和站及水、电管路的布设安装。

⑤预制模板由钢板、型钢组焊而成，应有足够的强度、刚度和稳定性，尺寸规范、表面平整光洁、接缝紧密、不漏浆，试拼合格后，方可投入使用。

⑥在绑扎工作台上将钢筋绑扎焊接成钢筋骨架，把制孔管按坐标位置定位固定，如使用橡胶抽拔管要插入芯棒。

⑦用龙门吊机将钢筋骨架吊装入模，绑扎隔板钢筋，埋设预埋件，在孔道两端及最低处设置压浆孔，在最高处设排气孔，安设锚垫板后，先安装端模，再安装涂有脱模剂的钢侧模，统一紧固调整和必要的支撑后交验。

⑧将质量合格的梁（板）用专用设备运输，卸入吊斗，由龙门吊从梁的一端向另一端，水平分层，先下部捣实后再腹板、翼板，浇筑至接近另一端时改从另一端向相反方向顺序下料，在距梁端 3 ~ 4 m 处浇筑合龙，一次整体浇筑成型。当梁高跨长，或混凝土拌制跟不上浇筑进度时。可采用斜层浇筑，或纵向分段，水平分层浇筑。

⑨梁（板）的振捣以紧固安装在侧模上的附着式为主，插入式振捣器为辅。振捣时要掌握好振动的持续时间、间隔时间和钢筋密集区的振捣，力求使梁（板）达到最佳密实度而又不损伤制孔管道。

⑩梁（板）混凝土浇筑完成后要将表面抹平、拉毛，收浆后适时覆盖，洒水湿养不少于 7 d，蒸汽养护恒温不宜超过 80℃，也可采用喷洒养护剂。

⑪使用龙门吊拆除模板，拆下的模板要顺序摆放，清除灰浆，以备再用。

⑫构件脱模后，要标明型号、预制日期及使用方向。

⑬将力学性能和表面质量符合设计要求的预应力钢丝或钢绞线按计算长度下料，梳理顺直，编扎成束，用人工或卷扬机或其他牵引设备穿入孔道。

⑭当构件梁（板）达到规定强度时，安装千斤顶等张拉设备，准备张拉。

⑮张拉使用的张拉机及油泵、锚、夹具必须符合设计要求，并配套使用，定期校验，以准确标定张拉力与压力表读数间的关系曲线。

⑯按设计要求在两端同时对称张拉，张拉时千斤顶的作用线必须与预应力轴线重合，两端各项张拉操作必须一致。

⑰预应力张拉采用应力控制，同时以伸长值作为校核。实际伸长值与理论伸长值之差应满足规范要求，否则要查明原因采取补救措施。

⑱张拉过程中的断丝、滑丝数量不得超过设计规定，否则要更换钢筋或采取补救措施。

⑲预应力筋锚固要在张拉控制应力处于稳定状态时进行，其钢筋内缩量不得超过设计规定。

（三）预制梁的架设方法

1. 联合架桥机法

以联合架桥机并配备若干滑车、千斤顶、绞车等辅助设备架设安装的预制梁适用于多孔 30 m 以下孔径的装配式桥梁。

（1）联合架桥机的组成

联合架桥机主要由龙门架、导梁和蝴蝶架组成。龙门架用工字形钢梁架设，在架上安放两台吊车，架的接头处和上、下缘用钢板加固，主柱为拐脚式，横梁的高程由两根预制梁的叠高加上平板车的高度和起吊设备的高度决定。它是用来起落预制件和导梁，并对预制构件进行墩上横移和就位。蝴蝶架是专供托运龙门吊机在轨道上移走的支架，它形如蝴蝶，用角钢拼成，上设有供升降用的千斤顶。它是用以拖动龙门架转移位置的专用工具，托架是在桥头地面上拼装、竖直，用千斤顶顶起放在托架平车上，移至导梁上放置。导梁用钢桁梁拼成，以横向框架连接，其上铺钢轨供运梁行走。

（2）施工作业

架梁时，先铺设导梁和轨道，用绞车将导梁拖移就位后，把蝴蝶架用平板小车推上轨道，将龙门吊机托运至墩上，用千斤顶将吊机降落在墩顶，并用螺栓固定在墩的支承垫块上，然后用平车将梁运到两墩之间，由吊机起吊、横移、下落就位。待全跨梁就位后，向前铺设轨道，用蝴蝶架把吊机移至下一跨架梁。

（3）施工优点

其优点是可完全不设桥下支架，不受洪水威胁，架设过程中不影响桥下通车、通航。预制梁的纵移、起吊、横移、就位都比较便利。缺点是架设设备用钢材较多（可周转使用），较适用于多孔 30 m 以下孔径的装配式桥。

2. 双导梁穿行式架设法。

双导梁穿行式架设法是在架设跨间设置两组导梁。导梁是用贝雷梁或万能构件组装的钢桁架，其梁长大于两倍桥梁跨径，前方为引导部分，由前端钢支架与前方墩上的预埋螺栓连接，中段是承重部分，后段为平衡部分。导梁顶面铺设小平车轨道，预制梁由平车在导梁上运至桥孔，由设在两根横梁上的卷扬机吊起，下落在两个桥墩上，之后在滑道垫板上进行横移就位。先安装两个边梁，再安装中间各梁。全跨安装完毕、横向焊接后，将导梁向前推，安装下一跨。

3. 扒杆架设法

扒杆架设法又称吊鱼架设法，是利用人字扒杆来架设桥梁上部结构构件，而不需要特殊的脚手架或木排架。

人字扒杆又有一副扒杆和两副扒杆架设两种。两副扒杆架设中，一副是吊鱼滑车组，用以牵引预制梁悬空拖曳；另一绞车是牵引前进，梁的尾端设有制动绞车，起溜绳配合作用，后扒杆的主要作用是预制梁吊装就位时，配合前扒杆吊起梁端，抽出木垛，便于落梁就位。一副扒杆架设中，基本方法与两副扒杆架设相同，不同之处是采用千斤顶顶起预制梁，抽出木垛，落梁就位。

用此法架梁时，必须以预制梁的质量和墩台间跨径为基础，在竖立扒杆、放倒扒杆、转移扒杆或吊梁进行横移等各个阶段，对扒杆、牵引绳、控制绳等零件进行受力分析和应力计算，以确保设备的安全。本法不受架设孔墩台高度和桥孔下地基、河流水文等条件影响，适用于起吊高度不大和水平移动范围较小的中、小跨径的桥梁。

4. 自行式吊车架梁

在桥不高、场内又可设置行车便道的情况下，用自行式吊车（汽车吊车或履带吊车）架设中、小跨径的桥梁十分方便。此法视吊装质量不同，还可采用单吊（一台吊车）或双吊（两台吊车）两种形式。其特点是机动性好，不需要动力设备，不需要准备作业，架梁速度快。一般吊装能力为 150 ~ 1000 kN。此方法适合于陆地架设。

5. 跨墩门式吊车架梁

跨墩龙门吊机安装适用于岸上和浅水滩以及不通航浅水区域安装预制梁。

两台跨墩龙门吊机分别设于待安装孔的前、后墩位置，预制梁由平车顺桥向运至安装孔的一侧，移动跨墩龙门吊机上的吊梁平车，对准梁的吊点放下吊架，将梁吊起。当梁底超过桥墩顶面后，停止提升，用卷扬机牵引吊梁平车慢慢横移，使梁对准桥墩上的支座，然后落梁就位，接着准备架设下一根梁。

在水深不超过 5 m、水流平缓、不通航的中小河流上的小桥孔，也可采用跨墩龙门吊机架梁。这时必须在水上桥墩的两侧架设龙门吊机轨道便桥，便桥基础可用木桩或钢筋混凝土桩。在水浅流缓而无冲刷的河上，也可用木笼或草袋筑岛来做便桥的基础。便桥的梁可用贝雷组拼。

6. 浮吊架设法

在海上和深水大河上修建桥梁时，用可回转的伸臂式浮吊架梁比较方便，也可用钢制万能杆件或贝雷钢架拼装固定的悬臂浮吊进行。这种架梁方法高空作业较少，施工比较安全，吊装能力也大，工效也高，但需要大型浮吊。鉴于浮吊船来回运梁航行时间长，要增加费用，一般采取用装梁船存梁后成批一起架设的方法。

浮吊架梁时需在岸边设置临时码头来移运预制梁。架梁时，浮吊要认真锚固。如流速不大时，则可用预先抛入河中的混凝土锚来作为锚固点。

二、桥梁上部结构支架施工技术

（一）支架、拱架、模板的类型

1. 支架

支架按其构造分为立柱式支架、梁式支架和梁柱式支架；按材料可分为木支架、钢支架、钢木混合支架和万能杆件拼装的支架等。

（1）立柱式支架

立柱式支架构造简单，可用于陆地或不通航河道以及桥墩不高的小跨径桥梁施工。

（2）梁式支架

根据跨径不同，梁可采用工字钢、钢板梁或钢桁梁。

（3）梁柱式支架

当桥梁较高、跨径较大或必须在支架下设孔通航或排洪时可用梁柱式支架。

2. 拱架

拱架按结构分为支柱式、撑架式、扇形、桁式、组合式等；按材料分为木拱架、钢拱架、竹拱架和土牛拱胎。

3. 模板

施工所用模板，有组合钢模板、木模板、木胶合板模板、竹胶合板模板、硬铝模板、塑料模板、各类纤维材料板。施工时应根据结构物的外观要求选用。

（二）模板、支架和拱架的设计

1. 设计的一般要求

第一，模板、支架和拱架的设计，应根据结构形式、设计跨径、施工组织设计、荷载大小、地基土类别及有关的设计、施工规范进行。

第二，应绘制模板、支架和拱架总装图、细部构造图。

第三，应制定模板、支架和拱架结构的安装、使用、拆卸保养等有关技术安全措施和注意事项。

第四，应编制模板、支架及拱架材料数量表。

第五，应编制模板、支架及拱架设计说明书。

2. 设计荷载

第一，计算模板、支架和拱架时，应考虑荷载并按要求进行荷载组合：①模板、支架和拱架自重。②新浇筑混凝土、钢筋混凝土或其他房工结构物的重力。③施工人员和施工材料、机具等行走运输或堆放的荷载。④振捣混凝土时产生的荷载。⑤新浇筑混凝土对侧面模板的压力。⑥倾倒混凝土时产生的水平荷载。⑦其他可能产生的荷载，如雪荷载、冬季保温设施荷载等。

第二，钢、木模板，支架及拱架的设计可按《公路钢结构桥梁设计规范》（JTG D64—2015）的有关规定执行。

第三，计算模板、支架和拱架的强度和稳定性时，应考虑作用在模板、支架和拱架上的风力。设于水中的支架，尚应考虑水流压力、流冰压力和船只漂流物等冲击力荷载。

第四，组合箱形拱，如为就地浇筑，其支架和拱架的设计荷载可只考虑承受拱肋重力及施工操作时的附加荷载。

3. 稳定性要求

第一，支架的立柱应保持稳定，并用撑拉杆固定。当验算模板及其支架在自重和风荷载等作用下的抗倾倒稳定时，验算倾覆的稳定系数不得小于1.3。

第二，支架受压构件纵向弯曲系数应符合《公路钢结构桥梁设计规范》（JTG D64—2015）的要求。

1. 强度及刚度要求

（1）验算模板、支架及拱架的刚度时，其变形值不得超过下列数值

①结构表面外露的模板，挠度为模板构件跨度的1/400。

②结构表面隐蔽的模板，挠度为模板构件跨度的1/250。

③支架、拱架受载后挠曲的杆件（盖梁、纵梁），其弹性挠度为相应结构跨度的1/400。

④钢模板的面板变形为1.5 mm。

⑤钢模板的钢棱和柱箍变形为1/500和B/500（其中1为计算跨径，B为柱宽）。

（2）受压杆件的长细比不得超过下列数值

主要受压杆件（立柱）的长细比为100，次要受压杆件的长细比为150。

（3）拱架各截面的应力验算

根据拱架结构形式及所承受的荷载，验算拱顶、拱脚及1/4跨各截面的应力、铁件及节点的应力，同时应验算分阶段浇筑或砌筑时的强度及稳定性。验算时不论板拱架或桁拱架均作为整体截面考虑，验算倾覆稳定系数不得小于1.3。

（三）模板、支架和拱架的制作及安装

1. 钢模板制作

第一，钢模板宜采用标准化的组合模板。组合钢模板的拼装应符合现行国家标准《组合钢模板技术规范》（GB 50214—2013）。各种螺栓连接件应符合国家现行有关标准。

第二，钢模板及其配件应按批准的加工图加工，成品经检验确认合格后方可使用。

2. 木模板制作

第一，木模可在工厂或施工现场制作，木模与混凝土接触的表面应平整、光滑，多次重复使用的木模应在内侧加钉薄铁皮。木模的接缝可做成平缝、搭接缝或企口缝。当采用平缝时，应采取措施防止漏浆。木模的转角处应加嵌条或做成斜角。

第二，重复使用的模板应始终保持其表面平整、形状准确：不漏浆，有足够的强度和刚度。

3. 模板安装的技术要求

混凝土的模板板面应采用下列材料之一：金属板、木制板及高分子合成材料面板、硬

塑料或玻璃钢板等材料。外露面的模板板面宜采用钢模板、胶合板，为减少模板的拼缝，对于大面积的混凝土，其每块模板的面积宜大于 1.0 m²。梁及墩台帽的突出部分，应做成倒角或削边，以便脱模。在结构物的某些部位设置凸条或凹槽的装饰线。在模板内的金属连接件或锚固件，应按图纸规定及监理工程师的要求将其拆卸或截断，且不损伤混凝土。模板内应无污物、砂浆及其他杂物。以后要拆除的模板，应在使用前彻底涂以脱模剂或其他相当的代用品，应使能易于脱模，并使混凝土不变色。

第一，模板与钢筋安装工作应配合进行，妨碍绑扎钢筋的模板应待钢筋安装完毕后安设。模板不应与脚手架连接（模板与脚手架整体设计时除外），避免引起模板变形。

第二，安装侧模板时，应防止模板移位和凸出。基础侧模可在模板外设立支撑固定，墩、台、梁的侧模可设拉杆固定。浇筑在混凝土中的拉杆，应按拉杆拔出或不拔出的要求，采取相应的措施。对小型结构物，可使用金属线代替拉杆。

第三，模板安装完毕后，应对其平面位置、顶部标高、节点联系及纵、横向稳定性进行检查，签认后方可浇筑混凝土。浇筑时，发现模板有超过允许偏差变形值的可能时，应及时纠正。

第四，模板在安装过程中，必须设置防倾覆设施。

第五，当结构自重和汽车荷载（不计冲击力）产生的向下挠度超过跨径的 1/1600 时，钢筋混凝土梁、板的底模板应设预拱度，预拱度值应等于结构自重和 1/2 汽车荷载（不计冲击力）所产生的挠度。纵向预拱度可做成抛物线或圆曲线。

第六，后张法预应力梁、板，应注意预应力、自重和汽车荷载等综合作用下所产生的上拱或下挠，应设置适当的预挠或预拱。

第七，当所有和模板有关的工作做完，待浇混凝土构件中所有预埋件亦安装完毕，才能浇筑混凝土。这些工作应包括清除模板中所有污物、碎屑物、木屑、水及其他杂物。

4.支架、拱架制作安装

支架、拱架制作安装一般要求：

第一，支架和拱架宜采用标准化、系列化、通用化的构件拼装。无论使用何种材料的支架和拱架，均应进行施工图设计，并验算其强度和稳定性。

第二，制作木支架、木拱架时，长杆件接头应尽量减少，两相邻立柱的连接接头应尽量分设在不同的水平面上。主要压力杆的纵向连接，应使用对接法，并用木夹板或铁夹板夹紧。次要构件的连接可用搭接法。

第三，安装拱架前，对拱架立柱和拱架支承面应详细检查，准确调整拱架支承面和顶部标高，并复测跨度，确认无误后方可进行安装。各片拱架在同一节点处的标高应尽量一致，以便于拼装平联杆件。在风力较大的地区，应设置风缆。

第四，支架和拱架应稳定、坚固，应能抵抗在施工过程中有可能发生的偶然冲撞和振动。安装时应注意以下几点：①支架立柱必须安装在有足够承载力的地基上，立柱底端应设垫木来分布和传递压力，并保证浇筑混凝土后不发生超过允许的沉降量。②施工用的脚手架和便桥，不应与结构物的模板支架相连接，以避免施工振动时影响浇筑混凝土质量。③船只或汽车通行孔的两边支架应加设护桩，夜间应用灯光标明行驶方向。施工中易受漂流物冲撞的河中支架应设坚固的防护设备。

第五，支架或拱架安装完毕后，应对其平面位置、顶部标高、节点连接及纵、横向稳定性进行全面检查，符合要求后，方可进行下一工序。

第六，在浇筑混凝土及砌筑拱圈过程中，承包人应随时测量和记录支架和拱架的变形及沉降量。

第七，现浇混凝土的梁（板）结构，在支架架设后，应按图纸要求对支架进行预压，加在支架上的预压荷载应不小于梁（板）自重。

5. 中小跨径的空心板制作时所使用的芯模应符合下列要求。

第一，充气胶囊在使用前应经过检查，不得漏气，安装时应有专人检查钢丝头，钢丝头应弯向内侧，胶囊涂刷隔离剂。每次使用后，应妥善存放，防止污染、破损及老化。

第二，从开始浇筑混凝土到胶囊放气时止，其充气压力应保持稳定。

第三，浇筑混凝土时，为防止胶囊上浮和偏位，应采取有效措施加以固定，并应对称平衡地进行浇筑。

第四，胶囊的放气时间应经试验确定，以混凝土强度达到能保持构件不变形为宜。

第五，木芯模使用时应防止漏浆和采取措施便于脱模。要控制好拆芯模时间，过早易造成混凝土塌落，过晚拆模困难。应根据施工条件通过试验确定拆除时间。

第六，钢管芯模应由表面匀直、光滑的无缝钢管制作，混凝土终凝后，即可将芯模轻轻转动，然后边转动边拔出。

第七，充气胶囊芯模在工厂制作时，应规定充气变形值，保证制作误差不大于设计规定的误差要求。在设计无规定时，应满足《公路桥涵施工技术规范》对板梁构造尺寸的要求。

（四）模板、支架和拱架的拆除

承包人应在拟定拆模时间的 12 h 以前，报告拆模建议，并应取得同意。如果由于拆模不当而引起混凝土损坏。卸落拱架时应用仪器观测拱圈挠度和墩台变位情况，并做好记录。

1. 拆除期限的原则规定

（1）模板、支架和拱架的拆除期限

应根据结构物特点、模板部位和混凝土所达到的强度来决定。

①非承重侧模板应在混凝土强度能保证其表面及棱角不致因拆模而受损坏时方可拆除，一般应在混凝土抗压强度达到 2.5 MPa 时方可拆除侧模板。

②芯模和预留孔道内模，应在混凝土强度能保证其表面不发生塌陷和裂缝现象时，方

可拔除，拔除时间可按《公路桥涵施工技术规范》的有关规定确定。

③钢筋混凝土结构的承重模板、支架和拱架，应在混凝土强度能承受其自重力及其他可能的叠加荷载时，方可拆除，当构件跨度不大于 4 m 时，在混凝土强度符合设计强度标准值的 50% 的要求后，方可拆除；当构件跨度大于 4 m 时，在混凝土强度符合设计强度标准值的 75% 的要求后，方可拆除。

如设计上对拆除承重模板、支架、拱架另有规定，应按照设计规定执行。

（2）石拱桥的拱架卸落时间应符合下列要求

第一，浆砌石拱桥，须待砂浆强度达到设计要求，或如设计无要求，则须达到砂浆强度的 70%。

第二，跨径小于 10 m 的小拱桥，宜在拱上建筑全部完成后卸架；中等跨径的实腹式拱，宜在护拱砌完后卸架；大跨径空腹式拱，宜在拱上小拱横墙砌好（未砌小拱圈）时卸架。

第三，当需要进行裸拱卸架时，应对裸拱进行截面强度及稳定性验算，并采取必要的稳定措施。

2. 拆除时的技术要求

模板拆除应按设计的顺序进行，设计无规定时，应遵循先支后拆，后支先拆的顺序，拆时严禁抛扔。

为便于支架和拱架的拆卸，应根据结构形式、承受的荷载大小及需要的卸落量，在支架和拱架适当部位设置相应的木楔、木马、砂筒或千斤顶等落模设备。

卸落支架和拱架应按拟定的卸落程序进行，分几个循环卸完，卸落量开始宜小，以后逐渐增大。在纵向应对称均衡卸落，在横向应同时一起卸落。在拟定卸落程序时应注意以下几点：①在卸落前应在卸架设备上画好每次卸落量的标记。②满布式拱架卸落时，可从拱顶向拱脚依次循环卸落；拱式拱架可在两支座处同时均匀卸落。③简支梁、连续梁宜从跨中向支座依次循环卸落；悬臂梁应先卸挂梁及悬臂的支架，再卸无铰跨内的支架。④多孔拱桥卸架时，若桥墩允许承受单孔施工荷载，可单孔卸落，否则应多孔同时卸落，或各连续孔分阶段卸落。⑤卸落拱架时，应设专人用仪器观测拱圈挠度和墩台变化情况，并详细记录。另设专人观察是否有裂缝现象。

墩、台模板宜在其上部结构施工前拆除。拆除模板，卸落支架和拱架时，不允许用猛烈地敲打和强扭等方法进行。

支架和拱架拆除后，应维修整理，分类妥善存放。

（五）施工工序

1. 地基处理

地基处理应根据箱梁的断面尺寸及支架的形式对地基的要求而决定，支架的跨径大，对地基的要求就高，地基的处理形式就得加强，反之就可相对减弱。地基处理时要做好地基的排水，防止雨水或混凝土浇筑和养护过程中滴水对地基的影响。

2. 支架

第一，支架的布置根据梁截面大小并通过计算确定以确保强度、刚度、稳定性满足要求，计算时除考虑梁体混凝土质量外，还需考虑模板及支架质量，施工荷载（人、料、机等），作用模板、支架上的风力，及其他可能产生的荷载（如雪荷载，保证设施荷载）等。

第二，支架应根据技术规范的要求进行预压，以收集支架、地基的变形数据。作为设置预拱度的依据，预拱度设置时要考虑张拉上拱的影响。预拱度一般按两次抛物线设置。

第三，支架的卸落设备可根据支架形式选择使用木楔、砂筒、千斤顶、U形顶托等，卸落设备尤其要注意有足够的强度。

3. 模板

模板由底模、侧模及内模三个部分组成，一般预先分别制作成组件，在使用时再进行拼装。模板以钢模板为主，在齿板、堵头或棱角处采用木模板。模板的楞木采用方钢、槽钢或方木组成，布置间距以 75 cm 左右为宜，具体的布置需要根据箱梁截面尺寸确定，并通过计算对模板的强度、刚度进行验算。

4. 普通钢筋、预应力筋的布设

第一，在安装并调好底模及侧模后，开始底、腹板普遍钢筋绑扎及预应力管道的预设。混凝土一次浇筑时，在底、腹板钢筋及预应力管道完成后，安装内模，再绑扎顶板钢筋及预应力管道。混凝土二次浇筑时，底、腹板钢筋及预应力管道完成后，浇筑第一次混凝土，混凝土终凝后，再支内模顶板，绑扎顶板钢筋及预应力管道，进行混凝土的第二次浇筑。

第二，普通钢筋及预应力筋按规范的要求做好各种试验，严格按设计图纸的要求布设，对于腹板钢筋一般根据其起吊能力，预先焊成钢筋骨架，吊装后再绑扎或焊接成型，钢筋绑扎、焊接要符合技术规范的要求。

第三，预应力管道采用镀锌钢带制作，预应力管道的位置按设计要求准确布设，并采用每隔 50 cm 一道的定位筋进行固定，接头要平顺，外用胶布缠牢，在管道的高点设置排气孔。

第四，锚垫板安装前，要检查锚垫板的几何尺寸是否符合设计要求，锚垫板要牢固的安装在模板上。要使垫板与孔道严格对中，并与孔道端部垂直，不得错位。

第五，预应力筋的下料长度要通过计算确定，计算应考虑孔道曲线长，锚夹具长度，千斤顶长度及外露工作长度等因素。

第六，预应力筋穿束前要对孔道进行清理。

5. 混凝土的浇筑

浇筑施工前，应做混凝土的配合比设计及各种材料试验，并根据实际情况进行综合比较确定箱梁混凝土采用一次、两次或三次浇筑。以下两点施工中应给予重视。

第一，混凝土浇筑时要安排好浇筑顺序，其浇筑速度要确保下层混凝土初凝前覆盖上层混凝土。

第二，混凝土的振捣采用插入式振捣器进行，振捣器的移动间距不超过其作用半径的1.5倍，并插入下层混凝土5～10 cm。对于每一个振捣部位，必须振捣到该部位混凝土密实为止，但也不得超振。

6. 预应力的张拉

①在进行张拉作业前，必须对千斤顶、油泵进行配套标定，并每隔一段时间进行一次校验。有几套张拉设备时，要进行编组，不同组号的设备不得混合。

②当梁体混凝土强度达到设计规定的张拉强度时，方可进行张拉。

③预应力的张拉采用双控．即以张拉力控制为主，以钢束的实际伸长量进行校核，实测伸长值与理论伸长值的误差不得超过规范要求，否则应停止张拉。

④拉的程序按技术规范的要求进行。

⑤张拉过程中的断丝、滑丝不得超过规范或设计的规定。

7. 压浆、封锚

①张拉完成后要尽快进行孔道压浆和封锚，压浆所用灰浆的强度、稠度、水灰比、泌水率、膨胀剂剂量按施工技术规范及试验标准中要求控制。

②每个孔道压浆到最大压力后，应有一定的稳定时间。压浆应使孔道另一端饱满和出浆。并使排气孔排出与规定稠度相同的水泥浓浆为止。

③压浆完成后，应将锚具周围冲洗干净并凿毛，设置钢筋网，浇筑封锚混凝土。

三、桥梁上部结构逐孔施工技术

（一）概述

逐孔施工法从施工技术方面有三种类型。

1. 采用临时支承组拼预制节段逐孔施工

对于多跨长桥，在缺乏较大能力的起重设备时，可将每跨梁分成若干段，在预制现场生产；架设时采用一套支承梁临时承担组拼节段的自重，并在支承梁上张拉预应力筋，并将安装跨的梁与移动临时支承梁，进行下一桥的施工。

2. 使用移动支架逐孔现浇施工

此法亦称移动模梁法，它是在可移动的支架、模板上完成一孔桥梁的全部工序。由于此法是在桥位上现浇施工，可免去大型运输和吊装设备。桥梁整体性好；同时它还具有在桥梁预制厂生产的特点，可提高机械设备的利用率和生产效率。

3. 采用整孔吊装或分段吊装逐孔施工

这种施工方法是早期连续梁桥采用逐孔施工的唯一方法，可用于混凝土连续梁和钢连续梁桥的施工中。

（二）用临时支承组拼预制节段逐孔施工的要点

1. 节段划分

（1）桥墩顶节段

由于桥墩节段要与前一跨连接，需要张拉钢索或钢索接长，为此对墩顶节段构造有一定要求。此外，在墩顶处桥梁的负弯矩较大，梁的截面还要符合受力要求。

（2）标准节段

前一跨墩顶节段与安装跨第一节段间可以设置就地浇筑混凝土封闭接缝，用以调整安装跨第一节段的准确程度。封闭接缝宽 15 ~ 20 cm，拼装时由混凝土垫块调整。在施加初预应力后用混凝土封填，这样可调整节段拼装和节段预制的误差。

2. 支承梁

（1）钢桁架导梁

钢梁应设置预拱度，要求当每跨箱梁节段全部组拼之后，钢导梁上弦应符合桥梁纵断面标高要求。同时还需准备一些附加垫片，用于临时调整标高。

（2）下挂式高架钢桁架

在节段组拼过程中，架桥机前臂必然下挠，安装桥跨第一块中间节段的挠度倾角调整是该跨架安设的关键，因此要求当一跨节段全部由架桥机空中吊起后，第一个中间节段与墩上节段的接触面应全部吻合。

（三）用移动支架逐孔现浇施工（移动模架法）

当桥墩较高，桥跨较长或桥下净空受到约束时，可以采用非落地支承的移动模架逐孔现浇施工，称为移动模架法。移动模架法适用于多跨长桥，桥梁跨径可达 50 m，使用一套设备可多次移动周转使用。

移动模架法施工的主要工序：侧模安装就位、安装底模、支座安装、预拱度设置与模板调整、绑扎底板及腹板钢筋、预应力系统安装、内模就位、顶板钢筋绑扎、箱梁混凝土浇筑、内模脱模、施加预应力、管道压浆、落模、拆底模及滑模纵移。

（四）整孔吊装或分段吊装逐孔施工

1. 整孔吊装或分段吊装逐孔施工的吊装的机具

吊装的机具有桁式吊、浮吊、龙门起重机，汽车吊等多种，可根据起吊物重力、桥梁所在的位置以及现有设备和掌握机具的熟练程度等因素决定。

2. 整孔吊装和分段吊装施工应注意以下几个问题

①采用分段组装逐孔施工的接头位置可以设在桥墩处也可设在梁的 1/5 附近，前者多为由简支梁逐孔施工连接成连续梁桥；后者多为悬臂梁转换为连续梁。在接头位置处可设有 0.5 ~ 0.6 m 现浇混凝土接缝，当混凝土达到足够强度后张拉预应力筋，完成连续。

②桥的横向是否分隔，主要根据起重能力和截面形式确定。当桥梁较宽，起重能力有限的情况下，可以采用 T 梁或工字梁截面，分片架设之后再进行横向整体化。为了加强桥梁的横向刚度，常采用梁间翼缘板有 0.5 m 宽的现浇接头。采用大型浮吊横向整体吊装将会简化施工和加快安装速度。

③对于先简支后连续的施工方法，通常在简支梁架设时使用临时支座，待连接和张拉后期钢索完成连续时拆除临时支座，放置永久支座。为使临时支座便于卸落，可在橡胶支座与混凝土垫块之间设置一层硫黄砂浆。

④在梁的反弯点附近设置接头，在有可能的情况下，可在临时支架上进行接头。桥梁上部结构各截面的恒载内力根据各施工阶段进行内力叠加计算。

四、桥梁上部结构悬臂施工技术

（一）悬臂拼装施工

1. 概述

悬臂拼装施工包括块件的预制、运输、拼装及合龙。它与悬浇施工具有相同的优点，不同之处在于悬拼以吊机将预制好的梁段逐段拼装。此外还具备以下优点：

第一，梁体的预制可与桥梁下部构造施工同时进行，平行作业缩短了建桥周期。

第二，预制梁的混凝土龄期比悬浇法的长，从而减少了悬拼成梁后混凝土的收缩和徐变。

第三，预制场或工厂化的梁段预制生产利于整体施工的质量控制。

2. 悬拼法施工方法

第一，梁段预制方法分长线法及短线法。

第二，长线法，组成梁体的所有梁段均在固定台座上的活动模板内浇筑且相邻段的拼合面应相互贴合浇筑，缝面浇筑前涂抹隔离剂，以利脱模。优点是由于台座固定.可靠，成桥后梁体线性较好，缺点是占地较大，地基要求坚实，混凝土的浇筑和养护移动分散。

第三，短线法，梁段在固定台座能纵移的模内浇筑。待浇梁段一端设固定模架，另一端为已浇梁段（配筑梁段），浇毕达到强度后运出原配筑梁段，如此周而复始，台座仅需 3 个梁段长。优点是场地较小，浇筑模板及设备基本不需要移机，可调的底、侧模便于平竖曲线梁段的预制，缺点是精度要求高，施工要求严，施工周期相对较长。

第四，长线法施工工序：预制场、存梁区布置→梁段浇筑台座准备→梁段浇筑→梁段吊运存放、修整→梁段外运→梁段吊拼。

（二）梁段的拼接施工

1.0 号块梁段

为了确保连续梁分段悬拼施工的平衡和稳定，常将 T 构支座临时固结，必要时在墩两侧加设临时支架以满足悬拼的施工需要。

2.1 号块梁段

1 号块梁段是紧邻 0 号块梁段两侧的第一箱梁节段，也是悬拼 T 构桥的基准梁段，是全跨安装质量的关键，一般采用湿接缝连接。湿接缝拼装梁段施工程序包括：吊机就位→提升、起吊 1 号块梁段→安设铁皮管→中线测量→丈量湿接缝的宽度→调整铁皮管→高程测量→检查中线→固定 1 号块梁段→安装湿接缝的模板→浇筑湿接缝混凝土→湿接缝养护、拆模→张拉预应力筋→下一梁段拼装。

3.其他梁段拼装

采用胶接缝拼装，拼装施工程序包括：吊机就位→起吊梁段→初步定位试拼→检查并处理管道接头→移开梁段→穿临时预应力筋入孔→接缝面上涂胶接材料→正式定位、贴紧梁段→张拉临时预应力筋→放松起吊索→穿永久预应力筋→张拉预应力筋后移挂篮→下一梁段拼装。

（三）预制梁块悬臂拼装时应注意的要点

第一，梁段的存放场地要求应平整，承载力应满足要求，支垫位置应与吊点一致。

第二，预制梁块的测量要求：①箱梁基准块出坑前必须对所有梁块进行测量，详细记录，并根据其在桥上的设计位置进行校正。②箱梁标高控制点和挠度观测点，在箱梁顶面埋置 4 ～ 6 个。③在预制梁段上标出梁号、中轴线、横轴线。

第三，预制块件的悬臂拼装可依据设备和现场条件选用。若方便在陆地上或在便桥上施工时，可采用自行式吊车、门式吊车进行拼装；对于水中桥跨，可采用水上浮吊进行安装；对于高墩身的桥跨，可利用各种吊机进行高空悬拼施工。

第四，桥墩顶梁段及桥墩顶附近梁段施工时，可采用托架或膺架为支架就地浇筑混凝土。托架或膺架应经过设计，计算其弹性及非弹性变形。

第五，应保证拼装的第一个梁块（基准块）的预制精度，安装时应对纵、横轴线、高程进行精确定位测量，为以后的拼装创造条件。

第六，采用悬臂拼装法修建预应力悬臂梁桥时，应先将梁、墩临时锚固或在墩顶两侧设立临时支承，待全部块件安装完毕后，再撤除临时锚固或支承。

第七，采用悬臂吊机、缆索、浮吊悬拼安装时，应按施工荷载进行强度、刚度、稳定性验算，使安全系数大于 2.0。施工中还应注意：①块件起吊安装前，应对起吊设备进行全面的安全技术检查，并按照设计荷载的 60%、100% 和 130% 分别进行起吊试验。②吊机的最大承重能力应符合设计要求，应注意吊机的定位和锚固，经检查符合要求后再进行起吊拼装。③移动吊机前应将纵向主桁架上所有活动部件尽量移动到主桁架后端，然后方可锚固螺栓。④桥墩两侧块件宜对称起吊，以保证桥墩两侧平衡受力。⑤移动吊机时应沿箱梁纵轴线对称地向两端推进。⑥墩侧相邻的 1 号块件提升到设计标高初步定位后，应立即测量、调整 1 号块件的纵轴线，使之与梁顶块件纵轴线的延伸线重合，使其横轴线与梁顶块件的横轴线平行且间距符合设计要求。应检查梁顶块件与 1 号块件间孔道的接头情况，调整并制作接缝间孔道接头后，方可将 1 号块件牢靠固定，其他各个块件连接时，均应按本条规定测量调整其位置。⑦应在施工前绘制主梁安装挠度变化曲线，悬臂拼装过程中应随时观测桥轴线安装挠度曲线的变化情况，并与设计值进行对比，遇有较大偏差时应及时处理，以便控制块件的安装高程。⑧吊机就位后须将支点垫稳，固定后锚螺栓，平车移动到起吊位置，进行下一块件的拼装。

第八，对于非 0 号、1 号块件的拼装，一般应在接缝上设置定位榫齿或钢定位器。

第九，采用胶接缝拼装的块件，涂胶前应就位试拼。胶黏剂一般采用环氧树脂，使用前应经过试验，符合设计要求方可使用。

第十，湿接缝块件应待混凝土强度达到设计强度等级的 70% 以上时（设计文件如有要求，则按设计文件要求处理，但不能低于设计强度等级的 70%），才能张拉预应力束。

第十一，体系转换应按设计顺序进行。

（四）悬臂浇筑施工法

1. 概述

适用于大跨径的预应力混凝土悬臂梁桥、连续梁桥、T 形刚构桥、连续刚构桥。其特点是无须建立落地支架，无须大型起重与运输机具，主要设备是一对能行走的挂篮。

2. 施工准备

（1）挂篮设计及加工

挂篮是悬浇箱梁的主要设备，它是沿着轨道行走的活动脚手架及模板支架。国内外现有的挂篮按结构形式可分为桁架式、三角斜拉带式，预应力束斜拉式、斜拉自锚式；按行走方式可分为滑移式和滚动式；按平衡方式可分为压重式和自锚式。对某一具体工程，应根据梁段分段情况，根据对挂篮的质量、要求承受荷载及施工经验对挂篮进行认真详细的设计。除必须满足强度、刚度、稳定性要求外，还要使其行走、锚固方便可靠，质量不大于设计规定。挂篮由主桁架、锚固、平衡系统及吊杆、纵横梁等部分组成，由工厂或现场根据挂篮设计图纸精心加工而成。挂篮试拼后，必须进行荷载试验。

（2）0 号、1 号块的施工

挂篮是利用已浇筑的箱梁段作为支撑点，通过桁架等主梁系统、底模系统，人为创造一个工作平台。对于 0 号、1 号块挂篮没有支撑点或支撑长度不够，需采用其他方式浇筑。一般采用扇形托架浇筑。扇形托架可用万能杆件、贝雷片或其他装配式杆件组成，托架可支撑在桥墩基础承台上或墩身上。托架除须满足承重强度要求外，还须具有一定的刚度，各连续点应连接紧密，螺栓旋紧，以减少变形，防止梁段下沉和裂缝。

（3）临时固结

对于连续箱梁，梁与墩未固结在一起，施工时，两侧悬浇施工难以保持绝对平衡，必须在施工中采取临时固结措施，使梁具有抗弯能力。临时固结一般采用在支座两侧临时加预应力筋，梁和墩顶之间浇筑临时混凝土垫块。将梁固结在桥墩上，使梁具有一定的抗弯能力。在条件成熟时，再采用静态破碎方法，解除固结。

3. 悬臂浇筑施工中应注意要点

①主梁各部分的长度应充分考虑主梁的形式、跨径、墩宽、挂篮的形式以及施工周期来确定。0 号块梁段长度一般为 5 ~ 20 m，悬浇分段长度一般为 3 ~ 5 m。

②桥墩顶梁段及桥墩顶附近梁段施工时，可采用托架或膺架为支架就地浇筑混凝土。托架或膺架应经过设计，计算弹性及非弹性变形。

③在梁段混凝土浇筑前，应对挂篮（托架或膺架）、模板、预应力筋管道、钢筋、预埋件、混凝土材料、配合比、机械设备、混凝土接缝处理情况进行全面检查，经确认后方可浇筑。

④悬臂施工过程中，若梁身与墩身采用非刚性连接，为保证结构的稳定性，悬臂梁桥和连续梁桥应实施 0 号块梁段与桥墩间临时固结支承措施；对于刚性连接的 T 形刚构、连续刚构梁，因结构本身已具有一定的抗弯能力，可根据设计和施工要求在墩旁架设临时托架等方法进行施工。临时固结支承可采用如下措施：

第一，将 0 号块梁段与桥墩钢筋或预应力筋临时固结，待解除固结时再将其切断。

第二，在桥墩一侧或两侧设置临时支承或支墩。

第三，顺桥向用扇形或门式托架将 0 号块梁段临时支承，待悬浇到至少一端合龙后恢复原状。

第四，临时支承可用硫黄水泥砂浆块、砂筒或混凝土块等卸落设备，以使体系转换时，较方便地撤除临时支承。当采用硫黄水泥砂浆块作临时支承的卸落设备，并采用高温熔化撤除支承时，必须在支承块之间设置隔热措施，以免损坏支座部件。

第五，挂篮安装时应保证安全、稳定、可靠。

第六，桥墩两侧梁段悬臂施工进度应对称、平衡，实际不平衡偏差不超过设计要求值。设计无要求时，其两端允许的不平衡质量最大不得超过一个梁段的底板自重。

第七，悬臂浇筑前端底板和桥面的标高，应根据挂篮前端的垂直变形及预拱度设置，施工过程中要对实际高程进行监测，如与设计值有较大出入时，应会同有关部门查明原因进行调整。

第八，安装模板后，应严格核准中心位置及标高、校正中线：①组装模板并校正中线，外模及框架的长度和高度应能适应各节段的变化。内模由侧模、顶模和内框架组成，应便于拆模和修改。②如上一节段施工后出现中线或高程误差需要调整时，应在模板安装时予以调整。③模板和前一节段的混凝土面应平整密贴。

第九，安装预应力预留管道时，应保证管道连接紧密、管道定位准确。放置预应力管道时要注意和前一段的管道连接接头严密对准，并用胶布包贴，防止灰浆渗入管道，还应设置足够的定位钢筋，以保证预留管道在浇筑混凝土过程中位置正确，线形和顺。纵向预应力管道用塑料波纹管时必须设置塑料内衬管，内衬管外径可比波纹管内径小 3 ~ 4 mm。定位钢筋的纵向水平间距不大于 100 cm，曲线段间距不大于 50 cm。

第十，挂篮行走前要测定已完成节段梁端标高，并定出箱梁中轴线。当解除挂篮的后锚固后，挂篮沿箱梁中轴线对称向两端，每前进 50 cm 作一次同步观测，防止挂篮转角、偏位造成挂篮受扭。

第十一，箱梁梁段混凝土浇筑，可视箱梁截面高度情况采用一次或二次浇筑法。无论采用何种方法浇筑，梁段自重误差应在 ±3% 范围内。

用一次浇筑法，可在箱梁顶板中部留一窗口，以供浇筑底板混凝土，待浇好底板后立即补焊钢筋封洞，并同时浇筑肋板混凝土，最后浇筑顶板混凝土，一次完成。浇筑肋板混凝土时，两侧肋板应同时分层进行。浇筑顶板及翼板混凝土时，应从外侧向内侧一次完成，以防发生裂纹。

当采用两次浇筑时，各梁段的施工应错开。箱梁分层浇筑时，底板可一次浇筑完成，腹板可分层浇筑，分层间隔时间宜控制在混凝土初凝之前且应使层与层覆盖住。为缩短两次浇筑混凝土的时间间隔，可一次支立外侧模，内侧模分次接高，内模接高应待底板混凝土达到一定强度后进行，同时做好钢筋的绑扎和预应力的定位、布设工作，然后浇筑肋板上段和顶板混凝土。其接缝除按施工缝要求进行处理外，还应采取如预埋型钢、预留凹槽等抗剪措施。

施工中还应注意：①检查钢筋、管道、预埋件的位置。②检查已浇混凝土表面的润湿情况。③浇筑时随时检查锚垫板的固定情况。④检查压浆管是否通畅牢固。⑤严密监视模板与挂篮变化情况，发现问题及时处理。⑥检查对称浇筑进度。

第十二，箱梁截面混凝土浇筑顺序应按设计要求进行，若设计无明确要求，一般应按下列顺序进行浇筑：

①浇筑混凝土时，必须从悬臂端开始，两个悬臂端应对称均衡地进行浇筑。

②浇筑混凝土时，应加强振捣，对于高箱梁混凝土施工，可采用内侧模开仓振捣。

③在浇筑混凝土的同时应注意对预应力管道的保护，浇筑后应及时对管道清孔，以利穿束。

第十三，为提高混凝土早期强度，以加快施工速度，在设计混凝土配合比时，一般加入早强剂或减水剂。混凝土梁段浇筑周期一般为 5 ~ 7d，为防止混凝土出现过大的收缩、徐变，应在配合比设计时按规范要求控制水泥用量。

第十四，梁段拆模后，应对梁端的混凝土表面进行凿毛处理，以加强接头混凝土的连接。悬浇梁段分次浇筑混凝土时，如处理不当，由于后浇筑混凝土的重力的影响会引起挂篮变形，导致先浇筑的混凝土开裂。

第十五，分期浇筑混凝土时，新旧混凝土的结合面应凿毛洗净，还应严格控制相邻两次混凝土浇筑的龄期差，一般在任何情况下不得大于20d，同时应控制水灰比降低骨料温度，减少模板与混凝土间的摩阻力。

第十六，在每一梁段施工过程中出现大风预报应停止施工，并使两悬臂端不得出现不平衡荷载，且应确保挂篮的牢固性。

第十七，混凝土浇筑完毕后应进行养护，待养护达到设计强度的75%，并经过孔道检查、修理管口弧度后，即可进行穿束、张拉、压浆和封锚等工作。

4. 施工中易出现的问题及预防措施。

（1）箱梁腹板出现斜向裂缝

悬臂现浇混凝土箱梁拆模后张拉预应力索，腹板混凝土出现裂缝。一种是有规律地出现于与底板约呈45°的斜裂缝。另一种为沿预应力索管方向的斜向裂缝，往往是靠近锚头处裂缝开展较宽，逐渐变窄而至消失。

①原因分析

出现与底板呈45°斜裂缝的原因极大可能是该区域的主拉应力，超过了该处的预应力索和普通钢筋的抗剪力及混凝土的抗拉强度。也有可能是混凝土拆模时间过早，混凝土尚未达到其设计抗拉强度。

出现沿预应力索管方向的裂缝的原因往往是由于预应力索张拉时，索管及其周边混凝土受到较集中的压应力，由于柏松效应导致索管及其周边混凝土受到索管径向的巨大张力，如保护层混凝土不足以抵抗拉应力，则会在其最薄弱处开裂；混凝土未达到拆模、张拉的龄期或强度；腹板的非预应力普通钢筋网，钢筋间距较大，不能满足抗裂要求；施工临时荷载超载或在作用点产生过大的集中应力。

②预防措施

悬臂现浇混凝土箱梁腹板斜向裂缝的出现往往是设计、施工、材料、工艺等综合因素作用的结果，原因比较复杂。但其中必然有一、两个原因是主要的。为此，应针对不同的情况，采取相应的对策。设计中应注意：

第一，布置有弯起预应力筋部位，往往能有效地克服主拉应力。因此在无弯起预应力筋部位应特别注意验算该部位的主拉应力，并布置相应的抗裂钢筋。

第二，加密普通钢筋间距以增强抗裂性。必要时可在易发生斜向裂缝的区段，加设钢丝网片。

第三，在预应力束张拉集中的近锚头区域，增设钢筋网片，提高抗压能力和分散集中力。

第四，施工工况、工艺流程必须与设计相符。如有变更应立即与设计单位联系，核算无误后方可施工。

第五，混凝土未到龄期或强度，不能拆除模板。为掌握混凝土的实际强度，可在浇筑混凝土时多制作几组混凝土试块，在不同龄期进行试验。

（2）箱梁拆模后在腹板与底板承托部位出现空洞、蜂窝、麻面

箱梁浇筑混凝土拆模后，在底板与腹板连接处的承托部位，部分腹板离底板1m高范围内出现空洞、蜂窝、麻面。

①原因分析

箱梁腹板一般较高，厚度较薄，在底板与腹板连接部位钢筋较密，又布置有预应力筋使得腹板混凝土浇筑时不易振实，也有漏振情况，易造成蜂窝。

若箱梁设置横隔板，一般会设预留入孔，浇筑混凝土时从预留孔两边同时进料，易造成预留孔下部空气被封堵，形成空洞。

浇筑混凝土时，若气温较高，混凝土坍落度小，模板湿水不够，局部钢筋太密，振捣困难，易使混凝土出现蜂窝，不密实。

箱梁混凝土浇筑量较大，若供料不及时，易造成混凝土振捣困难，出现松散或冷缝。

模板支撑不牢固，接缝不密贴，易发生漏浆、跑模，使混凝土产生蜂窝、麻面。

施工人员操作不熟练，振捣范围分工不明确，未能严格做到对相邻部位交叉振捣，从而发生漏振情况，使混凝土出现松散、蜂窝。

②防治措施

箱梁混凝土浇筑前应做好合理组织和分工，对操作人员进行技术交底，划分振捣范围，浇筑层次清楚，相互重复振捣长度应取50 cm左右，一边下料。

对设置横隔板的箱梁，混凝土要轮流从横隔板洞口一边下料，并从洞口下另一边振出混凝土，避免使空气封堵在洞口下部，这样就不易在洞口下部形成空洞。

合理组织混凝土供料，如采用商品混凝土，现场宜有临时备用搅拌设备，以便当商品混凝土因运输或其他原因带来供料中断时予以临时供料。

根据施工气温，合理调整混凝土坍落度和混凝土水灰比，当气温高时，应做好模板湿润工作。

当箱梁腹板较高时，模板上应预留入孔处，使得振捣棒可达到各部位。

对箱梁底板与腹板承托处及横隔板预留入孔处，应重点进行监护，确保混凝土浇筑质量。

第二节　桥梁下部结构施工技术

桥梁基础是桥梁结构物直接与地基接触的部分，是桥梁下部结构的重要组成部分。承受基础传来的荷载的那一部分地层（岩层或土层）则称为地基，地基与基础受到各种荷载

后，其本身将产生附加的应力和变形。为了保证桥梁的正常使用和安全，地基和基础必须具有足够的强度和稳定性，变形也应在容许范围之内。根据地基土的上层变化情况、上部结构的要求、荷载特点和施工技术水平，桥梁基础可采用各种类型。

桥梁基础根据埋置深度分浅置基础和深置基础两类，它们的施工方法不同，设计计算原理也不同。浅置基础是在桥台或桥墩下直接修建的埋深较浅的基础（一般小于 5 m）。如若浅层土质不良，则需把基础埋置于较深的良好地层上，这样的基础称为深基础（一般埋置深度大于 5 m）。基础埋置在土层内深度虽较浅，但在水下部分较深，如深水中的桥墩基础，称为深水基础。浅置基础最简单经济，也最常用。当需要设置深基础时，则常采用桩基础或沉井基础，特殊桥位也可能采用其他大型基础或组合形式。

确定基础类型方案主要取决于地质土层的工程性质与水文地质条件、荷载特性、桥梁结构形式及其使用要求，以及材料的供应和施工技术等因素。方案选择的原则是：力争做到使用上安全可靠、施工技术上简便可行、经济上合理。因此，必要时应作不同方案的比较，从中得出较为适宜与合理的设计方案及其相应的施工方案。众多工程实例表明，桥梁的地基与基础的设计及施工质量的好坏，是关系到整座桥梁质量的根本问题。因为基础工程是隐蔽工程，如有缺陷，较难发现，也较难弥补或修复，而这些缺陷往往直接影响整座桥梁的使用甚至安危。基础工程施工的进度，经常控制全桥的施工进度，下部工程的造价通常占全桥造价相当大的比重，尤其在复杂地质条件下或深水处修筑基础，更是如此。因此，从事这项工作必须做到精心设计、精心施工，确保万无一失。

桥梁是一个整体结构，上、下部结构和地基是共同工作、相互影响的。地基的任何变形都必然引起上、下部结构的相应位移，上、下部结构的力学特征也必然关系到地基的强度和稳定条件。所以，桥梁基础的设计、施工都应紧密结合桥梁结构的特点和要求，全面分析、综合考虑。

一、明挖扩大基础施工

（一）一般基础开挖的规定

刚性扩大浅基础的施工常采用明挖法，其施工顺序和主要工作包括基础定位放样、基坑的开挖、坑壁支撑、基坑排水、基坑检验和基底土的处理、基础砌筑及基坑的回填等工序。基础开挖的规定如下：

①承包人应在基础开挖开始之前通知监理工程师，以便检查、测量基础平面位置和现有地面标高。在未完成检查测量及监理工程师批准之前不得开挖。为便于开挖后的检查校核，基础轴线控制桩应延长至基坑外加以固定。

②开挖应进行到图纸所示或监理工程师所指定的标高，最终的开挖深度要依设计期间所进行的钻探和土工试验，并结合基础开挖的实际调查资料来确定。在开挖的基坑未经监理工程师批准之前，不得浇筑混凝土或砌筑圬工。

③在原有建筑物附近开挖基坑时，应按《公路工程施工安全技术规程》的规定，采取有效防护措施，使开挖工作不致危及附近建筑物的安全，所采用的防护措施须经监理工程师同意。基坑周围不得堆放建筑材料、设备和危及基坑安全的杂物。

④所有从挖方中挖出的材料，如果监理工程师认为适用，可用作回填或铺筑路提，或按监理工程师批示的其他方法处理。

⑤在基桩处的基坑开挖，应在打桩之前完成。

⑥必要时，挖方的各侧面应始终予以可靠的支撑，并使监理工程师认可。

⑦所有基础挖方都应始终保持良好的排水，在挖方的整个施工期间都不致遭受水的危害。凡是低于已知地下水位的地方进行开挖并构成基础时，承包人必须提交一份建议用于每个基础的排水方法以及为此而采取的各项措施的报告，并取得监理工程师的批准。

⑧在施工期间，承包人应维护天然水道并使地面排水畅通。

⑨基坑开挖至图纸规定基底标高后，如发现基底承载力达不到图纸规定的承载力要求时，承包人应根据实际钻探（或挖探）及土壤实验资料提出地基处理的方案，报告监理工程师审查，并按监理工程师的批示处理。

（二）基础的定位放样及施工

基础定位放样，就是将设计图纸上的墩、台位置和尺寸标定到实际工地上去，这主要是测量问题。定位工作可分为垂直定位和水平定位两个方面。垂直定位是定出墩台基础各部分的标高，可借助于施工现场的水准基点进行；水平定位是定出基础在平面上的位置。由于定位桩随着基坑的开挖必将被挖去，所以还必须在基坑位置以外不受施工影响的地方，订立定位桩的护桩，以备在施工中能随时检查基坑和基础位置是否正确，而基坑外围通常可用龙门板固定，或在地面上以石灰线标出。为避免雨水冲坏坑壁，基坑顶四周应做好排水，截住地表水，基坑下口开挖的大小应满足基础施工的要求，渗水的土质，基底平面尺寸可适当加宽 50～100 cm，便于设置排水沟和安装模板，其他情况可放小加宽尺寸，不设基础模板时，按设计平面尺寸开挖。

（三）基础的排水

基础工程必须防止地下水和地表水的渗透和浸湿，由于各种水流经基础有侵蚀、解体等作用，会导致构筑物质量受到较大的影响，以致破坏。此外，在施工中将会遇到很多困难，特别是深水区操作，既影响工期，又不能保证质量。因此，基础施工的防水和排水极为重要。现在应用最多的有表面排水和井点法降低地下水位两种。

1. 表面排水法

它是基坑整个开挖过程及基础砌筑和养护期间，在基坑四周开挖集水沟汇集坑壁和基底的渗水，并引向一个或多个比集水沟挖得更深一些的集水坑。集水沟和集水坑应在基础范围以外，在基坑每次下挖以前，必须先挖沟与坑，集水坑的深度要大于抽水机吸水龙头的高度，在吸水龙头上罩竹筐围护，以防土体塞入龙头。这种排水方法设备简单、费用低，一般土质条件下均可以采用。当地基土为饱和粉细砂土等黏聚力较小的细料土层时，由于抽水会引起流沙现象，造成基坑的破坏与坍塌，因此应避免采用表面排水法。

2. 井点法降低地下水位

井点降水是人工降低地下水位的一种方法，故又称井点降水法。在基坑开挖前，在基坑四周埋设一定数量的滤水管（井），利用抽水设备抽水使所挖的土始终保持干燥状态的方法。所采用的井点类型有轻型井点、喷射井点、电渗井点、管井井点、深井井点等。

一般该方法用于地下水位比较高的施工环境中，是土方工程、地基与基础工程施工中的一项重要技术措施，能疏干基土中的水分，促使土体固结，提高地基强度，同时可以减少土坡土体侧向位移与沉降，稳定边坡，消除流沙，减少基底土的隆起，使位于天然地下水以下的地基与基础工程施工能避免地下水的影响，提供比较干的施工条件，还可以减少土方量、缩短工期、提高工程质量和保证施工安全。

（四）水中围堰的修建

围堰是指在水力工程建设中，为建造永久性水力设施，修建的临时性围护结构。其作用是防止水和土进入建筑物的修建位置，以便在围堰内排水，开挖基坑，修筑建筑物。一般主要用于水工建筑中，除作为正式建筑物的一部分外，围堰一般在用完后拆除。在桥梁基础施工中，当桥梁墩、台基础位于地表水位以下时，根据当地材料修筑成各种形式的土堰；在水较深且流速较大的河流，可采用木板桩或钢板桩（单层或双层）围堰，目前多使用双层薄壁钢围堰。围堰既可以防水、围水，又可以支撑基坑的坑壁。

1. 围堰分类

围堰应符合以下要求：在材料强度、结构稳定性及防止冲刷等方面应有足够的可靠性；尽量减少渗漏水；水中围堰的堰顶标高一般要求在施工水位 0.5 ~ 0.7 m 以上。围堰可用土、石、木、钢、混凝土等材料或预制件修建，在基础工程中并冠以材料命名，也有以结构形式命名的。例如利用下沉沉井作为防水围堰，称沉井围堰。中国江西九江长江大桥使用的双壁钢围堰即属此类。常用的围堰有下列几种：

（1）土围堰

用土堆筑成梯形截面的土堤，迎水面的边坡不宜陡于 1：2（竖横比，下同），基坑侧边坡不宜陡于 1：1.5，通常用砂质黏土填筑。土围堰仅适用于浅水、流速缓慢及围堰底为不透水土层处。为防止迎水面边坡受冲刷，常用片石、草皮或草袋填土围护。在产石地区还可做堆石围堰，但外坡用土层盖面，以防渗漏水。

（2）木板桩围堰

深度不大，面积较小的基坑可采用木板桩围堰。为了防渗漏，板桩间应有榫槽相接。

当水不深时，可用单层木板桩，内部加支撑以平衡外部压力；水较深时，可用双壁木板桩，双壁之间用铁拉条或横木拉紧，中间填土。其高度通常不超过 6 ～ 7m。

（3）木笼围堰

在河床不能打桩、流速较大，同时盛产木材和石料的地区，可用木笼做围堰的堰壁。最常用的形式是用方木做成透空式木笼，迎水面设多层木板防水，就位后，在笼内填石。为减少与河床接触处的漏水，一般用麻袋盛土或混凝土堆置在木笼堰壁外侧。近代也有用钢筋混凝土预制构件装配的笼式围堰。

（4）钢板桩围堰

钢板桩围堰是最常用的一种板桩围堰。钢板桩是带有锁口的一种型钢，其截面有直板形、槽形及 Z 形等，有各种大小尺寸及连锁形式。常见的有拉尔森式、拉克万纳式等。其优点为：强度高，容易打入坚硬土层；可在深水中施工，防水性能好；能按需要组成各种外形的围堰，并可多次重复使用。因此，它的用途广泛。在桥梁施工中常用于沉井顶的围堰，管柱基础、桩基础及明挖基础的围堰等。这些围堰多采用单臂封闭式围堰内有纵横向支撑，必要时加斜支撑成为一个围笼。如中国南京长江大桥的管柱基础，曾使用钢板桩圆形围堰，其直径 21.9 m，钢板桩长 36 m，待水下混凝土封底达到强度要求后，抽水筑承台及墩身，抽水设计深度达 20 m。在水工建筑中，一般施工面积很大，则常用以做成构体围堰。它是由许多互相连接的单体所构成，每个单体又由许多钢板桩组成，单体中间用土填实。围堰所围护的范围很大，不能用支撑支持堰壁，因此每个单体都能独自抵抗倾覆、滑动和防止连锁处的拉裂。常用的有圆形及隔壁形等形式。

（5）锁口管柱围堰

钢筋混凝土（或预应力混凝土）板桩围堰，一般在围堰建成后仍需长期保留时才使用。板桩截面两侧用柠槽或钢件连接，桩底部向一面倾斜，便于打入地内，同时易使两相邻桩密合。主要用于港湾码头的驳岸及水工建筑的截水墙等。

（6）混凝土围堰

一般在河床无覆盖层的岩面，且水压较高处使用。它的主要特点是耐冲刷、安全性大、防透水性好，可以考虑作为永久性结构物的一部分，但施工较困难。一般主要用于水工建筑中，其他土木工程中较少采用。

2. 其他分类

按围堰与水流方向的相对位置分为横向围堰和纵向围堰；按导流期间基坑是否允许淹没分为过水围堰和不过水围堰。

围堰施工应严格按照施工方法和施工工艺流程组织施工，尚应注意以下几点：堰底内侧坡脚距基坑顶缘距离不应小于 1.0 m；围堰填筑前应清理堰底处的树根、草皮、石块等杂物，如有冰块必须彻底清除，填筑时应自上游开始至下游合拢；应先在顶部支撑，才可抽水逐层安设支撑；应防止锁口损坏和由于自重而引起变形，在堆存期间应防止变形和锁口内积水，并采用坚固夹具；应在锁口内填充防水混合料，再用油灰和棉絮填塞接缝。

（五）基底检验规定与处理

1. 基成检验

基底检验的主要内容包括检查基底平面位置、尺寸大小、基底标高；检查基底土质均匀性、地基稳定性及承载力等；检查基底处理和排水情况；检查施工日志及有关试验资料等。按《桥涵施工技术规范》的要求，基底平面周线位置允许偏差不得大于 20 cm，基底标高不得超过 +5 cm（土质）、+520 cm（石质）。

基底检验根据桥涵大小、地基土质复杂情况（如溶洞、断层、软弱夹层、易熔岩等）及结构对地基有无特殊要求等，按以下方法进行：

①小桥涵的地基，一般采用直观或触探方法，必要时进行土质试验。特殊设计的小桥涵对地基沉陷有严格要求，且土质不良时，宜进行荷载试验。对经加固处理后的特殊地基，一般采用触探或做密实度检验等。

②大、中桥和填土 12 m 以上涵洞的地基，一般由检验人员用直观、触探、挖试坑或钻探（钻深至少 4 m）试验等方法，确定土质容许承载力是否符合设计要求。对地质特别复杂，或在设计文件中有特殊要求，或虽经加固处理又经触探、密实度检验后尚有疑问时，需进行荷载试验，确认符合设计要求后，方可进行基础结构物施工。

2. 基成处理

基底处理的主要方法有：换填土法、桩体挤密法、砂井法、袋装砂井法、预压法加固地基、强夯法、电渗法、振动水冲法、深层搅拌桩法、高压喷射注浆法、化学固化剂法等。对于一般软弱地基土层加固处理方法可归纳为以下 4 种类型：

（1）换填土法

将基础下软弱土层全部或部分挖除，换填力学物理性质较好的土。

（2）挤密土法

用重锤夯实或砂桩、石灰桩、砂井、塑料排水板等方法，使软弱土层挤压密实或排水固结。

（3）胶结土法

用化学浆液灌入或粉体喷射搅拌等方法，使土壤颗粒胶结硬化，改善土的性质。

（4）土工聚合物法

用土工膜、土工织物、土工格栅与土工合成物等加筋土体，以限制土体的侧向变形，增加土的周压力，有效提高地基承载力。

（六）基础的施工

桥梁基础的作用是承受上部结构传来的全部荷载，并把它们和下部结构荷载传递给地基。

因此，为了全桥的安全和正常使用，要求地基和基础要有足够的强度、刚度和整体稳定性，使其不产生过大的水平变位或不均匀沉降。

与一般建筑物基础相比，桥梁基础埋置较深，由于作用在基础上的荷载集中而强大，加之浅层土一般比较松软，很难承受住这种荷载，故有必要把基础向下延伸，使其置于承载力较高的地基上；对于水中墩台基础，由于河床受到水流的冲刷，桥梁基础必须有足够的埋深，以防冲刷基础底面（简称基底）而造成桥梁沉陷或倾覆事故。一般规定桥梁的明挖、沉井、沉箱等基础的基底按其重要性和维修加固难易，应埋置在河床最低冲刷线以下至少2～5 m。对于冻胀土地基，基底应在冻结线以下至少0.25 m。对于陆地墩台基础，除考虑地基冻胀要求外，还要考虑生物和人类活动及其他自然因素对表土的破坏，基底应在地面以下不小于10 m。对于城市桥梁，常把基础顶置于最低水位或地面以下，以免影响市容。基顶平面尺寸应较墩台底的截面尺寸大，以利施工。在水中修建基础，不仅场地狭窄、施工不便，还经常遇到汛期威胁及漂流物的撞击。在施工过程中如遇到水下障碍，还需进行潜水作业。因此，修建水中基础，一般工期长、技术复杂、易出事故、工程量大，造价常常占到整个桥梁造价的一半，故桥梁基础的修建在整个桥梁工程中占有很重要的地位。

为建造基础而开挖的基坑，其形状和开挖面的大小可视墩台基础及下部结构的形式、施工条件的要求，挖成方形、矩形或长条形的坑槽，基坑的深度而基础埋置深度而定。基坑开挖的断面是否设置坑壁围护结构，可视土的类别性质、基坑暴露时间长短、地下水位的高低以及施工场地大小等因素而定。开挖基坑时常采用机械与人工相结合的施工方法，它不需要复杂的机具，技术条件较简单易操作，常用的机具多为位于坑顶由起吊机操纵的挖土斗和抓土斗，大方量的特大基坑也可用铲式挖土机、铲运机和自卸车等。基坑采用机械挖土，挖至距设计标高约0.3 m时，应采用人工补控修整，以保证地基土结构不被扰动破坏。具体工序如下：

1. 准备工作

在开挖基坑前，应做好复核基坑中心线、方向和高程，并应按地质水文资料，结合现场情况，决定开挖坡度、支护方案以及地面的防水、排水措施。放样工作系根据桥梁中心线与墩台的纵横轴线，推算出基础边线的定位点，再放线画出基坑的开挖范围。基坑底部的尺寸较设计平面尺寸每边各增加0.5～1.0m，以便于支撑、排水与立模板（坑壁垂直的无水基坑坑底，可不必加宽，直接利用坑壁作基础模板亦可）。

2. 基坑开挖

（1）坑壁不加支撑的基坑

对于在干涸河滩、河沟中，或经改河或筑堤能排除地表水的河沟中，在地下水位低于基底，或渗透量少，不影响坑壁稳定，以及基础埋置不深，施工期较短，挖基坑时不影响邻近建筑物安全的场所，可选用坑壁不加支撑的基坑。

黏性土在半干硬或硬塑状态，基坑顶无活荷载，稍松土质，基坑深度不超过 0.5 m，中等密实（锹挖）土质基坑深度不超过 1.25 m，密实（镐挖）土质基坑深度不超过 2.0 m 时，均可采用垂直坑壁基坑。基坑深度在 5 m 以内，土的湿度正常时，采用斜坡坑壁开挖或按坡度比值挖成阶梯形坑壁，每梯高度为 0.5 ~ 1.0 m 为宜，可作为人工运土出坑的台阶。基坑深度大于 5 m 时，坑壁坡度适当放缓，或加做平台。土的湿度影响坑壁的稳定性时，应采用该湿度下土的天然坡度或采取加固坑壁的措施。当基坑的上层土质适合敞口斜坡坑壁条件时，下层土质为密实黏性土或岩石可用垂直坑壁开挖，在坑壁坡度变换处应保留至少 0.5 m 的平台。

（2）坑壁有支撑的基坑

当基坑壁坡不易稳定并有地下水，或放坡开挖场地受到限制，或基坑较深、放坡开挖工程数量较大，不符合技术经济要求时，可根据具体情况，采取加固坑壁措施，如挡板支撑、钢木结合支撑、混凝土护壁及锚杆支护等。混凝土护壁一般采用喷射混凝土。根据经验，一般喷护厚度为 5 ~ 8 cm，一次喷护需 1 ~ 2 h。一次喷护如达不到设计厚度，应等第一次喷层终凝后再补喷，直至要求厚度为止。喷护的基坑深度应按地质条件决定，一般不宜超过 10 m。

二、沉入桩基础施工

打入桩又叫沉入桩，是靠桩锤的冲击能量将预制桩打（压）入土中，使土被压挤密实，以达到加固地基的作用。沉入桩所用的基桩主要为预制的钢筋混凝土桩和预应力混凝土桩。沉入桩的施工方法主要包括：锤击沉桩、振动沉桩、射水沉桩、静力压桩以及钻孔埋置桩等。其特点是：①桩身质量易于控制，质量可靠；②沉入施工工序简单，工效高，能保证质量；③易于水上施工；④多数情况下施工噪声和振动的公害大、污染环境；⑤受到运输和起吊等设备条件限制，单节长度有限。

（一）沉入桩的预制

预制桩是在工厂或施工现场制成的各种材料、各种形式的桩（如木桩、混凝土方桩、预应力混凝土管桩、钢桩等），用沉桩设备将桩打入、压入或振入土中。建筑施工领域采用较多的预制桩主要是混凝土预制桩和钢桩两大类。混凝土预制桩能承受较大的荷载、坚固耐久、施工速度快，是广泛应用的桩型之一，但其施工对周围环境影响较大，常用的有混凝土实心方桩和预应力混凝土空心管桩。采用的钢桩主要是钢管桩和 H 型钢桩两种，都在工厂生产完成后运至工地使用。

1. 钢筋混凝土实心桩

钢筋混凝土实心桩，断面一般呈方形。桩身截面一般沿桩长不变，实心方桩截面尺寸一般为 200 mm × 200 mm、600 mm × 600 mm。钢筋混凝土实心桩桩身长度：限于桩架高度，现场预制桩的长度一般在 25 ～ 30 m 以内；限于运输条件，工厂预制桩的桩长一般不超过 12 m，否则应分节预制，然后在打桩过程中予以接长，接头不宜超过 2 个。钢筋混凝土实心桩的优点：长度和截面可在一定范围内根据需要选择，由于在地面上预制，制作质量容易保证，承载能力高，耐久性好。因此，工程上应用较广。材料要求：钢筋混凝土实心桩所用混凝土强度等级不宜低于 C30；采用静压法沉桩时，可适当降低，但不宜低于 C20；预应力混凝土桩的混凝土强度等级不宜低于 C40；主筋根据桩断面大小及吊装验算确定，一般为 4 ～ 8 根，直径 12 ～ 25 mm，不宜小于 φ14；箍筋直径为 6 ～ 8 mm，间距不大于 200 mm，打入桩桩顶 2 ～ 3 d 长度范围内箍筋应加密，并设置钢筋网片；预制桩纵向钢筋的混凝土保护层厚度不宜小于 30 mm，桩尖处可将主筋合拢焊在桩尖辅助钢筋上，在密实砂和碎石类土中，可在桩尖处包以钢板桩靴，以加强桩尖。

2. 混凝土管桩

混凝土管桩一般在预制厂用离心法生产，桩径有 600 ～ 300、400 ～ 500 mm 等，每节长度 8 m、10 m、12 m 不等，接桩时，接头数量不宜超过 4 个。管壁内设 φ12 ～ 22 mm，主筋 10 ～ 20 根，外面绕以 φ6 mm 螺旋箍筋，多以 C30 混凝土制造。混凝土管桩各节段之间的连接可以用角钢焊接或法兰螺栓连接。由于用离心法成型，混凝土中多余的水分由于离心力而甩出，故混凝土致密、强度高，抵抗地下水和其他腐蚀的性能好。混凝土管桩应达到设计强度 100% 后方可运到现场打桩。堆放层数不超过三层，底层管桩边缘应用楔形木块塞紧，以防滚动。

3. 预制桩吊运

钢筋混凝土预制桩应在混凝土达到设计强度等级的 70% 方可起吊，达到设计强度等级的 100% 才能运输和打桩。如提前吊运，必须采取措施并经过验算合格后才能进行，起吊时必须合理选择吊点，防止在起吊过程中过弯而损坏。当吊点少于或等于 3 个时，其位置按正负弯矩相等的原则计算确定；当吊点多于 3 个时，其位置按反力相等的原则计算确定。长 20 ～ 30 m 的桩，一般采用 3 个吊点。

4. 预制桩运输与堆放

打桩前，桩从制作处运到现场，并应根据打桩顺序随打随运。桩的运输方式，在运距不大时，可用起重机吊运；当运距较大时，可采用轻便轨道小平台车运输。严禁在场地上直接推拉桩体。堆放桩的地面必须平整、坚实，垫木间距应与吊点位置相同，各层垫木应位于同一垂直线上，堆放层数不宜超过 4 层。不同规格的桩，应分别堆放。预应力管桩达到设计强度后方可出厂，在达到设计强度及 14 d 龄期后方可沉桩。预应力管桩在节长 ≤ 20 m 时宜采用两点捆绑法，大于 20 m 时采用四吊点法。预应力管桩在运输过程中应满足两点起吊法的位置，并垫以楔形掩木防止滚动，严禁层间垫木出现错位。

（二）沉入桩的施工设备

预制桩的沉桩方法有锤击法、静力压桩法、振动法等。锤击法是利用桩锤的冲击克服土对桩的阻力，使桩沉到预定持力层。这是最常用的一种沉桩方法。打桩设备主要有桩锤、桩架和动力装置三部分。

1. 桩锤

桩锤对桩施加冲击力，将桩打入土中。主要有落锤、单动汽锤、双动汽锤、柴油锤、液压锤，目前应用最多的是柴油锤。柴油锤是利用燃油爆炸推动活塞往复运动而锤击打桩，活塞质量从几百公斤到数吨。用锤击沉桩宜重锤轻击。若重锤重击，则锤击功大部分被桩身吸收，桩不易打入，且桩头易被打碎。锤重与桩重宜有一定的比值，或控制锤击应力，以防桩被打坏。

2. 桩架

桩架是支持桩身和桩锤，将桩吊到打桩位置，并在沉桩过程中引导桩的方向，保证桩锤沿着所要求的方向冲击的打桩设备。常用的桩架形式有以下三种：

（1）滚筒式桩架

行走靠两根钢滚筒在垫木上滚动。优点是结构比较简单、制作容易，但在平面转弯、调头方面不够灵活，操作人员较多。适用于预制桩和灌注桩施工。

（2）多功能桩架

多功能桩架的机动性和适应性很大，在水平方向可做360°旋转，导架可以伸缩和前后倾斜，底座下装有铁轮，底盘在轨道上行走。适用于各种预制桩和灌注桩施工。

（3）履带式桩架

以履带起重机为底盘，增加导杆和斜撑组成，用以打桩。移动方便，比多功能桩架更灵活，可用于各种预制桩和灌注桩施工。

（三）沉入桩的施工

打桩时，由于桩对土体的挤密作用，先打入的桩被后打入的桩水平挤推而造成偏移和变位或被垂直挤拔造成浮桩，而后打入的桩难以达到设计标高或入土深度，造成土体隆起和挤压，截桩过大。所以，群桩施工时，为了保证质量和进度，防止周围建筑物破坏，打桩前应根据桩的密集程度、桩的规格、长短以及桩架移动是否方便等因素来选择正确的打桩顺序。常用的打桩顺序是由一侧向单一方向进行，自中间向两个方向对称进行，自中间向四周进行。

打桩推进方向宜逐排改变，以免土壤朝一个方向挤压，而导致土壤挤压不均匀。对于同一排桩，必要时还可采用间隔跳打的方式。对于大面积的桩群，宜采用后两种打桩顺序，以免土壤受到严重挤压，使桩难以打入，或使先打入的桩受挤压而倾斜。大面积的桩群宜分成几个区域，由多台打桩机采用合理的顺序进行打设。打桩时对不同基础标高的桩，宜先深后浅；对不同规格的桩，宜先大后小，先长后短，宜防止桩的位移或偏斜。

打桩机就位后，将桩锤和桩帽吊起，然后吊桩并送至导杆内，垂直对准桩位缓缓送下插入土中，垂直偏差不得超过 0.5%；然后固定桩帽和桩锤，使桩、桩帽、桩锤在同一铅垂线上，确保桩能垂直下沉。在桩锤和桩帽之间应加弹性衬垫，桩帽和桩顶周围四边应有 5 ～ 10 mm 的间隙，以防损伤桩顶。

打桩开始时，应先采用小的落距（0.5 ～ 0.8 m）做轻的锤击，使桩正常沉入土中 1 ～ 2 m 后，经检查桩尖不发生偏移，再逐渐增大落距至规定高度，继续锤击，直至把桩打到设计要求的深度。最大落距不宜大于 1 m，用柴油锤时，应使锤跳动正常。在打桩过程中，遇有贯入度剧变、桩身突然发生倾斜、移位或有严重回弹、桩顶或桩身出现严重裂缝或破碎等异常情况时，应暂停打桩，及时研究处理。

打桩有"轻捶高击"和"重锤低击"两种方式。这两种方式，如果所做的功相同，而所得到的效果却不相同。轻捶高击，所得的动量小，而桩锤对桩头的冲击力大，因而回弹也大，桩头容易损坏，大部分能量均消耗在桩锤的回弹上，故桩难以入土；相反，重锤低击，所得的动量大，而桩锤对桩头的冲击力小，因而回弹也小，桩头不易被打碎，大部分能量都可以用来克服桩身与土壤的摩阻力和桩尖的阻力，故桩很快入土。此外，又由于重锤低击的落距小，因而可提高锤击频率，打桩效率也高，正因为桩锤频率较高，对于较密实的土层，如砂土或黏性土也能较容易地穿过，所以打桩宜采用"重锤低击"。

（四）试桩试验

打桩质量评定包括两个方面：一是能否满足设计规定的贯入度或标高的要求；二是桩打入后的偏差是否在施工规范允许的范围内。

1. 贯入度标准必须符合设计要求

桩端达到坚硬、硬塑的黏性土、碎石土，中密以上的粉土和砂土或风化岩等土层时，应以贯入度控制为主，桩端进入持力层深度或桩尖标高做参考；若贯入度已达到而桩端标高未达到时，应继续锤击 3 阵，其每 10 击的平均贯入度不应大于规定的数值；桩端位于其他软土层时，以桩端设计标高控制为主，贯入度做参考。

上述所说的贯入度是指最后贯入度，即施工中最后 10 击内桩的平均入土深度。贯入度的大小应通过合格的试桩或试打数根桩后确定，它是打桩质量标准的重要控制指标。最后贯入度的测量应在下列正常条件下进行：桩顶没有破坏；锤击没有偏心；锤的落距符合规定；桩帽与弹性垫层正常。打桩时如桩端达到设计标高而贯入度指标与要求相差较大；或者贯入度指标已满足，而标高与设计要求相差较大，如遇到这两种情况，说明地基的实际情况与原来的估计或判断有较大的出入，属于异常情况，都应会同设计单位研究处理，以调整其标高或贯入度控制的要求。

2. 平面位置或垂直度必须符合施工规范要求

桩打入后，桩位的允许偏差应符合规范的规定，预制桩（钢桩）桩位的允许偏差必须使桩在提升就位时要对准桩位，桩身要垂直；桩在施打时，必须使桩身、桩帽和桩锤三者的中心线在同一垂直轴线上，以保证桩的垂直入土；短桩接长时，上下节桩的端面要平整，中心要对齐，如发现断面有间隙，应用铁片垫平焊牢；打桩完毕基坑挖土时，应制订合理的挖土方案，以防挖土而引起桩的位移或倾斜。

三、钻孔桩基础施工

（一）场地准备工作

灌注桩是指在工程现场通过机械钻孔、钢管挤土或人力挖掘等手段在地基土中形成桩孔，并在其内放置钢筋笼、灌注混凝土而做成的桩。依照成孔方法不同，灌注桩又可分为沉管灌注桩、钻孔灌注桩和挖孔灌注桩等几类。钻孔灌注桩是按成桩方法分类而定义的一种桩型。特点：与沉入桩中的锤击法相比，施工噪声和震动要小得多；能建造比预制桩直径大得多的桩；在各种地基上均可使用；施工质量的好坏对桩的承载力影响很大；因混凝土是在泥水中灌注的，因此混凝土质量较难控制。施工前应根据施工地点的水文、工程地质条件及机具、设备、动力、材料、运输等情况，布置施工现场。具体如下：

①场地为旱地时，应平整场地、清除杂物、换除软土、夯打密实，钻机底座应布置在坚实的填土上。

②场地为陡坡时，可用木排架或枕木搭设工作平台，平台应牢固可靠，保证施工顺利进行。

③场地为浅水时，可采用筑岛法，岛顶平面应高出水面 1 ~ 2 m。

④场地为深水时，根据水深、流速、水位涨落、水底地层等情况，采用固定式平台或浮动式钻探船。

（二）钻孔成桩施工准备

①钻孔场地应清除杂物、换除软土、平整压实。

②开钻前按照施工图纸要求在选定位置进行试桩，根据试桩资料验证设计采用的地质参数，并根据试桩结果确定是否调整桩基设计。根据地层岩性等地质条件、技术要求确定钻进方法和选用合适的钻具。

③对钻机各部位状态进行全面检查，确保其性能良好。

④浅水基础利用草袋围堰构筑工作平台。

（三）钻孔方法

钻孔灌注桩的施工，有泥浆护壁法和全套管施工法两种。

1. 泥浆护壁施工法

冲击钻孔、冲抓钻孔和回转钻削成孔等均可采用泥浆护壁施工法。施工工序如下：

（1）施工准备

施工准备包括：选择钻机、钻具、场地布置等。钻机是钻孔灌注桩施工的主要设备，可根据地质情况和各种钻孔机的应用条件来选择。

（2）钻孔机的安装与定位

安装钻孔机的基础如果不稳定，施工中易产生钻孔机倾斜、桩倾斜和桩偏心等不良影响，因此要求安装地基稳固。对地层较软和有坡度的地基，可用推土机推平，再垫上钢板或枕木加固。

为防止桩位不准，施工中很重要的是定好中心位置和正确安装钻孔机。对有钻塔的钻孔机，先利用钻机的动力与附近的地笼配合，将钻杆移动大致定位，再用千斤顶将机架顶起，准确定位，使起重滑轮、钻头或固定钻杆的卡孔与护筒中心在一垂线上，以保证钻机的垂直度。钻机位置的偏差不大于 2 cm，对准桩位后，用枕木垫平钻机横梁，并在塔顶对称于钻机轴线上拉上缆风绳。

（3）埋设护筒

钻孔成败的关键是防止孔壁坍塌，当钻孔较深时，在地下水位以下的孔壁土在静水压力下会向孔内坍塌，甚至发生流沙现象。钻孔内若能保持孔壁地下水位高的水头，增加孔内静水压力，以防止坍孔。护筒除起到这个作用外，同时有隔离地表水、保护孔口地面、固定桩孔位置和钻头导向作用等。

制作护筒的材料有木、钢、钢筋混凝土三种。护筒要求坚固耐用，不漏水，其内径应比钻孔直径大（旋转钻约 20 cm，潜水钻、冲击或冲抓锥约 40 cm），每节长度 2 ~ 3 m，一般常用钢护筒。

（4）泥浆制备

钻孔泥浆由水、黏土（膨润土）和添加剂组成，具有浮悬钻渣、冷却钻头、润滑钻具，增大静水压力，并在孔壁形成泥皮，隔断孔内外渗流，防止坍孔的作用。调制的钻孔泥浆及经过循环净化的泥浆，应根据钻孔方法和地层情况来确定泥浆稠度。泥浆稠度应视地层变化或操作要求机动掌握，泥浆太稀，排渣能力小、护壁效果差；泥浆太稠，会削弱钻头冲击功能，降低钻进速度。

（5）钻孔

钻孔是一道关键工序，在施工中必须严格按照操作要求进行，才能保证成孔质量。首先要注意开孔质量，为此必须对好中线及垂直度，并压好护筒。在施工中要注意不断添加泥浆和抽渣（冲击式用），还要随时检查成孔是否有偏斜现象。采用冲击式或冲抓式钻机施工时，附近土层因受到震动而影响邻孔的稳固。所以钻好的孔应及时清孔，下放钢筋笼和灌注水下混凝土。钻孔的顺序也应事先规划好，既要保证下一个桩孔的施工不影响上一个桩孔，又要使钻机的移动距离不要过远和相互干扰。

（6）清孔

钻孔的深度、直径、位置和孔形直接关系到成桩质量与桩身曲直。为此，除了钻孔过程中密切观测监督外，在钻孔达到设计要求深度后，应对孔深、孔位、孔形、孔径等进行检查。在终孔检查完全符合设计要求时，应立即进行孔底清理，避免隔时过长以致泥浆沉淀，引起钻孔坍塌。对于摩擦桩，当孔壁容易坍塌时，要求在灌注水下混凝土前沉渣厚度不大于 30 cm；当孔壁不易坍塌时，不大于 20 cm。

（7）灌注水下混凝土

清完孔之后，就可将预制的钢筋笼垂直吊放到孔内，定位后要加以固定，然后用导管灌注混凝土，灌注时混凝土不要中断，否则易出现断桩现象。

2. 全套管施工法

全套管施工法的主要施工步骤除不需泥浆及清孔外，其他的与泥浆护壁法类同。压入套管的垂直度，取决于挖掘开始阶段的 5 ~ 6 m 深时的垂直度，因此应使用水准仪及铅锤校核其垂直度。

（四）钻孔故障及处理措施

1. 塌孔

预防措施：根据不同地层，控制使用好泥浆指标；在回填土、松软层及流沙层钻进时，严格控制速度；地下水位过高，应升高护筒，加大水头；地下障碍物处理时，一定要将残留的混凝土块处理清除；孔壁坍塌严重时，应探明坍塌位置，用砂和黏土混合回填至坍塌孔段以上 1 ~ 2 m 处，捣实后重新钻进。

2. 缩径

预防措施：选用带保径装置钻头，钻头直径应满足成孔直径要求，并应经常检查，及时修复；易缩径孔段钻进时，可适当提高泥浆的黏度，对易缩径部位也可采用上下反复扫孔的方法来扩大孔径。

3. 桩孔偏斜

预防措施：保证施工场地平整，钻机安装平稳，机架垂直，并注意在成孔过程中定时检查和校正；钻头、钻杆接头逐个检查调整，不能用弯曲的钻具；在坚硬土层中不强行加压，应吊住钻杆，控制钻进速度，用低速度进尺；对地下障碍物预先处理干净，对已偏斜的钻孔，控制钻速，慢速提升，下降往复扫孔纠偏。

（五）钢筋骨架吊放及预防措施

1. 钢筋笼安装与设计标高不符

预防措施：钢筋笼制作完成后，注意防止其扭曲变形；钢筋笼入孔安装时要保持垂直；

混凝土保护层垫块设置间距不宜过大；吊筋长度精确计算，并在安装时反复核对检查。

2. 钢筋笼的上浮

钢筋笼上浮的预防措施：严格控制混凝土质量，坍落度控制在（18±3）cm，混凝土和易性要好；混凝土进入钢筋笼后，混凝土上升不宜过快；导管在混凝土内埋深不宜过大，严格控制在 10 m 以下，提升导管时，不宜过快，防止导管钩将钢筋笼带上等。

（六）混凝土的灌注及预防措施

①混凝土采用 200 ~ 300 mm 钢导管灌注，导管采用吊车分节吊装，丝扣式快速接头连接。灌注前，对导管进行水密、承压试验。

②安装储料斗及隔水栓，储料斗的容积要满足首批灌注下去的混凝土埋置导管深度的要求，封底时导管埋入混凝土中的深度不得小于 1 m；首批混凝土方量是根据桩径和导管埋深及导管内混凝土的方量而定，将混凝土搅拌运输车内的混凝土倒入封底料斗内，由专人统一指挥，待全部准备好后将隔水栓拉起进行封底，同时混凝土搅拌运输车快速反转，加快出料速度。

③灌注开始后应紧凑连续地进行，不得中断，同时要防止混凝土从漏斗内溢出或从漏斗外掉入孔底；在灌注过程中，技术人员应经常检查孔内混凝土面的位置和混凝土质量，掌握拆除导管时间，严格控制导管埋深，防止导管提漏或埋管过深拔不出而出现断桩；使导管埋入混凝土内的深度始终保持在 2 ~ 6 m，并做好灌注记录；测深时采用专用测绳及测锤进行，每测一次用钢尺检查深度，以钢尺测量为准，探测至混凝土面时手感有石子碰撞测锤为准，否则为砂浆或沉渣。

④灌注混凝土时，要保持孔内水头，防止出现坍孔。

⑤桩身混凝土灌注顶面高出设计桩顶高程 0.8 ~ 1.0 m，以保证桩头质量。

（七）钻孔灌注桩质量检验要求

①混凝土质量的检查和验收，应符合规范的规定。每桩试件组数一般为 2 组。

②承包人应在监理工程师在场的情况下，对下列规定的钻孔桩，采用经监理工程师同意的无破损检测法，进行桩的质量检验和评价。小桥选有代表性的桩或重要部位的桩进行检测；中桥、大桥及特大桥的钻孔桩，应逐根进行检测。

③承包人应在工地配备能对全桩长钻取 70 mm 直径或较大芯样的设备和经过训练的工作人员，也可以分包给经监理工程师认可的钻探队来承担钻取芯样的工作。

④若设计有规定和监理工程师对桩的质量有疑问时，或在施工中遇到的任何异常情况，说明桩的质量可能低于要求的标准时，应采用钻取芯样对桩进行检验，以检验桩的混凝土灌注质量。对支承桩应钻到桩底 0.5 m 以下。钻芯检验应在监理工程师指导下进行，检验结果若不合格，则应视为废桩。

⑤当监理工程师对每一根成桩平面位置的复查、试验结果及施工记录都认可后，监理工程师应以书面形式进行批准，在未得到监理工程师的批准前，不得进行该桩基础的其他工作。

四、沉井与沉箱基础施工

沉井基础是以沉井法施工的地下结构物和深基础的一种形式，是先在地表制作成一个井筒状的结构物（沉井），然后在井壁的围护下通过从井内不断挖土，使沉井在自重作用下逐渐下沉，达到预定设计标高后，再进行封底，构筑内部结构。广泛应用于桥梁、烟囱、水塔的基础；水泵房、地下油库、水池竖井等深井构筑物和盾构或顶管的工作井。技术上比较稳妥可靠，挖土量少，对邻近建筑物的影响比较小，沉井基础埋置较深，稳定性好，能支撑较大的荷载。沉井是一个无底无盖的井筒，一般由刃脚、井壁、隔墙等部分组成。

沉井按其截面轮廓分，有圆形、矩形和圆端形三类。

第一类，圆形沉井水流阻力小，在同等面积下，同其他类型相比，周长最小，摩阻力相应减小，便于下沉；井壁只受轴向压力，且无绕轴线偏移问题。

第二类，矩形沉井和等面积的圆形沉井相比，其惯性矩及核心半径均较大，对基底受力有利；在侧压力作用下，沉井外壁受较大的挠曲应力。

第三类，圆端形沉井对支撑建筑物的适应性较好，也可充分利用基础的圬工，井壁受力也较矩形有所改善，但施工较复杂。

使用材料：有木沉井，砖、石沉井，混凝土沉井，钢筋混凝土沉井和钢沉井等。木沉井用木材较多，现很少采用。砖、石沉井过去多用于中小桥梁，现在常用的是钢筋混凝土沉井，或底节为钢筋混凝土，钢沉井多用于大型浮运的沉井。

外壁：沉井的外壁可做成铅直形、台阶形或斜坡形。斜坡形虽可减少周围的摩阻力，但下沉过程中容易倾斜；台阶形便于加高井壁。沉井的内部可根据需要作隔墙，划分成几个取土井，但取土井必须对称设置，以利均衡挖土或纠正偏斜；取土井尺寸，须能容纳机械挖土斗自由上下。

（一）沉井的制作

陆地下沉井均采用就地制造。在浅水中，下沉井需先做围堰，填土筑岛出水面，再就地制造；在深水处，下沉井一般均采用在岸边陆地制造，浮运就位下沉。

就地制造沉井，井壁多为实体，自重较大，而刃脚部分面积小，重心较高，为使其在制造过程中不致因地面下沉而引起沉井开裂或倾倒，过去多在地面整平后，先铺垫木，以增加承压面积，再立模板制造沉井，下沉前需边抽垫木，边以砂将刃脚处填实，然后再挖土下沉。现今则用砂土夯实做成刃脚土模，表面抹层水泥，在土模内制造刃脚部分，既节约木料，又简化施工工艺。如我国枝城长江大桥引桥桥墩基础的沉井刃脚部分，就是用此法灌筑的。

水中沉井的施工：筑岛法——水流速不大，水深在 3 m 或 4 m 以内；浮运沉井施工——水流速较大，水深较深。

（二）沉井施工

沉井施工步骤：场地平整，铺垫木，制作底节沉井；拆模，刃脚下一边填塞砂、一边对称抽拔出垫木；均匀开挖下沉沉井，底节沉井下沉完毕；建筑第二节沉井，继续开挖下沉并接筑下一节井壁；下沉至设计标高，清基；沉井封底处理；施工井内设计和封顶等。

沉井下沉分排水和不排水下沉两种。在软弱土层中须采用不排水下沉，以防涌砂和外周边土坍陷，造成沉井倾斜及位移，必要时采取井内水位略高于井外水位的施工方法。出土机械可使用抓土斗、空气吸泥机、水力吸泥机等。近代各国发展用锚桩及千斤顶将沉井压下的方法。此外，还有用大直径钻机在井底钻挖的方法，如日本在圆形沉井内采用臂式旋转钻机，在硬黏土层内开挖，直径可达 11 m，由沉井外的电视机反映操作情况及下沉速度。

沉井到达设计标高后，一般用水下混凝土封底。井孔是否填充，应根据受力或稳定要求决定，可填砂石或混凝土，但在低于冻结线 0.25 m 以上的部分应用混凝土或与工填实，沉井基础的最后一道工序是灌筑顶盖。

沉井外壁和土的摩擦力是沉井下沉的主要阻力，为克服这种阻力，一是加大沉井壁厚或在沉井上部增加压重，二是设法减少井壁和土之间的摩擦力。减少摩擦力的方法很多，常用的有射水法、泥浆套法及壁后压气法。

1. 射水法

在沉井下部井壁外面，预埋设水管嘴，在下沉过程中射水以减小周边阻力。

2. 泥浆套法

在沉井井壁和土层之间灌满触变泥浆以减少摩擦力，触变泥浆是用黏性土、水、化学处理剂等按一定配合比搅拌而成，当静置时它处于"凝胶"状态，沉井下沉时它受到搅动，又恢复"溶胶"状态而大大减少摩擦力。

3. 壁后压气法

在井壁内预埋管路，并沿井壁外侧水平方向每隔一定高度设一排气龛，在下沉过程中，沿管路输送的压缩空气从气龛内喷出，再沿井壁上升，从而减少摩擦力。初步资料表明：在粉细砂层及含水量较大的黏性土层中，可以减少摩擦力 30% 以上，下沉速度加快（与气龛数和喷气量有关），且无泥浆套法的缺点，可在水中施工，不受冲刷的影响，但在卵石层及硬黏土层内效果较差。

（三）浮式沉井施工

浮运的沉井，在陆地先做底节，以减轻质量，在浮运到位后再接筑上部。为增加沉井的浮力便于浮运，常采取以下三种方法。

①在钢沉井内加装气筒，浮运到位后，在沉井内部空间填充混凝土并接高沉井，为控制吃水深度，可在气筒内充压缩空气，待沉入河底预定位置后，再除去气筒顶盖，挖泥（或吸泥）下沉。此法用钢量大，制造安装都较复杂，宜用于深水大型沉井。美国旧金山奥克兰湾桥，第一次采用此法，该桥最大的沉井为 60m×28 m，内装 55 个直径 4.5 m 的气筒。中国在南京长江大桥也曾使用 18.26 m×22.42 m、底节高 11.65 m 的钢沉井，内有 20 个直径 3.2 m 的气筒，浮运就位后，以钢筋混凝土将沉井接高至 5 m，中间隔墙全部用预制件。

②将沉井做成双壁式使能自浮，到位后在壁内灌水或灌筑混凝土下沉。这种沉井可用钢、木或钢筋混凝土制造。我国 1972 年在四川宜宾岷江公路桥，将制造钢丝网水泥船的经验用于造双壁浮运沉井。沉井外径 12 m，高 7.5 m，双壁厚 1.3 m，网壁厚 3 cm，中间一层钢筋网，4 ~ 6 层钢丝网上抹水泥砂浆，重 60 t，采用岸边制造，滑道下水，拉锚定位，灌水下沉。因这种材质的沉井具有较高的弹性和抗裂性，以后在四川南充嘉陵江大桥及湖南益阳桥修建时都曾经使用。

③在沉井底部加临时底板以增加浮力，待到位沉入河底后，再拆除底板，挖泥下沉。如因风振而破坏的美国塔科马海峡桥，其水中桥墩基础为钢筋混凝土沉井，尺寸是 20.1 m×36.6 m，曾用此法施工。

在深水处，采用浮式沉井施工时，有关沉井下水、浮运及悬浮状态下接高、下沉等，必须加以严密控制：

第一，各类浮式沉井在下水前，应对各节浮式沉井进行水密性试验，合格后方可下水。

第二，浮式沉井下水前，应制订下水方案。采用起吊下水时，应对起重设备进行检查，在河岸有适合坡度，采用滑称、牵引等方法下水时，必须严防倾覆。

第三，浮式沉井，必须对浮运、就位和落河床时的稳定性进行检查。

浮式沉井，定位落河床前，应考虑潮水涨落的影响，对所有锚碇设备进行检查和调整，使沉井安全准确落位；浮式沉井落河床后，应尽快下沉，并使沉井达到保持稳定的深度；随时观察沉井的倾斜、移位及河床冲刷情况。

（四）沉箱基础施工

沉箱下沉前需具备以下条件：①所有设备已经安装、调试完成，相应配套设备已配备完全；②所有通过底板管路均已连接或密封；③基坑外围回填土已结束；④工作室内建筑垃圾已清理干净。⑤井壁混凝土已达到强度。

下沉过程中箱内的各种设备应架设牢固，箱外浇筑平台、脚手架等不应与箱壁连接。沉箱下沉加气应在沉箱下沉至地下水位以下 0.5 ~ 1m 开始加气，施工现场应有备用供气设备。沉箱施工时，应首先保证工作室内气压的相对稳定，工作室内气压原则上应与外界地下水位相平衡。沉箱在穿越砂性土等渗透性较高土层时，应维持气压略低于地下水位的水平。挖机取土下沉时应先在井格中央形成锅底，逐步均匀向周围扩大，应避免掏挖刃脚处土体，保证此处的土塞高度。当沉箱偏斜达到允许值的 1/4 时应进行纠偏。沉箱的助沉措施，可采用触变泥浆和压重措施，不宜使用空气幕助沉。

（五）无施工事故及应急措施

沉井施工时出现的问题主要有瞬间突沉、下沉搁置、沉井悬挂。

1. 瞬间突沉

现象：沉井在瞬时间内失去控制，下沉量很大或很快，出现突沉或急剧下沉，严重时往往使沉井产生较大的倾斜或使周围地面塌陷。

原因分析：在软黏土层中，沉井侧面摩阻力很小，当沉井内挖土较深，或刃脚下土层掏空过多，使沉井失去支撑，常导致突然大量下沉或急剧下沉。当黏土层中挖土超过刃脚太深，形成较深锅底，或黏土层只局部挖除，其下部存在的砂层被水力吸泥机吸空时，刃脚下的黏土一旦被水浸泡而造成失稳，会引起突然塌陷，使沉井突沉。当采用不排水下沉，施工中途采取排水迫沉时，突沉情况尤为严重。沉井下沉遇有粉砂层，由于动水压力的作用，向井筒内大量涌砂，产生流沙现象，而造成急剧下沉。

预防措施：在软土地层下沉的沉井可增大刃脚踏面宽度，或增设底梁以提高正面支承力；挖土时，在刃脚部位宜保留约 50 cm 宽的土堤，控制均匀削土，使沉井挤土缓慢下沉；在黏土层中严格控制挖土深度（一般为 40 cm）不能太多，不使挖土超过刃脚，可避免出现深的锅底将刃脚掏空；黏土层下有砂层时，防止把砂层吸空；控制排水高差和深度，减小动水压力，使其不能产生流沙或隆起现象，或采取不排水下沉的方法施工。

2. 下沉搁置

现象：沉井被地下障碍物搁住或卡住，出现不能下沉或下沉困难的现象。

原因分析：沉井下沉局部遇孤石、大块卵石、矿渣块、砖石、混凝土基础、管线、钢筋、树根等被搁置、卡住，造成沉井难以下沉。下沉中遇局部软硬不均地基或倾斜岩层。

预防措施：施工前做好地基勘察工作，对沉井壁下部 3 m 以内的各种地下障碍物，下沉前挖井取出。对局部软硬不均地基或倾斜岩层，采取先破碎开挖较硬土层或倾斜岩层，再挖较弱土层，使其均匀下沉。

治理方法：遇较小孤石，可将四周土掏空后取出；遇较大孤石或大块石、地下沟道等，可用风动工具或用松动爆破方法破碎成小块取出。炮孔距刃脚不小于 50 cm，其方向须与刃脚斜面平行，药量不得超过 200 g，并设钢板、草垫防护，不得用裸露爆破。钢管、钢筋、树根等可用氧气烧断后取出。不排水下沉，爆破孤石，除打眼爆破外，也可用射水管在孤石下面掏洞。

3. 沉井悬挂

现象：沉井下沉过程中，刃脚下部土体已经掏空，而沉井的自重仍不能克服摩阻力下沉，产生悬挂现象，有时将井壁拉裂。

原因分析：井壁与土壁间的摩阻力过大，沉井自重不够，下沉系数过小；沉井平面尺寸过小，下沉深度较大，遇较密实的土层，其上部有可能被土体夹住，使其下部悬空，有时将井壁拉裂。

预防措施：使沉井有足够的下沉自重；下沉前应验算沉井的下沉系数，应不小于1.1 ~ 1.25。加大刃脚上部空隙，使井壁与土体间有一定空间，以避免被土体夹住。

治理方法：用 0.2 ~ 0.4 MPa 的压力流动水针沿沉井外壁缝隙冲水，以减少井壁和土体间的摩阻力；在井筒顶部加荷载，或继续浇筑上节筒身混凝土增加自重和对刃口下土体的压力，但应在悬空部分下沉后进行，以免突然下沉破坏模板和混凝土结构；继续第二层碗形挖土，或挖空刃脚土，必要时向刃脚外掏深 100 mm；在岩石中下沉，可在悬挂部位进行补充钻孔和爆破。

五、地下连续墙基础施工

（一）地下连续墙的分类与特征

由于目前挖槽机械发展很快，与之相适应的挖槽工法层出不穷，有不少新的工法已经不再使用膨润土泥浆；墙体材料已经由过去以混凝土为主而向多样化发展，不再单纯用于防渗或挡土支护，越来越多地作为建筑物的基础，所以很难给地下连续墙一个确切的定义。

一般地下连续墙可以定义为：利用各种挖槽机械，借助于泥浆的护壁作用，在地下挖出窄而深的沟槽，并在其内浇注适当的材料而形成一道具有防渗（水）、挡土和承重功能的连续的地下墙体。

地下连续墙的分类如下：

1. 按成墙方式

桩排式、槽板式、组合式。

2. 按墙的用途

防渗墙、临时挡土墙、永久挡土（承重）墙、作为基础用的地下连续墙。

3. 按墙体材料

钢筋混凝土墙、塑性混凝土墙、固化灰浆墙、自硬泥浆墙、预制墙、泥浆槽墙（回填砾石、黏土和水泥三合土）、后张预应力地下连续墙、钢制地下连续墙。

4. 按开挖情况

地下连续墙（开挖）、地下防渗墙（不开挖）。

地下连续墙施工震动小、噪声低，墙体刚度大，防渗性能好，对周围地基无扰动，可以组成具有很大承载力的任意多边形连续墙代替桩基础、沉井基础或沉箱基础。对土壤的适应范围很广，在软弱的冲积层、中硬地层、密实的沙砾层以及岩石的地基中都可施工。初期用于坝体防渗，水库地下截流，后发展为挡土墙、地下结构的一部分或全部。房屋的深层地下室、地下停车场、地下街、地下铁道、地下仓库、矿井等均可应用。

（二）地下连续墙施工工艺流程

在挖基槽前先做保护基槽上口的导墙，用泥浆护壁，按设计的墙宽与深分段挖槽，放置钢筋骨架，用导管灌注混凝土置换出护壁泥浆，形成一段钢筋混凝土墙。逐段连续施工成为连续墙。

1. 导墙

导墙通常为就地灌注的钢筋混凝土结构。主要作用是保证地下连续墙设计的几何尺寸和形状；容蓄部分泥浆，保证成槽施工时液面稳定；承受挖槽机械的荷载，保护槽口土壁不被破坏，并作为安装钢筋骨架的基准。导墙深度一般为 1.2 ~ 1.5 m。墙顶高出地面 10 ~ 15 cm，以防地表水流入而影响泥浆质量。导墙底不能设在松散的土层或地下水位波动的部位。

2. 泥浆护壁

通过泥浆对槽壁施加压力以保护挖成的深槽形状不变，灌注混凝土把泥浆置换出来。泥浆材料通常由膨润土、水、化学处理剂和一些惰性物质组成。泥浆的作用是在槽壁上形成不透水的泥皮，从而使泥浆的静水压力有效地作用在槽壁上，防止地下水的渗水和槽壁的剥落，保持壁面的稳定，同时泥浆还有悬浮土渣和将土渣携带出地面的功能。

在沙砾层中成槽，必要时可采用木屑、蛭石等挤塞剂防止漏浆。泥浆使用方法分静止式和循环式两种。泥浆在循环式使用时，应用振动筛、旋流器等净化装置。在指标恶化后要考虑采用化学方法处理或废弃旧浆，换用新浆。

3. 成槽施工

使用成槽的专用机械有：旋转切削多头钻、导板抓斗、冲击钻等。施工时应视地质条件和筑墙深度选用。一般土质较软，深度在 15 m 左右时，可选用普通导板抓斗；对密实的砂层或含砾土层，可选用多头钻或加重型液压导板抓斗；在含有大颗粒卵砾石或岩基中成槽，以选用冲击钻为宜。槽段的单元长度一般为 6 ~ 8 m，通常结合土质情况、钢筋骨架质量及结构尺寸、划分段落等决定。成槽后需静置 4 h，并使槽内泥浆比重小于 1.3。

4. 水下灌注混凝土

采用导管法按水下混凝土灌注法进行，但在用导管开始灌注混凝土前为防止泥浆混入混凝土，可在导管内吊放一管塞，依靠灌入的混凝土压力将管内泥浆挤出，混凝土要连续灌注并测量混凝土灌注量及上升高度。所溢出的泥浆送回泥浆沉淀池。

5. 墙体接头处理

地下连续墙是由许多墙段拼组而成，为保持墙段之间连续施工，接头采用锁口管工艺，即在灌注槽段混凝土前，在槽段的端部预插一根直径和槽宽相等的钢管，即锁口管，待混凝土初凝后将钢管徐徐拔出，使端部形成半凹棒状。也有根据墙体结构受力需要而设置刚性接头的，以使前后两个墙段联成整体。

（三）地下连续墙的检测

地下连续墙槽底的沉渣必须清理，清理后的沉渣厚度不大于 200 mm。地下连续墙水下混凝土必须连续浇筑，严禁发生中断或导管进水现象。每槽段实际浇筑混凝土的数量严禁小于计算体积。

超声波地下连续墙检测仪利用超声探测方法，将超声波传感器侵入钻孔中的泥浆里，可以很方便地对钻孔四个方向同时进行孔壁状态监测，可以实时监测连续墙槽宽、钻孔直径、孔壁或墙壁的垂直度、孔壁或墙壁坍塌状况等；可以帮助改善钻孔质量、减少工作时间、降低工程费用；输出清晰的孔以及槽壁图像，是目前几种常见同类进口设备所无法比拟的。目前超声波钻孔检测仪无论从成图清晰度、检测数据的准确，还是机械性能等方面已经完全可以取代进口设备，而且检测图像更直观、清晰，对泥浆的适应能力更高。

第十章 其他桥梁施工技术

第一节 悬索桥

悬索桥也称吊桥，主要用悬挂在两边塔架上的强大缆索作为主要承重结构。在竖向荷载作用下，通过吊杆使缆索承受很大的拉力，在两岸桥台的后方修筑非常巨大的锚碇结构。悬索桥的钢缆易于运输，结构的组成构件较轻，便于无支架悬吊拼装。对于山岭地区和遭受山洪泥石冲击等威胁的山区河流以及大跨径桥梁，在修建其他桥梁有困难的情况下，往往采用悬索桥。

一、悬索桥概述

（一）悬索桥的受力特点

悬索桥的主要受力构件是锚碇、索塔、缆索系统以及加劲梁等。成桥后作用在桥面上的竖向荷载一部分由加劲梁承担，一部分通过吊索传递给主缆。主缆在塔顶由主索鞍提供支撑，并通过主索鞍将荷载传递给索塔，索塔传递给基础。主缆在两端的强大拉力通过锚碇来平衡，并通过锚碇将拉力传递给地基。

悬索桥属于柔性桥梁结构体系，刚度小、变形大，具有较强的非线性受力特征。从构件受力的重要性出发，可将悬索桥的各部件分为第一体系、第二体系、第三体系。

主缆是第一体系的主要承重构件，承担由吊杆传递来的桥面荷载及恒载，以受拉为主。主缆通过塔顶鞍座悬挂在索塔上，两端锚固于锚体上。主缆是柔性构件，但主缆的恒载拉力提供了强大的重力刚度，使其成桥后的桥梁总体刚度满足桥梁规范的要求。

索塔是第一体系的主要承重构件，主要起支撑主缆的作用。悬索桥的恒载和活载均通过索塔传递给基础。锚碇是主缆的锚固体，属于第一体系的承重结构，它将主缆的拉力传递给地基，通常有重力式锚碇和隧道式锚碇。重力式锚碇依靠巨大的自重来抵抗主缆的竖向分力，水平分力由锚体与地基的摩阻力抵抗。隧道式锚碇是将主缆拉力直接传递给围岩。

悬索桥的加劲梁属于第二体系的承重构件，以受弯为主。其主要功能是提供桥面和防止桥梁发生过大的挠曲变形和扭转变形。加劲梁直接承受桥面荷载。

吊索属于第三体系的构件，主要作为传力结构，主要受拉。其主要功能是将桥面上的活载以及恒载，通过索夹传递到主缆上。吊索的上端通过索夹与主缆相连，下端与加劲梁相连。

（二）悬索桥的分类

1. 按悬吊跨数划分

根据悬吊跨数不同，悬索桥可分为单跨悬索桥、三跨悬索桥、四跨悬索桥和五跨悬索桥，其中单跨悬索桥和三跨悬索桥最为常用。

（1）单跨悬索桥

单跨悬索桥常用于高山峡谷地区，两岸地势较高而采用桥墩支撑边跨更为经济，或者道路的接线受到限制，使得平面曲线布置不得不进入大桥边跨的情况。就结构特性而言，单跨悬索桥由于边跨主缆的垂度较小，主缆长度相对较短，对中跨荷载变形控制更为有利。

（2）三跨悬索桥

三跨悬索桥是目前国际工程实例中应用最多的桥型，世界上大跨度悬索桥几乎全采用这种形式。不仅是因其结构受力特征较为合理，同时，也因其流畅对称的建筑造型更符合人们的审美观。

（3）多跨悬索桥

相对于三跨悬索桥而言，四跨和五跨悬索桥又称为多跨悬索桥，这种桥型由于结构柔性大，固有振动频率较低，难以满足特大跨度悬索桥的实力及刚度需要，因而也就不具备实用优势，世界上几乎没有这类特大桥工程的实例。

在建桥条件需要采用连续大跨布置时，可以用两个三跨悬索桥联袂布置，中间共用一座桥的锚碇锚固这两桥的主缆。美国的旧金山——奥克兰海湾大桥和日本本州四国联络线中的南北备赞大桥即采用此形式。当建桥条件特别适于作连续大跨布置而采用四跨悬索桥时，其中央主塔为满足全桥刚度要求通常需要做 A 形布置，相应的塔顶主缆须采取特殊锚固措施，以克服两侧较大的不平衡水平拉力。

2. 按主缆的锚固方式划分

根据主缆的锚固方式的不同，悬索桥可分为地锚式悬索桥和自锚式悬索桥。

（1）地锚式悬索桥

通常所讲的绝大多数悬索桥都采用地锚式锚固主缆，即主缆通过重力式锚碇或岩隧式锚碇将荷载产生的拉力传至大地来达到全桥的受力平衡，这是大跨度悬索桥最佳的受力模式。

（2）自锚式悬索桥

在较小跨度的悬索桥中，也有个别以自锚形式锚固主缆的，这种自锚式悬索桥的主缆，在边跨两端将主缆直接锚固于加劲梁上，主缆的水平拉力由加劲梁提供轴压力自相平衡，不需要另外设置锚碇。这种桥式的加劲梁要先于主缆安装施工，实践中因施工困难、经济性差等原因，一般很少采用。

3. 按悬吊方式划分

采用竖直吊索并以钢桁架作加劲梁；采用三角布置的斜吊索，并以扁平流线型钢箱作加劲梁，也有呈交叉形布置的斜吊桥；混合式，即采用竖直吊索、斜吊索和流线型钢箱梁作加劲梁。除了有一般悬索桥的缆索体系外，还设有若干加强的斜拉索。

4. 按支基结构划分

如果按加劲梁的支承结构来分，又可分为单跨两铰加劲梁悬索桥、三跨两铰加劲梁悬索桥及三跨连续加劲梁悬索桥等。

二、悬索桥施工

（一）塔柱施工工艺

钢塔柱一般用钢板先预制连接成格子形截面的节段，节段在现场吊装拼接成塔柱。早期的钢塔柱无论节段内还是节段间的连接均采用栅接，构建加工精度要求高。随着栓焊技术的发展，钢塔节段在工厂焊接制造，然后将节段运输到工地架设并用高强螺杆来连接。

钢塔柱一般支承在一块厚钢板上，厚钢板与桥墩混凝土拴接并把塔柱压力均匀传递到桥墩中去。现在也有在桥墩混凝土中埋设锚固构架，塔柱用高强螺栓锚固在构架上，通过构架将压力均匀传递到混凝土中去的做法。

混凝土塔柱的施工与斜拉桥塔柱施工相同，一般以就地浇筑为主，采用滑模爬模等技术连续浇筑。

（二）锚碇施工

悬索桥主缆索股锚固形式分为自锚式和地锚式。自锚式是将主缆索股直接锚于加劲梁上，无须使用锚碇结构，一般仅适用于中小跨径悬索桥。地锚式则将主缆索股锚于重力式锚碇、隧道锚碇或直接锚于坚固的岩体上。此处所讨论的锚碇是指地锚式悬索桥锚固主缆的重要结构物。

锚碇是锚块基础、锚块、钢缆的锚碇架及固定装置等的总称。它不仅抵抗来自主缆的竖直反力，而且抵抗主缆的水平力，是悬索桥区别于其他桥梁的独有结构，直接关系到悬索系统的稳定。锚块是直接锚固主缆的结构，它通过锚固系统将主缆索股拉力分散开。锚块与其下面的锚块基础连成一体，用于抵抗因主缆拉力产生的锚碇滑动及倾倒。锚碇主要有重力式锚碇、隧道式锚碇等。目前，世界上已建悬索桥绝大部分采用的是重力式锚碇。这除了与锚碇所处的地形、地质条件有关外，还与主缆架设方法、锚碇施工方法有关。

一般而言，若锚碇处有坚实岩层靠近地表，则修建隧道式锚碇（或称岩洞式锚碇）可能比较经济。美国华盛顿桥新泽西岸锚碇是隧道式的，其混凝土用量仅为纽约岸锚碇（重力式）的 21%，但隧道式锚碇有传力机理不明确的缺点。若有坚实基岩层靠近地表，也可采用重力式锚碇，让锚块嵌入重基岩，使位于锚块前的基岩凭借承压来抵抗主缆的水平力。例如，汕头海湾大桥设计为力前锚式锚碇，虎门大桥的东锚碇设计为山后重力式锚碇。

一般设置在承载力比较好地基上的重力式锚碇，宜采用明挖的扩大基础。如美国 1964 年建成的维拉扎诺桥和丹麦 1970 年建成的小贝尔特桥都是采用的扩大浅基础。当锚碇设置在软土层中时，可以采用大型沉井或地下连续墙的形式。如江阴长江大桥北锚碇采用了大型沉井基础，明石海峡大桥（日本）、虎门大桥的西锚碇和润扬长江公路大桥北锚碇均采用了地下连续墙基础。

（三）主缆施工

1. 主缆架设

悬索桥的钢缆有钢丝绳钢缆和平行线钢缆。钢丝绳钢缆适用于中、小跨度的悬索桥，平行线钢缆适用于主跨为 500 m 以上的大跨悬索桥。平行线钢缆根据架设方法分为空中送丝法和预制索股法两种。

（1）空中送丝法架设主缆

①架设方法

空中送丝法架设主缆是在桥两岸的索塔和锚碇等都已安装就绪后，沿主缆设计位置，在两岸锚碇之间布置一无端牵引绳，将牵引绳的端头连接起来，形成从这一岸到那岸的长绳圈。其主要架设方法如下：

第一，将送丝轮扣牢在牵引绳上，且将缠满钢丝的卷筒放在一岸的锚碇旁，从卷筒中抽出钢丝头，暂时固定在靴跟处（称为"死头"）。

第二，继续将钢丝向外抽，由死头、送丝轮和卷筒将正在输送的丝形成一个钢丝套圈，用动力机驱动牵引绳，于是送丝轮就带着钢丝送向对岸。

第三，在钢丝套圈送到对岸时，用人工将套圈从送丝轮上取下，套到其对应的靴跟上。

第四，随着牵引绳的驱动，送丝轮又被带回这岸，取下套圈套在靴跟上，然后又送向对岸。

第五，这样循环进行，当其套在两岸对应靴跟上的丝数达到一根丝股钢丝的设计数目时，就将钢丝"活头"剪断，并将该"活头"与上述暂时固定的"死头"用钢丝连接器连起来。即完成了一根丝股的空中编制。

②空中送丝法施工注意事项

空中送丝法扩缆每一丝股内的钢丝根数为 300 根 ~ 600 根，再将这种丝股配置成六角形或矩形，挤紧而成为圆形。空中送丝法架设主缆施工必须设置猫道、配备送丝设备，还需有稳定送丝的配套措施。为使主缆各钢丝均匀受力，应分别对钢丝长度和丝股长度进行调整，还应及时进行紧缆和缠缆。

（2）预制索股法架设钢缆

①架设方法

预制索股法架设钢缆的目的是使空中架线工作简单化。索股预制股每束 61 丝、91 丝或 127 丝，再多就过重。两端嵌固热铸锚头在工厂预制，先配置成六角形，然后挤紧成圆形。

②索股线形调整步骤

第一，垂度调整应在夜间温度稳定时进行。温度稳定的条件为：长度方向索股的温差不大于 27，横截面索股的温差不大于 1℃。

第二，绝对垂度调整，应测定基准索股下缘的标高及跨长、塔顶标高及变位、主索鞍预偏量、散索鞍预偏量。主缆垂度和标高的调整量，应在确定气温与索股温度等值后经计算确定。基准索股标高必须连续 3d 在夜间温度稳定时进行测量，3 次测出结果误差在容许范围内时，应取 3 次的平均值作为该基准索股的标高。

第三，相对垂度调整，应按与基准索股若即若离的原则进行。

第四，垂度调整允许误差，基准索股中跨跨中为 ±1/20000 跨径；边跨跨中为中跨跨中的两倍；上下游基准索股高差 10mm；一般索股（相对于基准索股）为 -5mm ~ 10mm。

第五，调整合格的索股不得在鞍槽内滑移。索股锚头入锚后应进行临时锚固。索股应设一定的抬高量，抬高量宜为 200mm ~ 300mm，并做好编号标志。

第六，索力的调整应以设计提供的数据为依据，其调整量应根据调整装置中测力计的读数和锚头移动量双控确定。实际拉力与设计值之间的允许误差应为设计锚固力的 3%。

2. 主缆防护

首先，主缆防护应在桥面铺装完成后进行。防护前必须清除主缆表面灰尘、油污和水分等，并设置临时覆盖。待涂装及缠丝时再揭开临时覆盖。其次，主缆涂装应均匀，严禁遗漏。涂装材料应具有良好的防水密封性和防腐性，并应保持柔软状态，不硬化、不脆裂、不霉变。最后，缠丝作业宜在二期恒载作用于主缆之后进行，缠丝材料以选用软质镀锌钢丝为宜。钢丝缠绕应紧密均匀，缠丝张力应符合设计要求。缠丝作业应由电动缠丝机完成。

（四）加劲梁架设

悬索桥的加劲梁一般采用钢结构，早期以钢桁梁为主，个别中小跨度的悬索桥采用钢板梁。由于钢板梁的抗风性能不佳，自采用钢板梁的美国塔科玛老桥被风振毁后，世界各国在较大跨度的悬索桥中不再采用钢板梁。

1. 加劲梁断面形式

现阶段，加劲梁主要有钢桁梁（桁架式加劲梁）和钢箱梁（钢箱式加劲梁）两类。

钢箱梁的抗风性能较好，风阻吸收仅为钢桁梁的 1/4 ~ 1/2，且耗钢量较少；钢桁梁在双层桥面的适应性方面远较与钢箱梁优越，适用于交通量较大、公铁两用或其他特殊条件下的悬索桥。

与一般钢桥相同，钢桁梁或钢箱梁均在工厂内制造，运输到现场后通过节段间现场连接的方法成桥。加劲梁的制造节段长度一般与钢桁梁的节间长度或其纵向吊索间距相同。

2. 加劲梁架设安装顺序

加劲梁的架设安装顺序主要有两种形式：一种是从主跨跨中及两侧桥台向索塔的两侧推进；另一种是从索塔两侧分别向主跨跨中及两侧桥台推进。拼装顺序应能保证塔顶纵向位移尽可能较小，梁段的竖向变位起伏小，并有利于抗风稳定。

美国旧金山奥克兰海湾大桥和维拉扎诺桥采用的是前一种顺序，而金门大桥和麦基纳克桥采用的是后一种顺序；欧洲多数桥梁（赛文桥、博斯普鲁斯海峡大桥、亨伯尔桥等）采用前一种顺序；在日本，除白鸟大桥外，几乎全部采用后一种顺序。

随着悬索桥施工实践的日益增多，加劲梁架设顺序也在不断发展。例如，日本的明石海峡大桥分别采用两种顺序进行架设。但无论采用哪种架设顺序，均须考虑主缆变形对加劲梁线形（高程）的影响，应在施工前尽可能先做模型试验与必要的计算分析，再结合各桥的特点加以确定。

3. 缆载吊机

加劲梁架设的主要工具是缆载吊机，其由主梁、端梁及各种运行提升机构组成。缆载吊机横跨并支承在两主缆上，其主梁跨度即为两主缆的中心距。

梁段用驳船浮运到安装位置的下方，提升梁上的卷扬机，放下提升钢丝绳。钢丝绳通过平衡梁与加劲梁节段连接。卷扬机将梁段提升到吊索位置后，将吊索下端与梁段上的吊点连接，同时，将本段梁段与相邻梁段临时铰接，然后松开平衡梁，本梁段即吊装完毕。

主缆是柔索结构，当只有部分梁段悬吊在主缆上时挠度很大，已吊装的加劲梁将产生很大的弯曲变形。如果梁段吊装到位后即与相邻梁段连接，则加劲梁将承担很大的弯曲应力，容易造成结构破坏。

为此，梁段吊装到位后只在上缘与相邻梁段形成铰接，下缘在吊装期间张开。随着吊装梁段的增加，主缆的局部挠度减小，加劲梁下缘的间隙逐渐闭合，待梁段全部吊装完成或大部分完成后，在相邻节段间永久固结连接。此时，加劲梁恒荷载完全由主缆承担，加劲梁只承担节段内的局部弯矩。

（五）施工阶段线形及内力控制

悬索桥施工过程中必须对塔柱弯矩、主缆线形及加劲梁线形加以控制，以使成桥时塔柱基本只承担竖向力，主梁线形达到道路线形要求。

在空缆状态下，主缆无论在中跨还是在边跨均为悬链线，当加劲梁安装完毕后，恒载接近于均布荷载，主缆线形接近于二次抛物线。在两种线形之间转换时主缆将向中跨移动，因此,塔顶的索鞍在加劲梁架设期间,必须可以在纵桥向移动,待架设完毕后再与塔顶固结。

主缆的长度是从成桥状态考虑成桥温度后,用无应力法计算得到的。再根据索股在主缆中的位置计算索股的长度,编索时先确定标准丝的长度,其余钢丝按照标准丝定长度。

空缆的形状根据缆索的总长及中跨与边跨主缆水平分力相等的原则确定。空缆线形与成桥线形比较后可以得到索鞍在架设期间移动的距离。有了空缆线形后即可进行加劲梁吊装过程模拟计算,从而得到吊装过程中主缆、加劲梁的线形控制值,结果将用于现场操作控制。现场控制时将现场实测值与计算值比较,控制架设精度。

以上计算都必须考虑几何非线性效应,现在一般通过基于有限位移法的计算机程序进行计算,同时,考虑实测温度与计算温度差的补偿。

第二节　斜拉桥

斜拉桥的施工包括索塔施工、上梁施工、斜拉索的制作三大部分。由于斜拉桥属于高次超静定结构,所采用的施工方法和安装程序与成桥后的主梁线形、结构恒载内力有密切的联系;在施工阶段随着斜拉桥结构体系和荷载状态的不断变化,结构内力和变形亦随之不断变化。因此,需要对斜拉桥的每一施工阶段进行详细分析、验算,求得斜拉索张拉吨位和主梁挠度、塔柱位移等施工控制参数的理论计算值。对施工的顺序做出明确规定,并在施工中加以有效管理和控制。

一、斜拉桥主要结构体系

斜拉桥是一种桥面体系受压,支承体系受拉的桥梁,它主要由上部结构的主梁(加劲梁)、桥塔和斜拉索以及下部结构的墩台组成。斜拉桥桥面体系用加劲梁构成,支承体系由斜拉索构成。斜拉桥的结构体系可根据主梁、斜拉索、索塔和桥墩的不同形式结合,形成4种不同的结构体系,下面做简要介绍。

(一)漂浮体系——塔墩固结、塔梁分离

主梁除两端有支撑外,其余全部由拉索作为支承,成为在纵向可稍作浮动的一根具有多点弹性支撑的单跨梁。地震烈度较高的地区优先采用这种体系。

(一)半漂浮体系—塔墩固结、塔梁分离

在桥墩处主梁下设竖向支撑,半漂浮体系的主梁成为在跨内具有多点弹性支承的连续梁或悬臂梁。在经济上和美观上都优于漂浮体系。

（三）塔梁固结体系——塔梁固结、塔墩分离

塔梁固结并支承在桥墩上，主梁相当于顶面用拉索加强的一根连续梁或悬臂梁，主梁与塔内的内力和挠度同主梁和塔柱的弯曲刚度比值直接相关。该体系一般适用于小跨径斜拉桥。

（四）刚构体系——主梁、索塔、桥墩三者互为固结

梁、塔、墩固结，主梁成为在跨内具有多点弹性支承的刚构。该体系适用于地震烈度较低且无抗风要求的地区。

二、斜拉桥施工

（一）主塔施工

1.钢主塔施工

钢主塔施工，应对垂直运输、吊装高度、起吊吨位等施工方法作充分考虑。钢主塔在工厂分段立体试拼装合格后方可出厂。主塔在现场安装，常常采用现场焊接接头、高强度螺栓连接、焊接和螺栓混合连接的方式。

经过工厂加工制造和立体式拼装的钢塔，在正式安装时，应予以测量控制，并及时用填板或对螺栓孔进行扩孔，调整轴线和方位，防止加工误差、受力误差、安装误差、温度误差、测量误差的积累。

钢主塔的防锈措施，可用耐候钢材，或采用喷锌层。但绝大部分钢塔都采用油漆涂料，一般可保持的使用年限为 10 年。油漆涂料常采用两层底漆，两层面漆。其中三层由加工厂涂装，最后一道面漆由施工安装单位最终完成。

2.混凝土主塔施工

混凝土桥塔主要采用就地浇筑法，模板和支架的做法常采用支架法、滑模法、爬模法和大型模板构件法等。

3.主塔施工测量控制

斜拉桥主塔一般由基础、承台塔座、下塔柱、下横梁、中塔柱、上横梁、上塔柱（拉索锚固区）、塔顶建筑等八大部分或其中几部分组成。由于主塔的建筑造型千姿百态，断面形式各异，在主塔各部位的施工过程中，除了应保证各部位的几何尺寸正确之外，更重要的是应该进行主塔局部测量系统的控制，并与全桥总体测量系统接轨。

主塔局部测量系统的控制基准点，应建立在相对稳定的基准点上，如选择在主塔的承台基础上，进行主塔各部位的空间三维测量定位控制。测量控制的时间，一般应选择当天22：00 至次日 7：00 日照之前的时段内，以减少日照对主塔造成的变形影响。

此外，随着主塔高度不断升高，也应选择风力较小的时机进行测量，并对日照和风力影响予以修正。在主塔八大部位的相关转换点上的测量控制极为重要，以便根据实际施工情况及时进行调整，避免误差的累计。

主塔局部测量系统的量测，一般常采用三维坐标法或天顶法。若主塔局部测量系统的基点选择在相对稳定的承台基础上，随着主塔高度增高及混凝土收缩、徐变、沉降、风荷载、温度等因素的影响，基准点必然会有少量的变化。为此应该在上述八大部位的相关转换点上，与全桥总体测量坐标系统接轨，以便进行总体坐标的修正，进行测量的系统控制。

（二）主梁施工

1. 主梁施工方法

斜拉桥主梁施工方法包括顶推法、平转法、支架法和悬臂法。四种施工方法的特点及适用性简述如下。

（1）顶推法

顶推法的特点是施工时需在跨间设置若干临时支墩，顶推过程中主梁反复承受正、负弯矩。该法较适用于桥下净空较低、修建临时支墩造价不大、支墩不影响桥下交通、抗压和抗拉能力相同、能承受反复弯矩的钢斜拉桥主梁的施工。对混凝土斜拉桥主梁而言，由于拉索水平分力能对主梁提供预应力，如在拉索张拉前顶推主梁，临时支墩间距又超过主梁负担自重弯矩能力时，为满足施工需要，需设置临时预应力束，在经济上不合算。所以，斜拉桥主梁的施工迄今国内尚无用顶推法修建的实例。

（2）平转法

平转法是将上部构造分别在两岸或一岸顺河流方向的矮支架上现浇，并在岸上完成所有的安装工序（落架、张拉、调索）等，然后以墩、塔为圆心，整体旋转到桥位合龙。平转法适用于桥址地形平坦、墩身矮和结构系适合整体转动的中小跨径斜拉桥。我国四川马尔康地区的金川桥是一座跨径为68m+37m，采用塔、梁、墩固结体系的钢筋混凝土独塔斜拉桥，塔高25m，中跨为空心箱梁，边跨是实心箱梁，该桥是采用平转法施工的。

（3）支架法

支架法是在支架上现浇、在临时支墩间设托架或劲性骨架现浇、在临时支墩上架设预制梁段等几种施工方法。其优点是施工简单方便，既能确保结构满足设计线形，又适用于桥下净空低、搭设支架不影响桥下交通的情况。

（4）悬臂法

悬臂法可以是在支架上修建边跨，然后中跨采用悬臂拼装法和悬臂施工的单悬臂法；也可以是对称平衡方式的双悬臂法。悬臂施工法分为悬臂拼装法和悬臂浇筑法两种悬臂拼装法，一般是先在塔柱区现浇一段放置起吊设备的起始梁段，然后用各种起吊设备从塔柱两侧依次对称安装节段，使悬臂不断伸长直至合龙。悬臂浇筑法，是从塔柱两侧，用挂篮对称逐段就地浇筑混凝土。我国大部分混凝土斜拉桥主梁都采用悬臂浇筑法施工。

综上所述，支架法和悬臂施工法是目前混凝土斜拉桥主梁施工的主要方法，前者适用于城市立交或净高较低的岸跨主梁施工；后者适用于净高很大的大跨径斜拉桥主梁的施工。

2.斜挂机主梁施工特点

（1）结构设计由施工内力控制

斜拉桥与其他梁桥相比，主梁高跨比很小、梁体十分纤细、抗弯能力差。由于挂篮重量大，当采用悬臂施工时，如果仍采用梁式桥传统的挂篮施工方法，梁、塔和拉索将由施工内力控制设计，很不经济。因此，考虑施工方法，必须充分利用斜拉桥结构本身特点，在施工阶段充分发挥斜拉索的效用，尽量减轻施工荷载，使结构在施工阶段和运营阶段的受力状态基本一致。

（2）横截面浇筑方法

对于单索面斜拉桥，一般都需采用箱形断面。若全断面一次浇筑，为减少浇筑重量，要在一个索距内纵向分块，并需额外配置承受施工荷载的预应力束。所以，一般做法是将横断面适当地分解为三部分，即中箱、边箱和悬臂板。

先完成包含主梁锚固系统的中箱，张拉斜拉索，形成独立稳定结构，然后以中箱和已浇节段的边箱为依托浇筑两侧边箱，最后用悬挑小挂篮浇筑悬臂板，使整体箱梁按品字形向前推进。对于双索面斜拉桥，主梁节段在横断面方向分为两个边箱和中间车行道板三段，边箱安装就位后就张拉斜拉索，利用预埋于梁体内的小钢箱来传递斜拉索的水平分力，使边箱自重分别由两边拉索承担，从而降低了挂篮承重要求，减轻了挂篮自重，最后安装中间桥面板并现浇纵横接缝混凝土。

（3）塔梁临时固结

为了保证大桥在整个梁部结构架设安装过程中的稳定、可靠、安全，要求施工安装时采取塔梁临时固结措施，以抵抗安装钢梁桥面板及张拉斜拉索过程中可能出现的不平衡弯矩和水平剪力。

（4）中孔合龙

为保证大桥中孔能顺利合龙，根据以往斜拉桥的成功经验，一般选择自然合龙的方法。以上海杨浦大桥为例，需要考虑以下几个方面：

①合龙温度的确定

大桥能否在自然状态下顺利合龙，关键是要正确选择合龙温度。该温度的持续时间能满足钢梁安装就位及高强螺栓定位所需的时间。

②全桥温度变形的控制

由于大桥跨度大，温度变形对中跨合龙段长度的影响相当敏感。因此，在整个施工过程中，应对温度变形进行监测，特别是对将接近合龙段时的中孔梁段和温度变形更应重点量测，找出温度变形与环境湿度的关系，为确定合龙段钢梁长度提供科学依据。

③合龙段钢梁长度的确定

设计合龙段长度原定为 5.5m，在实际施工时再予以修正。其实际长度应为合龙湿度下设计长度加减温度变形量。

④合龙段的安装

合龙段钢梁的安装是一个抢时间、抢速度的施工过程，必须在有限的时间里完成，因此，在合龙前必须做好一切准备工作。钢梁应预先吊装就位，一旦螺孔位置平齐，即打入冲钉，施拧高强螺栓，确保合龙一次成功。

⑤临时固结的解除

中孔梁一旦合龙，必须马上解除临时固结，否则由于温度变化所产生的结构变形和内力，会使结构难以承受。因此，在合龙段钢梁高强螺栓施拧完后，应立即拆除临时固结。

（三）斜拉索施工

成形斜拉索由钢丝或钢绞线组成的钢索和两端的锚具组成。不同种类和构造的斜拉索两端需配装合适的锚具后才能成为可以承受拉力的斜拉索。斜拉索的锚具目前常用的有以下四种：热铸锚、墩头锚、冷铸墩头锚和夹片群锚。

配装热铸锚、冷铸锚、镦头锚（统称为拉锚式锚具）的斜拉索，可以事先将锚具装固到钢索两端，预制成斜拉索。

斜拉索可以在专门的工厂制作，然后盘运到桥梁工地，或在桥梁工地现场制作，拖拉到桥位直接进行挂索和张拉。斜拉索有单股钢绞式钢缆、半平行钢绞线索、半平行钢丝索、平行钢丝索及平行钢丝股索等。这类斜拉索可称作预制索或成品索。

我国已建有专门化、机械化生产热挤塑聚乙烯护套扭绞形钢丝索的工厂，可生产的最大规格为 421φ7 mm、长度 350 m 的钢丝索，可满足 600 m 以上大跨径斜拉桥对斜拉索的需要，斜拉索的制作水平已达到国际先进水平。

配装夹片群锚的斜拉索，张拉时直接张拉钢丝，待张拉结束后锚具才发挥作用。因此，配装夹片群锚的平行钢筋索及平行钢绞线索必须在桥梁现场架设过程中制作，故可称为现制。

1. 斜挂索的制作

制索工艺流程一般为：钢丝除锈→调直→应力下料→防护漆→穿锚→镦头→浇锚→烘锚拉索防护→超张拉→标定。

2. 斜拉索的防护

（1）临时防护

钢丝或钢绞线从出厂到开始做永久防护的一段时间内，所需要的防护称为临时防护。国内目前采用的临时防护法一般是钢丝镀锌，即将钢丝纳入聚乙烯套管内，安装锚头密封后喷防护油，并充氮气，以及涂漆、涂油、涂沥青膏处理等。

具体实施可根据防锈蚀效能、技术经济比较、设备条件及材料种类决定。通常在钢丝或钢绞线穿入套管前，每根钢丝或钢绞线应在水溶性防腐油中浸泡或喷一层防腐油剂。在临时防护中，镀锌钢丝的锌层应均匀连续，附着牢固，不允许有裂纹、裂痕和漏块。此外，不镀锌处理的钢丝，在储存和加工期间应进行其他涂漆、涂油等临时防护措施。

（2）永久防护

从斜拉索钢材下料到桥梁建成的长期使用期间，应做永久防护。永久防护应满足防锈蚀、耐日光曝晒、耐老化、耐高温、涂层坚韧、材料易得、价格低廉、生产工艺成熟、制作运输安装简便、更换容易等要求。永久防护包括内防护与外防护，内防护是直接防止斜拉索锈蚀，外防护是保护内防护材料不致流出、老化等。

内防护所用的材料一般有沥青砂、防锈脂、凡士林、聚乙烯塑料泡沫和水泥浆等，这些材料各有优缺点。

外防护所用的材料亦各有优缺点，聚氯乙烯管质脆，抗冻和抗老化性能差，易破裂失效；铝管则需注水泥浆，而水泥浆的碱性作用易使铝管腐蚀；钢管作外套时本身尚需防腐蚀且笨重；多层玻璃丝布缠包套，目前效果尚可，但价格高，施工烦琐。

我国目前一般采用炭黑聚乙烯。在塑料挤出机中旋转挤包于斜拉索上而成的熟挤索套防护斜拉索方法，即PE套管法。所用高密度聚乙烯（PE）与其他方法所用材料相比有以下优点。

在设计寿命期限内能抵抗循环应力引起的疲劳，在聚乙烯树脂中加炭黑有效抵抗紫外线的侵蚀，与灌浆材料和钢材无化学反应，在运输、装卸、制造、安装和灌注时能抗损坏，能防止水、空气和其他腐蚀物质的入侵，徐变特性低；对周围环境有一定的适应性。

同时，黑色PE管的热膨胀系数大约是水泥浆和钢材的6倍。因此，为了控制温度变化并减小可能导致PE管损坏的不均匀应力，通常在PE管上缠绕或嵌套一层浅色胶带或PE面层。采用热挤索套不像PE管压浆工艺那样，存在斜拉索钢丝早期锈蚀，它可在很短的时间内完成防腐、索套制作、拉索密封等工艺。

总之，斜拉索防护绝大多数是在生产制作过程中完成的，与生产材料、工艺以及生产标准、管道等密切相关。故此，要做好斜拉索的防护工作，就必须严格控制生产的各个环节、工序，以确保斜拉索的质量。

3. 斜拉索的安装

（1）放索及索的移动

①放索

为方便运输及运输过程中对索的保护，斜拉索起运前通常采用类似电缆盘的钢结构盘将拉索卷盘，然后运输。对于短索，也有采取自身成盘，捆扎后运输的情况。根据斜拉索不同的卷盘方式，现场放常用的有立式转盘放索和水平转盘放索两种方式。

立式转盘放索：钢结构索盘放索时设置一个立式支架，在索盘轴空内穿上圆轴，徐徐转动索盘将索放出。

水平转盘放索：对于自身成盘的索，设置一个水平转盘，将索盘放在转盘动边将索放出。

在放索过程中，由于索盘自身的弹性和牵引产生的偏心力，会使转盘转动加速，导致散盘，危及施工人员的安全。所以，一般情况下，要对转盘设制动装置，或者以钢丝绳作尾索，用卷扬机控制放索。

②索在桥面上的移动

在放索和挂索过程中，要对斜拉索进行拖移，由于索自身弯曲，或者与桥面直接接触，在移动中就有可能损坏斜拉索的防护层或索股，为避免这些情况的发生，一般采取以下方法，移动时的对索进行保护。

若索盘是水上由驳船运来，对于短索一般直接将索盘吊到桥面上，利用放索支架放索，对于长索一般直接在船上设置放索支架放索。采用前者要在梁上放置吊装装备，采用后者则需要梁端设置转向装置以利于索的移动。对于现浇梁，转向装置设在施工挂篮上，若是拼装结构则设在主梁上，并且要求转向装置的半径不小于索盘半径，与梁体保持一定的距离。

辊筒法：在桥面上设置一条辊筒带，当索放出以后，沿辊筒运动。制作辊筒时，要根据斜拉索的布置及刚柔程度，选择适宜的辊轴半径，以免辊轴弯折，摩阻增加。平根之间要保持合理的间距，防止斜拉索与桥面接触。辊筒可与桥面固结，也可与斜拉索套筒固结，具体方法依施工现场情况而定。

移动平车法：当斜拉索上桥后，每隔一段距离垫一个平车，由平车载索移动。梁体顶面凹凸不平时会导致平车运动不便，所以平车的轮子不宜太小。与根筒法一样，平车也要保持合理的间距，避免斜拉索与桥面接触。

导索法：在索塔上部安装一根斜向工作悬索，当斜拉索上桥后，前端连接牵引索，每隔一段距离放置一个吊点，使斜拉索沿着导索运动，这种方法能省去大型牵索设备，可安装成卷的斜拉索。

垫层法：对于一些索径小、自重轻的斜拉索，可在梁面放索线上敷设麻袋、草包、地毯等柔软的垫层，就地拖移。

（2）斜拉索的塔部安装

单吊点法：斜拉索上桥面后，从索塔孔道中放下牵引绳，连接斜拉索的前端，离锚具下方一定距离设一个吊点，索塔吊架用型钢组成支架，配置转向滑轮。

当锚头提升到锁孔位置时，采用牵引绳与吊绳相互协调，使锚头尺寸准确。牵引至索塔孔道后，穿入锚头固定。单吊点法施工简便、安装迅速，缺点是起重索所需的拉力大，斜拉索在吊点处弯折角度较大，故一般适用较柔软的短斜拉索。

多吊点法：同前述导索法。只要将导索法中的牵引索从预穿索孔中引出即可。多吊点法吊点分散、弯折小，在统一操作指挥下，可使斜拉索均匀起吊。因吊点较多，易保持索呈直线状态，两端无须用大吨位千斤顶牵引。

起重机安装法：采用索塔施工时的提升起重机，用特制的扁担梁捆扎拉索起吊。拉索前段由索塔孔道内伸出的牵引索，引入索塔斜拉索锚空内，下端用移动式起重机提升。起重机法操作简单快速，不易损坏拉索，但要求起重机有较大的起重能力，故一般适用于重量不大的短索安装。

分步牵引法：根据斜拉索在安装过程中索力递增的特点，分别采用不同的工具，将斜拉索安装到位。第一，用大吨位的卷扬机将索张拉端从桥面提升到预留孔外；第二，用穿心式千斤顶将其牵引至张拉锚固面。

在这个阶段前半部分，采用柔性张拉杆——钢绞线束，利用两套钢绞线夹具，系统交替完成前半部分牵引工作；牵引阶段的后半部，应根据索力逐渐增大的情况，采用刚性张拉杆分步牵引到位。分步牵引法的特点是牵引功率大、辅助施工少、桥面无附加荷载、便于施工。

总之，在以上各种挂索过程中，各种构件连接处较多，如锚头与拉杆、牵引头的连接滑轮与塔柱斜拉索的连接等。任何一处发生问题，就会发生事故，在施工中，应特别注意各处连接的可靠性。

（3）斜拉索的梁部安装步骤

同塔部安装，基本方法有如下两种。

吊点法：在梁上放置转向滑轮，牵引绳从套筒中伸出，用起重机将索吊起后，随锚头逐渐牵入套筒，缓缓放下吊钩，向套筒口平移，直至将锚头牵入套筒内。

拉杆接长法：对于梁部为张拉端的斜拉索安装，采用拉杆接长法比较方便。先加工长度均为 1.0 m 左右的短拉杆与主拉杆连接（张拉杆连接），使其总长度超过斜拉索套筒加张拉千斤顶的长度。利用千斤顶多次运动，逐渐将张拉端拉出锚固面，并逐渐拆掉多余的短拉杆，安装锚固螺母。运用拉杆接长法，要加工一个组合螺母（张拉杆连接螺母）。采用这个螺母逐步锚固拉杆，直到将锚头拉出锚板后拆除。

4.斜拉索调索张拉

根据目前的技术水平，国内外斜拉索锚具、千斤顶、斜拉索的设计吨位已达到"千吨"级水平，大吨位斜拉索整体张拉工艺已经十分成熟。无论是一端张拉还是两端张拉，一般情况下，都需在斜拉索端头接上张拉连接杆，之后使用大吨位穿心式千斤顶实施斜拉索的张拉调索。为方便施工，张拉杆都采用分节接长，而非整根通长。拉锚式斜拉索张拉索主要步骤包括以下几点。

第一，对张拉千斤顶和配置液压泵进行标定，同时，对预计的调整值划分级别。根据标定得出的张拉值和液压表读数之间的直线关系，计算并列出每级张拉值的相应的油表读数。

第二，对索力检测仪器进行标定。

第三，计算各级调整值并列出相应的延伸量。

第四，做好索力检测和其他各种观测的准备工作；将张拉工具、设备一一就位。

第五，先将千斤顶撑架用手拉葫芦等固定在斜拉索锚固面上，然后将千斤顶用螺栓连接支承在撑架上；将张拉杆穿过千斤顶和撑架，旋转在斜拉索锚头端，再将长拉杆上的后螺母从张拉杆尾端旋转穿进；将千斤顶与液压泵用油管接好，开动液压泵，使千斤顶活塞空升少许，如调索要求降低索力，可根据情况多升一定量；接着将后螺母旋至与活塞接触紧密处。如调索是在斜拉索锚头还未被牵出锚固面的情况下进行的，则上述过程已在牵索过程完成；如索力检测采用测量张拉杆拉力的方式，则应在张拉杆后螺母间安装穿心式压力传感器，测量张拉力。需要先将传感器从张拉杆后端插入，再摇张拉杆后螺母旋入。

第六，按预定级别的相应张拉力，通过电动液压泵进油逐级调整索力。如果是降低索力，则先进油拉动斜拉索，使锚环能够松动，在旋开锚环后可回油使斜拉索索力降低。在调索过程中，如千斤顶达到行程允许伸长量，即可将斜拉索锚头的锚环旋紧，使其临时支承于锚固支承面上，这时千斤顶可回油并进行下一行程的张拉。如果调索是在斜拉索锚头还未牵出其锚固面的情况下进行的，则临时锚固由叠撑在锚环上的张拉杆前螺母，即两半边螺母承担临时锚固张拉调索过程中，应以检测、校核数据，配合液压表读数，共同控制张拉力，并对结果随时观测，以防不正常情况发生。

第三节　拱桥

拱桥施工方法按拱圈的制作方式可分为现浇法和预制装配法；按拱圈的架设施工方式可分为有支架施工和无支架施工两类。

有支架施工是拱桥施工的主要方法，尤其是石拱桥和混凝土拱桥，几乎全是采用搭设拱架的方法进行施工的，但这种方法需要耗费大量建筑材料和劳动力，并且工期较长，大大影响了拱桥的推广使用。

拱桥是一种能充分发挥圬工及钢筋混凝土材料抗压性能的合理桥型，其外形美观、维修费用低，具有向大跨度方向发展的优势。为了改善拱桥施工方法落后的状况，目前在施工方法和机具设备方面做了大量改进。

一、混凝土拱桥施工

混凝土拱桥的施工按其主拱圈成型的方法可以分为以下三大类。

（一）就地浇筑法

就地浇筑法就是把拱桥主拱圈混凝土的基本施工工艺流程（立模、扎筋、浇筑混凝土、养护及拆模等）直接在桥孔位置来完成。按照所使用的设备来划分，包括以下两种。

1. 有支架施工法

这和梁式桥的有支架施工类似，与其支架类型、主拱圈混凝土浇筑的技术要求以及卸架方式等有关。

2. 悬臂浇筑法

悬臂浇筑法把主拱圈划分成若干个节段，并用专门设计的钢桁托架结构作为现浇混凝土的工作平台。托架的后端铰接在已完成的悬臂结构上，其前端则用刚性组合斜拉杆经过临时支柱和塔架，再由尾索锚固在岸边的锚碇上。但是钢桁托架本身较重，转移较难，钢筋骨架和混凝土法的运输需借助缆索吊装设备，施工比较麻烦，拱轴线上各点的高程也较难控制，故目前较少采用这种施工方法。

（二）预制安装法

预制安装法按主拱圈结构所采用的材料可以分为整体安装法和节段悬拼法两种。

1. 整体安装法

这种施工方法适合于钢管混凝土系杆拱的整片起吊安装，钢管混凝土拱肋在未灌混凝土之前具有质量轻的优点。例如某跨径为 45 m 的系杆拱片，经组合后，其吊装质量仅为 18.7 t，用起重量为 20 t 的浮吊，仅用了一天就把两片拱片全部安装完毕。被起吊的拱片应做以下三点验算。

拱肋从平卧到竖立的翻转过程中，形若一根简支曲梁。因此，应将此两个起吊点视为作用于其上的垂直集中力，来验算此曲梁的强度和刚度。

在竖向吊运过程中，需验算吊点截面的强度。

当两吊点间距较近时，需验算系杆在吊运过程中是否出现轴向压力及其面外的稳定性。应该科学地设计其施工顺序，使设计中对全桥横向稳定有利的杆件先安装或浇筑以尽早发挥作用。例如，先安装肋间横撑，浇筑支承节点和端横梁混凝土，再安装内横梁和沿系杆的纵向分条地安装桥面板直至合龙等。

2. 节段悬拼法

节段悬拼法是将主拱圈结构划分成若干节段，先放在现场的地面或场外工厂进行预制，然后运送到桥孔的下面，利用起吊设备提升就位，进行拼接，逐渐加长直至成拱。每拼完一个节段，必须借助辅助设备临时固定悬臂段。这种方法对钢筋混凝土或钢管混凝土主拱圈的施工都适用。常用的起重设备有以下两种。

（1）缆索吊装设备

缆索吊装设备主要由主索、工作索、塔架和锚固装置等四个基本部分组成。其中包括主索、起重索、牵引索、结索、扣索、缆风索、塔架及索鞍、地锚、滑车、电动卷扬机等设备和机具。

（2）伸臂式起重机

伸臂式起重机每拼接好一个节段，即用辅助钢索临时拉住，每拼完三节，便改用更粗的主钢索拉住，然拆除辅助钢索，供重复使用。这种方法适用于特大跨径的拱桥施工。

（三）转体施工法

转体施工法的特点是将主拱圈从拱顶截面分开，把主拱圈混凝土高空浇筑作业改为放在桥孔下面或者两岸进行，并预先设置好旋转装置，待主拱圈混凝土达到设计强度后，再将它就地旋转就位成拱。按照旋转的几何平面又可分为以下三种。

1. 平面转体施工法

这种施工方法特点是：将主拱圈分为两个半跨，分别在两岸利用地形作简单支架（或土牛拱胎），现浇或者拼装拱肋，再安装拱肋间横向联系（横隔板、横系梁等），把扣索的一端锚固在拱肋的端部（靠拱顶）附近，经引桥桥墩延伸至埋入岩体内的锚锭中，再用液压千斤顶收紧扣索，使拱肋脱模，借助环形滑道和手摇卷扬机牵引，慢速地将拱肋转体180°（或小于180°），最后再进行主拱圈合龙段和拱上建筑的施工。

2. 竖向转体施工法

当桥位处无水或水很浅时，可以将拱肋分成两个半跨放在桥孔下面预制。如果桥位处水较深，可以在桥位附近预制，然后浮运至桥轴线处，再用起吊设备和旋转装置进行竖向转体施工。这种方法最适宜钢管混凝土拱桥的施工。因为钢管混凝土拱桥的主拱圈必须先让空心钢管成拱后再灌筑混凝土，故在旋转起吊时，不但钢管自重相对较轻，而且钢管本身强度也高，易于操作。

3. 平 - 竖相结合的转体施工法

这种施工方法综合吸收了上述两种转体施工方法的优点，具体体现在以下几点：利用竖向转体法的优点，变高空作业为地上作业，避免了长、大、重安装单元的运输和起吊；利用平面转体法的优点，将全桥三孔分为两段，放在主河道的两岸进行预制和拼装，将桥跨结构的施工对主航道航运的影响减到最低程度；利用边孔作为中孔半拱的平衡重，使整个转体施工形成自平衡体系，免除了在岸边设置锚碇构造。

二、拱桥的有支架施工

（一）拱架

砌筑石拱桥或混凝土预制块拱桥，以及现浇混凝土或钢筋混凝土拱圈时，需要搭设拱架，以承受全部或部分主拱圈和拱上建筑的重量，保证拱圈的形状符合设计要求。拱架主要有钢桁架拱架、扣件式钢管拱架等。

1. 钢桁架拱架

（1）常备拼装式桁架形拱架

常备拼装式桁架形拱架是由标准节段、拱顶段、拱脚段和连接杆等用钢销或螺栓连接的，拱架一般采用三铰拱，其横桥向由若干组拱片组成，每组的拱片数及组数由桥梁跨径、荷载大小和桥宽决定，每组及各组间拱片由纵、横连接系联成整体。

（2）装配式公路钢桥桁架节段拼装式拱架

在装配式公路钢桥桁架节段的上弦接头处加上一个不同长度的钢铰接头，即可拼成各种不同曲度和跨径的拱架，在拱架两端应另加设拱脚段和支座，构成双铰拱架。拱架的横向稳定由各片拱架间的抗风拉杆、撑木和风缆等设备保证。

（3）万能杆件拼装式拱架

万能杆件拼装式拱架是用万能杆件补充一部分带铰的连接短杆，拼装时，先拼成桁架节段，再用长度不同的连接短杆连成不同曲度和跨径的拱架。

（4）装配式公路钢桥桁架或万能杆件桁架与木拱盔组合的钢木组合拱架

装配式公路钢桥桁架或万能杆件桁架与木拱盔组合的钢木组合拱架是由钢桁架及其上面的帽木、立柱、斜撑、横梁及弧形木等杆件构成。

2. 扣件式钢管拱架

扣件式钢管拱架一般有满堂式钢管拱架、预留孔满堂式钢管拱架、立柱式扇形钢管拱架等几种形式。

扣件式钢管拱架的基础可以采用在立柱下端垫上底座，使立柱承重后均匀沉降并有效地将荷载传递给地基。但由于立柱数量较多，分散面宽，每根立柱所处的地基不相同，除按一般基础处理外，还可采取分别确定立柱管端承载能力的方法，使各立柱承载后的不均匀沉降控制在允许的范围内。

（二）模板

1. 拱圈模板

拱圈模板（底模）的厚度应根据弧形木或横梁间距的大小而定，一般有横梁时为 40 mm ～ 50 mm，直接搁置在弧形木上时为 60 mm ～ 70 mm。有横架时为使顺向放置的模板与拱圈内弧线圆一致，可预先将木板压弯，但 40m 以上跨径拱桥的模板可不必事先压弯。

混凝土和钢筋混凝土拱圈模板在拱顶处应铺设一段活动模板，在间隔缝处应设间隔缝模板并在底模或侧模上留置孔洞，待分段浇筑完后再堵塞孔洞，以便清除杂物。拱轴线与水平面倾角较大地段，须设置顶面盖板，以防混凝土流失。

2. 拱肋模板

拱肋模板的底模基本上与混凝土和钢筋混凝土拱圈相同，在拱肋间及横撑间的空档可不铺设底模。拱肋侧面模板一般先按样板分段制作，然后拼装于底模之上，并用拉木、螺栓拉杆及斜撑等固定。在安装时，应先安置内侧模板，等钢筋入模后再安置外侧模板，且应在适当长度内设置一道变形缝。拱肋盖板设置于拱轴线较陡的拱段，随浇筑进度装订。

（三）拱架卸落

1. 拱架卸落的程序和方法

拱架卸落的过程，就是由拱架支撑的拱圈的重力逐渐转移给拱圈自身来承担的过程，为了对拱圈受力有利，拱架不能突然卸除，而应按一定的卸架程序和方法进行。在卸架中，只有达到一定的卸落量时，拱架才能脱离拱圈体并实现力的转移。下面以满布式拱架为例，简述卸落程序。

拱架所需的卸落量 h 为拱圈体弹性下沉量与拱架弹性回升量之和，可通过计算得出。该卸落量为拱顶卸落量，拱顶两侧各支点的卸落量按直线比例分配。为了使拱圈体逐渐均匀降落和受力，各支点和各循环之间分成几次和几个循环逐步完成。各次和各循环之间要有一定间歇。间歇后将松动的卸落设备顶紧，使拱圈体落实。满布式拱架可根据算出和分配的各支点的卸落量，从拱顶开始，逐步同时向拱脚对称卸落，横向的几个沙筒同时放沙，速度一致、统一指挥。要检视拱圈边棱，用两组水准仪测量拱顶及 1/4 点处的高程变化。

2. 卸架设备

为保证拱架能按设计要求均匀下落，必须设置专门的卸架设备。卸架用的设备在拱架安装时已预先就位，满布式拱架卸落设备则放在拱脚铰的位置。卸架设备常用木楔、木凳（木马）、沙筒（沙箱）等几种。

（1）木楔

木楔可分为简单木楔和组合木楔。简单木楔由两块 1 : 6 ~ 1 : 10 斜面的硬木楔组成。落架时，用锤轻轻敲击木楔小头，将木楔取出，拱架即可下落。它的构造最简单，但缺点是敲击时振动大，易造成下落不均匀。一般可用于中、小跨径拱桥。组合木楔由三块楔形木和拉紧螺栓组成。卸架时，只需扭松螺栓，则楔木徐徐下降。组合木楔的下落较均匀，可用于 40m 以下的满布式拱架或 20m 以下的拱式拱架。

（2）木凳（木马）

木凳是另一种形式简单的卸架设备。卸架时，只要锯去木凳的两个边角，在拱架自重作用下，木凳被压陷，拱架也随之下落。一般适用于跨径在 5m 以内的拱桥。

（3）沙筒

沙筒是由内装沙的金属（或木料）筒及活塞（又名顶心木，为木制或混凝土制）组成。适用于跨径大于 30 m 的拱桥。卸落时靠沙从筒的下部预留泄沙孔流出。因此，要求沙干燥、均匀、清洁，沙筒与活塞间用沥青填塞，以免沙受潮。由于沙泄出量可以控制拱架卸落的高度，这样就能通过泄沙孔的开与关，分数次进行落架，使拱架均匀下降而不受振动。

三、拱桥的无支架施工

（一）缆索吊施工

缆索吊装施工是指采用缆索结构（单跨或双跨）吊运、安装桥梁的施工方法。缆索吊装具有跨越能力大，水平和垂直运输机动灵活，适应性广，施工稳妥、方便等优点，因而得到广泛采用，尤其在修建大跨径或连续多孔拱桥中更能显示这种施工方法的优越性。

缆索吊装施工主要用于预制安装的钢筋混凝土拱桥，同时，在劲性骨架施工中，拱桥的骨架安装、拱上结构安装、桁架、刚架拱桥施工甚至一般跨径的悬索桥加劲梁安装已得到广泛运用。

1. 主要设备和机具

缆索吊机的主要设备和机具有：承重索、起重索、牵引索、压塔索、缆风索、扣索、塔架（包括索鞍）地锚、滑轮、电动卷扬机及跑车等。

（1）主索（承重索）

主索（承重索）横跨桥渡，支撑于两塔架的索鞍上，吊运拱肋和其他构件的跑车支撑于主索上。主索根据吊运构件的重量、垂度、计算跨径（两塔索鞍中心距离）等因素进行截面计算。

（2）起重索

起重索用于控制吊运构件的运输。起重索承受吊重拉力，宜选用柔软耐磨、不易打结的钢丝绳。

（3）牵引索

牵引索用于牵引滑车（跑车）沿桥跨方向在承重索上移动（即水平运输）。

（4）缆风索

缆风索又称浪风索。缆风索有两种：一种是保证塔架纵横向的稳定，另一种是保证拱肋安装就位后的横向稳定及桥中线准确。塔架用的缆风索一般为后缆风及侧向缆风。

（5）塔架

塔架是用来提高承重索的临空高度及支撑各种受力钢索的结构物。由塔身、塔顶、塔底和索鞍等几个主要部分组成。塔身常用型钢或万能杆件组拼而成，也可用装配式公路钢桥桁节片（贝雷）等构件拼装而成。

（6）塔架基础

塔架基础一般采用浆砌片石或片石混凝土。塔底有铰接和刚接两种形式。底座设铰的塔架必须依靠缆风保持稳定。

（7）索鞍

索鞍通常使用的有滚动索鞍及滑动索鞍，设置在塔架顶上，用于放置承重索、起重索、牵引索等，可以减少钢丝绳与塔架的摩阻力，使塔架承受较小的水平力，减少钢丝绳的磨损。

（8）锚碇

锚碇亦称地垄或地锚，用于锚固承重索、锚索、起重索、牵引索、缆风索等。锚碇在吊装过程中，对安全有决定性影响，设计和施工都应高度重视，锚碇的尺寸大小和形式均必须通过设计和计算。

（9）滑轮

滑轮又称葫芦，有定滑轮、动滑轮、滑车、滑轮片、吊钩滑车及转向开口滑车等，可根据需要的尺寸以及载重量选用。

（10）跑车

跑车是在承重索上运行和起吊重物的装置，可用定型滑车制作，也可根据吊重的情况自行加工。跑车由跑车轮、起重滑车组和牵引系统三部分组成。

（11）电动卷扬机

电动卷扬机为牵引、起吊的动力设备，一般多用于起重索和牵引索。

（12）其他设备

其他设备包括倒链葫芦、花篮螺栓、钢丝卡子、千斤绳等。

2. 缆索吊施工工艺

缆索吊装施工主要包括拱肋预制、运输和吊装、主拱圈的安装、拱上建筑的砌筑、桥面构造的施工等主要工序。

拱桥的拱肋在河滩或桥头岸边分节预制后，送至缆索下面，由起重小车起吊送至桥位安装。为使端段基肋在合龙前保持在一定位置，在其上先用扣索临时系住，然后才能松开吊索。吊装应自一孔桥的两端向中间对称进行，在最后一节拱肋吊装就位，并将各接头位置调整到规定高程后，才能放松吊索并将各接头合龙，最后才能将所有扣索撤去。

吊装施工的成败，关键在于保证基肋（指拱肋、拱箱或桁拱片）有足够的强度和稳定性，不仅要按单根构件在运输和吊装时的情况复核其强度和稳定性，更重要的是按基肋合龙时及合龙后所承担的荷载，检算其强度和稳定性。

基肋吊装合龙要拟定正确的施工程序和施工细则。拱桥跨度较大时，最好采用双基肋或多基肋合龙。此时，基肋与基肋间的横系梁或横隔板必须紧随拱段的辨接及时焊接。必要时可在基肋的上下两面内侧设置临时交叉斜杆以缩短基肋的自由长度。端段拱肋就位后，除上端用扣索拉住使之不下坠外，还应在左右两侧各用一对风缆牵住以免左右摆动。

中段拱肋就位时，缓慢地松吊索，使各接头顶紧，尽量避免简支搁置和冲击作用。当拱肋分五段吊装时，由于最后一段就位时或多或少的简支作用，第一接头可能上升，而第二个接头可能下降，为此应在第一个接头下侧也设拉索牵住，以防失稳。

施工时一般在每一接头处都设一对横撑或一对横向风缆来加强基肋的稳定性，注意两侧横向风缆的角度要对称。

（二）劲性骨架拱圈浇筑施工

劲性骨架法是采用劲性材料（如角钢、槽钢等型钢）作为拱圈的受力钢材，在施工过程中，先把这些钢骨架拼装成拱，作为施工钢骨架，然后再浇筑混凝土，将钢骨架浇筑在混凝土内部形成型钢混凝土拱。该方法的优点是可减少施工设备的用钢量，结构整体性好，拱轴线易于控制，施工进度快。但结构本身用钢量大且用型钢量多，造价较高，目前较少采用。

劲性骨架法主要施工步骤为：劲性钢骨架制作、劲性钢骨架安装、拱圈混凝土浇筑、梁和吊杆安装。

1. 劲性钢骨架制作

劲性钢骨架采用 16Mn 型钢焊接制成，按照 1：1 大样分段冷弯成形，在大样架上拼焊成的钢骨架应进行探伤检测。

2. 劲性钢骨架安装

劲性钢骨架的安装关键应保证钢骨架在整个过程中的竖向和横向稳定性。安装时需根据计算要求，设置横向联系，每段骨架采用八字风缆固定。

3. 拱肋混凝土浇筑

拱肋混凝土浇筑的关键是保证钢骨架在浇筑混凝土过程中的稳定性，需根据计算布置足够的横向连接系和横向风缆。拱肋混凝土在浇筑过程中，钢骨架会随浇筑位置发生轴线变形。为适应钢骨架变形，调整时可采用水箱压，避免混凝土开裂，应适当设置变形缝，待混凝土浇筑完成后，采用高强度混凝土填缝。

（1）钢管拱肋制作

①钢管卷制与焊接

钢板用火焰切割机切割，但应将势力影响部分去掉。拱肋及横撑结构外表面均应先进行喷丸除锈，按一级表面清理。钢板卷制前，应根据要求将板端开好坡口，将钢板送入卷板机卷制成直筒体，卷管方向应与钢板压延方向一致。压制钢管的失圆度和对口错边偏差均应满足相应施工规范的要求，将卷成的钢管纵向缝焊成直管。对焊成的直钢管应进行检查和校正，以确保组装的精度。

②拱肋放样和拱肋段的拼装

将半跨拱肋在混凝土地面上按 1 ∶ 1 进行放样。沿放样的拱肋轴线设置胎架，在大样上放出吊杆位置、段间接头位置和混凝土灌注孔位置。拱肋钢管的纵向焊缝各管节应相互错开，并将纵向焊缝全部置于两肋板中间，以免外表面焊缝影响美观。拱肋分段长度主要考虑从工厂到工地的运输能力，分段长度一般为 10m 左右。

在拱肋上部字钢管内施焊吊杆垫板、支架、吊杆套管和弹簧钢筋，对管段焊缝质量进行超声检测和 X 光拍片检查，对管段涂装防锈。对拱肋安装的吊点位置进行布置，并在吊扣点位置增设加劲板，以防圆管受荷时变形。

对各段端接头进行必要的加劲，以防止吊装时拱肋端头碰撞，局部变形，难以对接施焊。段间接头外部增设法兰盘螺栓连接，以便就位后作为临时连接。横向风撑等杆件与拱肋的焊接，应根据拱肋安装方法而定。

当整孔安装或半孔安装时，风撑应在工地安装前焊接完毕；当采用缆索安装时，风撑可在拱肋吊装完成后焊接分段拱肋。运至工地后，再进行放样，将几段拱肋拼成安装的长度。

（2）与钢管拱肋混凝土浇筑

浇筑钢管拱肋内混凝土可采用泵送顶升浇灌法和吊斗浇捣法。泵送顶升浇灌法是在钢管拱肋、拱脚的位置安装一个带闸门的进料支管，直接与泵车的输送管相连，由泵车将混凝土连续不断地自下而上灌入钢管拱肋，无须振捣。采用吊斗浇筑时，在钢管拱肋顶部每隔 4m 开孔作为灌注孔和振捣孔。混凝土由吊斗运至拱肋灌注孔，通过漏斗灌入孔内，由插入式振捣棒对混凝土进行振捣。

灌注混凝土的配合比除满足强度指标外，还应注意混凝土坍落度的选择。

为满足坍落度要求，可掺入适量减水剂；为减少收缩量，可掺入适量的混凝土微膨胀剂。钢管内混凝土是否灌满，混凝土收缩后与钢管壁形成空隙往往是较令人担心的问题。采用小铁锤敲击钢管听声音的方法是十分简单和有效的。当小锤敲击发出声音异常时，可采用钻孔检查，也可用超声波进行检测，对有空隙部位进行钻孔压浆补强。大跨径钢管混凝土拱桥混凝土灌注可以分环或分段进行，灌注时应从拱脚向拱顶对称进行。大跨径拱肋灌注混凝土时应对拱肋变形和应力进行观测，并在拱顶附近配置压重，以保证施工安全。

第十一章　桥梁养护技术

第一节　桥梁常见病害及原因分析

一、桥面铺装病害类型

（一）桥梁铺装病害类型

桥梁铺装为水泥混凝土铺装和沥青混凝土铺装两种。

1. 龟裂

裂缝有多条，裂缝不长，形状杂乱。

产生原因：施工养护不当，或铺装层与行车道板之间存有间隙。

2. 横向裂缝

裂缝延伸的方向与行车方向垂直。

产生原因：温度应力，或上部结构受力裂缝的反射。

3. 纵向裂缝

裂缝延伸的方向与行车方向一致。

产生原因：施工养护不当；或装配式简支梁接缝质量差；或桥面板上裂缝的反射。

4. 断裂或破损

水泥混凝土铺装上裂缝宽度较大，并有混凝土破裂。

产生原因：铺装层与桥面板之间存在脱空间隙。

5. 坑槽

铺装层局部存在凹陷。

产生原因：铺装层材料质量分布不均，局部区域混凝土抗剪强度不够。

6. 露筋

铺装层内的钢筋露出铺装层表面。

产生原因：铺装层的保护层厚度太薄。

7. 车辙

沥青混凝土铺装上不平整，沿行车方向存在具有一定长度的凹槽，沥青混凝土材料质量差。

8. 拥包

沥青混凝土铺装上存在隆起的鼓包。

产生原因：铺装层与桥面板之间黏结强度不够。

（二）桥面与道路连接处病害类型

桥面与道路连接处接缝存在错台，接缝处桥面破损。

（三）排水设施病害类型

1. 泄水管堵塞

产生原因为桥面垃圾积累未清除。

2. 排水 PC 管破损

产生原因是 PC 管老化、质量差。

（四）伸缩缝病害类型

1. 伸缩缝中堵塞

产生原因为桥面垃圾堆积未清除。

2. 橡胶条破裂

产生原因为橡胶条老化质量差，或施工安装不当。

3. 伸缩缝周边混凝土破损

产生原因为伸缩缝安装时两接边高差过大。

（五）护栏病害类型

1. 栏杆与扶手钢筋锈蚀

产生原因为保护层太薄。

2. 扶手断裂或脱落

产生原因为施工或安装质量差。

（六）防撞墙病害类型

1. 防撞墙裂缝

产生原因为施工不当，或断缝设置不合理，或防裂钢筋配筋不足。

2. 钢筋锈蚀

产生原因为保护层厚度薄，不满足规范要求。

二、上部结构常见病害与分析

（一）钢筋混凝土板桥

钢筋混凝土板桥的常见病害主要是底板裂缝、露筋，接缝渗水。钢筋混凝土板的裂缝有龟裂、横向裂缝和纵向裂缝。

1. 底板纵向裂缝

产生原因是板比较宽，为双向受力状态，故底板的横向受力钢筋布置不足。

2. 底板露筋

产生原因是桥下净空高度小，受车辆擦伤致混凝土剥落。

3. 底板开裂

产生原因：该裂缝为横向裂缝，位于跨中区域，同时有几条裂缝，故该裂缝为受力裂缝，需要对施工工艺和承载能力作复核。

4. 底板渗水

产生原因：该桥底板中存在纵向裂缝导致渗水，则是由底板横向构造不足或施工底板厚度偏薄；接缝处渗水则是由浇筑的接缝混凝土不密实导致的。

（二）钢筋混凝土简支 T 梁

钢筋混凝土简支 T 梁常见病害为：梁肋竖向裂缝、斜向裂缝；T 梁翼缘板钢筋外露锈蚀与接缝渗水；横隔板裂缝、露筋和其连接处混凝土剥落等。

对钢筋混凝土简支 T 梁产生的裂缝进行分析主要是要区别是荷载产生的受力裂缝还是非荷载（如温度、混凝土收缩等）产生的非受力裂缝。

在梁肋两侧存在多条竖向裂缝，这些裂缝宽度呈中间大、两端小，则该裂缝为非受力裂缝。如在梁肋两侧存在多条竖向裂缝，梁肋底面也有横向裂缝，裂缝形态呈 U 字形，且裂缝宽度是下面大、上面小，则该裂缝为受力裂缝。

裂缝原因分析：该梁肋一侧在全跨范围内分布有 8 条裂缝，不仅跨中区域存在有裂缝，而且 1/4 区域也有裂缝；裂缝位于梁肋的中部。依据该形态分析出该裂缝是由混凝土收缩产生的裂缝。

钢筋混凝土翼缘板常见的病害主要为翼缘板之间连接缝混凝土剥落、露筋，翼缘板存在裂缝，并有白色物质渗出。

梁底混凝土剥落、露筋。产生的原因：该梁在跨中几个局部区域存在该病害，通常为桥下净高不足，梁底受到车辆或船只的撞击产生的。

（三）预应力混凝土 T 梁桥

预应力混凝土 T 梁桥常见病害主要是翼板的连接质量和横隔板裂缝、露筋、破裂。

通常全预应力混凝土构件是不容许出现受力裂缝的。一旦出现受力裂缝则该构件必须进行加固处理。所以对全预应力混凝土构件的裂缝判定非常重要。

预应力混凝土 T 梁桥的梁肋裂缝是否为受力裂缝，其判别标准与钢筋混凝土基本相同。由于预应力混凝土 T 梁存在预压应力，故通常的非受力裂缝一般也不出现。

目前预应力混凝土 T 梁桥病害大多为横隔板连接质量病害。

（四）钢筋混凝土连续箱梁桥

钢筋混凝土连续箱梁桥常见病害为箱体裂缝、钢筋锈蚀、混凝土剥落，翼缘板的裂缝、钢筋锈蚀、混凝土剥落。

箱体检查要点为：

①跨中区域在底板是否有横向裂缝，其侧面是否有从下向上的竖向裂缝；②在连续梁中间支点区域是否有从上向下的竖向裂缝和斜向裂缝；③在连续梁两端支点区域是否有从下向上的斜裂缝。

上述这些裂缝是典型结构受力裂缝。

翼缘板检查要点为：

第一，翼缘板是否存在横向裂缝；第二，翼缘板根部是否存在混凝土剥落。

翼缘板横向裂缝一般为混凝土收缩裂缝，根部混凝土剥落则要检查桥面板是否在对应位置存在纵向裂缝。

（五）预应力混凝土箱梁桥

大跨度预应力混凝土箱梁桥的截面是由顶板、底板、腹板和翼缘板构成。

预应力混凝土箱梁桥常见病害也主要是裂缝、混凝土剥落、露筋锈蚀。

（六）刚架拱桥

刚架拱桥一般是由刚架拱片与微弯板组成。刚架拱桥常见的病害为裂缝、混凝土剥落、钢筋锈蚀以及连接破坏。

刚架拱桥病害产生的原因一般是横向联系的刚度弱，桥梁整体受力较差，导致拱桥构件产生裂缝。

目前在广东地区这类桥梁均出现有病害，过去几年已对这类桥梁进行拆除重建，或加固处理。

（七）石砌拱桥

石砌拱桥常见的病害及原因分析如下：

1. 基础沉陷，墩台移动

石砌拱桥多按无铰拱设计，为超静定结构，当桥墩在横向发生不均匀沉降时，主拱圈及侧墙将会发生倾斜、扭转，严重的将会导致开裂。当桥墩在纵向发生不均匀沉降时，侧墙将会产生竖向裂缝，主拱圈在下沉墩附近的拱脚下缘开裂，上缘与侧墙脱离。

2. 主拱圈开裂

主拱圈开裂严重影响桥梁的安全，其主要原因是主拱圈厚度太薄或材料强度不够。石砌拱桥主拱圈内力分析表明，拱顶正弯矩最大，拱脚负弯矩最大，拱顶、拱脚为设计控制截面，若截面抗力小于设计荷载内力，将造成拱顶下部或拱脚上部开裂。如拱桥由多层平行拱圈石砌成，在施工中圈与圈又未注意交错搭接，拱圈则易发生纵向裂缝。拱圈裂缝一般只有 1 ~ 2 mm，但一经开裂，往往容易发展，危及桥梁的正常使用。

3. 腹拱圈开裂

由于主拱圈变形而产生的拱上构造的外加应力，可能使腹拱发生裂缝。

4. 拱脚附近拱圈压碎

在部分拱桥的拱脚附近发现拱圈石料的碎裂和剥落现象，分析原因主要是由于护拱较弱，或是没有护拱，或是石料的加工质量较差，导致拱圈和侧墙出现渗水现象。

5. 侧墙开裂

侧墙开裂包括侧墙与拱圈连接界面的脱开和侧墙自身开裂。分析原因，主要是拱上填料由于自身恒载及外活载作用下，对侧墙产生的横向推力及在与拱圈共同受力时，侧墙在1/4 截面产生拉应力而导致的开裂。

（八）双曲拱桥

双曲拱桥常见病害为构件上裂缝、混凝土剥落、钢筋锈蚀。目前该类桥梁出现的病害较多，需要进行加固处理。

双曲拱桥裂缝病害产生的主要原因是桥梁整体性较差，不适用于大交通量下重载重量荷载。

（九）桁架拱桥

桁架拱桥的常见病害是构件裂缝、混凝土剥落、钢筋锈蚀。

桁架拱桥与钢架拱桥相同，病害产生的原因一般是横向联系的刚度弱，桥梁整体受力较差，导致拱桥构件产生裂缝。

目前在广东地区这类桥梁均出现有病害，过去几年已对这类桥梁进行拆除重建，或加固处理。

三、桥梁支座

目前桥梁常用支座为板式橡胶支座和盆式橡胶支座。其中简支梁桥的支座采用板式橡胶支座，连续梁桥支座采用盆式橡胶支座。

（一）板式橡胶支座

板式橡胶支座常见病害是支座剪切变形大，支座脱空或局部脱空，支座老化外鼓、开裂和支座缺失等。

（二）盆式橡胶支座

盆式橡胶支座常见病害是钢盆锈蚀、锚固螺栓松动、锈蚀、橡胶磨损、垃圾堆积。

四、桥梁下部结构

桥梁下部结构是由桥台、桥墩与基础组成。

（一）桥台

钢筋混凝土桥台的检查要点是：

①台帽是否存在裂缝、混凝土脱落；①台身是否存在纵横向裂缝、露筋；③侧墙是否存在裂缝或开裂；④挡块是否损坏。

（二）桥墩

钢筋混凝土桥墩的检查要点是：

①盖梁是否存在裂缝、露筋以及挡块是否被损坏；②立柱是否存在龟裂、竖向裂缝、横向裂缝、露筋；③立柱是否被船只撞击。

（三）桩基

位于水中的桩基一般派遣潜水员在水下模测，或在枯水期间进行检查。桩基的检查要点是：

①桩基是否在水流作用下被冲刷掏空，钢筋锈蚀；②桩基是否倾斜、分层；③桩基是否被船只或漂浮物撞击、擦伤。

五、附属部分

附属部分的检查要点是检查锥坡、护坡、调治构造物是否存在开裂、塌陷、铺砌缺损、勾缝脱落等。

六、涵洞

公路上的涵洞依据结构的形式不同，分为盖板涵、箱涵、石拱涵和圆管涵等四种，涵洞检查的要点是：

①涵洞进出水口是否被堵塞；②涵洞附近填土是否塌陷；③涵身两侧挡墙是否开裂；④盖板涵的涵顶是否存在有裂缝，是否渗水；⑤圆管涵洞四周连接是否有脱空等情况。

第二节　日常保养技术

一、桥涵养护总体要求

①桥涵外观整洁。②桥头顺适，桥面铺装坚实平整、横坡适度。③结构无损坏，排水、伸缩缝、支座、护墙、栏杆、标志、标线等设施齐全良好。④基础无冲刷、掏空。

二、桥涵养护基本内容

桥涵养护的基本内容包括：清除污泥、杂物，保持桥面系、涵洞洞口清洁；疏通涵管，疏导桥下河槽；局部修理或更换栏杆和伸缩缝等；修补河床铺砌及涵洞进出水口铺砌；桥涵的局部加固维修。

日常巡查内容：观测桥面铺装有无损坏，伸缩缝、泄水孔有无堵塞，上下部结构有无破损、变形，桥梁栏杆、桥头示警桩、桥名牌、限载标志等是否齐全、整洁、完好，河道是否堵塞等。

日常巡查要求：县道每周不少一次，乡、村道每月不少于两次；特殊路段或遇有恶劣天气、重大节日活动等特殊情况应适当加大巡查频率。

日常巡查处置：发现病害、缺陷的应及时修复，不能及时修复的，应及时上报上级管理机构处置。

（一）桥面保洁

①定期清扫桥面、清洗护栏，保持桥面整洁无堆积物、杂草；泄水孔无堵塞。②桥面的泄水孔、排水槽如有堵塞应及时疏通，泄水管下端应露出不少于 10 cm。

（二）桥面伸缩缝的养护

①伸缩缝应经常养护，如清除碎石、泥土杂物；拧紧螺栓，并加油保护，使其发挥正常作用。②伸缩缝局部损坏的应及时修复，使其发挥正常作用；若损坏严重或老化以致功能失效的要及时更换。

（三）桥梁护栏的养护

①栏杆中涂装层破损的，应及时油漆，保证栏杆使用的耐久性。②护栏上的反光膜脱落，应随时补贴。③由于交通事故或自然灾害造成护栏缺损或变形，应及时修复或更换，锈蚀严重的金属护栏应予以更换。

（四）桥面铺装的养护

①保持桥面清洁平整，及时排除雨后桥面积水；清除桥面上杂物。②及时处理桥面铺装存在的裂缝、磨光、脱皮等表面缺陷。③保持桥面上的人行道铺装、盲道和缘石完好、平整，有缺损时，应及时维修或更换。

（五）桥梁支座的养护

①支座半年一清扫，各部应保持完整、清洁，位置正确，清除支座周围的油污、垃圾杂物，保证支座正常工作。②每年一次对滚动支座的滚动面定期涂润滑油。③对钢支座要进行除锈防腐，除铰轴和滚动面外，其余部分均应涂刷防锈油漆。

（六）桥梁墩台的养护

①墩台表面应保持清洁，及时清除青苔、杂草、荆棘及污秽。②垢工砌体长期受大气影响、雨水侵蚀而发生灰缝脱落，应重新勾缝。③片工砌体镶面部分严重风化和损坏时，应用石料或混凝土预制块补砌、更换，新旧部分要结合牢固，色泽和质地与原砌体基本一致。④墩台表面发生侵蚀剥落、蜂窝麻面、裂缝、露筋等病害时，应采用水泥砂浆修补。

（七）桥梁墩台基础的养护

①应适时地进行河床疏浚，保持桥下河道的排水畅通。②基础冲刷过深或基底局部掏空，应立即抛填块石、片石、铅丝石笼等维护。③桥下河床铺砌出现局部损坏时应及时维

修；若砌块损坏，可补砌或采用混凝土修补。

（八）桥面铺装层的日常养护

①桥面板出现开裂时，可用风镐将旧板凿碎清除，再根据通车期限要求，选用合适材料浇制板块、抹面、压纹或拉槽，养护灌缝；其原有纵、横缝应认真恢复，必要时其上部锯缝深度应加深。②针对铺装层表面磨光，可采用刻槽机对磨光的部分进行刻槽处理或加铺表面抗滑性能强的混合料薄层，使桥面抗滑性能满足行车要求。

第三节　小修技术

一、桥梁上部构造的养护、维修与加固

桥面系指的是上部结构中，直接承受车辆、人群等荷载并将其传递至主要承重构件的桥面构造系统，包括栏杆、伸缩缝、桥面铺装、人行道、排水设施等。

（一）栏杆的养护与维修

公路桥梁的栏杆作为一种安全防护设备，是桥梁上部构造的重要组成部分，同时栏杆又是桥梁的一种美学装饰。

栏杆存在缺陷或已损坏时，虽不妨碍交通，但却影响桥容，使行车缺少安全感，降低交通安全的适应水平。因此，对损坏的栏杆要及时修理，并加强平时的养护工作。

为了使栏杆经常保持完好状态，应保证水平构件能自由伸缩。

（二）桥面伸缩缝的养护与维修

1.桥面伸缩缝的养护

梁端之间以及在梁端与桥台背墙之间设置横向的伸缩缝。伸缩缝在平行于、垂直于桥梁轴线的两个方向，均能自由伸缩，牢固可靠，车辆驶过时应平顺，无突跳与噪声，防止雨水和垃圾泥土渗入导致阻塞。

伸缩缝由于设置在梁端构造薄弱的部位，直接承受车辆荷载反复作用，又多暴露于大自然中，受到各种自然因素的影响。因此可以说伸缩缝是易损坏难修补的部位，经常发生各种不同程度的病害。因此，伸缩缝要经常养护，清除缝内积物，扭紧螺栓，使其发挥正常作用。

2. 桥面伸缩缝应注意的问题

对于常用的几种伸缩缝，应分别注意以下问题：

①U形锌铁皮伸缩缝：注意锌铁皮是否老化、开裂、断裂。U形锌铁皮式伸缩缝是一种简易的伸缩装置，一般用于中、小跨径的桥梁，所能适应的变形量在20～40 mm以内。②钢板伸缩缝：注意钢板是否变形，螺栓是否脱落以及伸缩缝的有效性。③橡胶板条伸缩缝：注意橡胶条是否老化、脱落，固定角钢是否变形、松动。④板式橡胶伸缩缝：注意橡胶是否老化，预埋螺栓是否松脱，以及伸缩缝的有效性。

板式橡胶伸缩缝是一种刚柔结合的装置，具有一定的竖向刚度，跨越间隙的能力大（变形范围可达30～300 mm），连接牢固可靠，行车平稳舒适，并具有良好的吸振作用。

3. 伸缩缝的维修

维修工作要依据缺陷的程度并针对产生的原因，部分修补或全部更新。

桥面为沥青混合料铺装时，可采用钢筋混凝土盖板式伸缩缝。对于钢板伸缩缝，当钢板与角钢焊接破裂时，应清除垢秽后重新焊牢；当梳齿断裂或出现裂缝后，也要采取焊接方法进行修补。

对于伸缩量在50 mm以内的各类中小跨径桥梁伸缩缝的更换或改造，可采用TST碎石填充新型伸缩装置。在现场将特制的弹塑性复合材料TST加热熔融后，灌入经过清洗加热的碎石中，即形成了TST碎石弹性伸缩缝。碎石用以支承车辆荷载，TST弹塑性体在-25℃～+60℃条件下能够满足伸缩量的要求。

（三）桥面排水系统的养护与维修

桥面排水设施出现缺陷会导致桥面积水，给行车带来不利影响，降雨时引起车辆滑移，成为交通事故发生的原因。严重的还会损坏桥梁结构本身的安全。当雨水由伸缩缝直接进入支座时，将会使支座锈蚀，造成支座的功能恶化。在城市桥梁或立交跨线桥中，由于桥面积水，车辆过桥时污水四溅，殃及行人和破坏周围环境，使桥下居民受害。为此，必须对桥面排水系统加强维修与养护。

①桥面的泄水管、排水槽如有堵塞，应及时疏通，保持畅通。缘石的横向泄水孔道，不够长的要接长，避免桥面流水沿梁侧流泻。②泄水管损坏要及时修补，接头不牢已掉落的要重新安装接上，损坏严重的要予以更换。③引水槽已破裂的要重新修理，长度不足时应予以接长。当槽口太小，不能满足排水需要时要扩大槽口重新修筑。④桥面排水设施应畅通、完整。

（四）桥面铺装的养护与维修

应经常清扫桥面，保持桥面清洁完整和有一定的路拱。在雨后应随时将桥面积水扫到泄水管口予以排除，冬天结冰或在下雪后，应及时消除桥面上的冰块或积雪。严禁在桥面上堆置杂物或占为晒场等，以保证车辆过桥时行驶的安全。此外，桥面防水层如有损坏也要及时进行修理。

二、桥跨结构的养护、维修与加固

（一）一般原则

应在前节桥梁检查及评定的基础上，针对产生病害的原因进行。应充分发挥原有结构的承载能力，并选择投资少、工效快、尽量不中断交通、技术上可行且有较好耐久性等的方法进行。

（二）裂缝的修补

实际混凝土桥梁结构中裂缝的成因多种多样，然而不管何种裂缝，只要其裂缝宽度超过规范的限定值，都将影响桥梁结构的耐久性，甚至会降低桥梁的承载能力。因此，在桥梁养护工作中，应充分重视裂缝的修补。

1. 钢筋混凝土桥梁的裂缝修补

目前修补裂缝的材料主要有两大类，即水泥（砂）浆和高分子化学材料。

①水泥砂浆通常用高标号干硬性水泥配制，适用于缺少修补机具的工程。当裂缝宽度较小时，一般用水泥浆修补；当裂缝宽度大于 0.4 mm 时，一般用水泥砂浆修补。施工时先采用凿毛、喷砂或钢丝刷拉毛等方法清除原构件混凝土的松散组织或石料的风化及破裂部分，并沿裂缝长度凿成 V 形槽口，用高压气枪或水枪冲洗吹干，然后用水泥（砂）浆人工用力挤压填缝，同时加强养护。当采用机械灌浆时，水泥浆的水灰比一般不宜小于 1.6，方法与化学材料灌浆类似。②高分子材料灌浆修补裂缝时用的材料，一般以环氧树脂为主，其黏结力强、稳定性好、收缩性小、耐腐蚀且可灌性好，适合于宽度在 0.1 ～ 0.4 mm 的裂缝修补工作。

2. 对砖、石、混凝土拱桥的裂缝修补

①勾缝处理；②用横向钢板加固；③采用压注水泥砂浆进行修补，或做镶面石或设置混凝土帮面、帮圈来加固；④严重部位必须进行翻修。

（三）钢筋混凝土梁桥主梁加固

桥梁梁式构件的加固方式很多，目前比较成熟且应用较广的技术有：增加构件截面法、粘贴加固法、施加体外预应力加固法、增加构件加固法、改变结构体系加固法及综合改造加固法等。

1. 增加构件截面法

增加构件截面法又可分为增加主筋补强加固和增加混凝土截面补强加固两种。

①增加主筋补强加固适用于构件抗弯承载能力不足且桥下净空受限而不宜加大截面高度。甚至桥面标高也不许提高的情况。②增加混凝土截面补强加固又可采用两种方式：其一是加厚桥面板；其二是增大主梁梁肋的高度和宽度。

2. 粘贴加固法

粘贴加固法是采用环氧树脂胶液把钢板、钢筋或玻璃钢粘贴在结构的受拉边缘或薄弱部位。20 世纪 60 年代以来，该法在国内外得到了广泛的应用，取得了较好的效果。

粘贴加固设计方法与前述增加截面加固设计类似，即原有构件承受恒载与活载，增加的黏结件（钢板、钢筋或玻璃钢）承受原有构件承受不了的那部分活载。

3. 施加体外预应力加固法

该法是在原梁体外受拉区域设置预应力筋，通过张拉时梁体产生偏心预压力，以此来减小荷载挠度，改善结构受力状态。

按预应力施加方式的不同，可有横向收紧张拉法、纵向张拉法等几种方法。

（1）横向收紧张拉法的具体施工程序

①粘贴锚固钢板；②焊接拉杆粗钢筋；③安装张拉装置；④预张拉；⑤张拉；⑥防护处理。

（2）纵向张拉补强加固的施工工艺

①凿开梁端桥面铺装，在梁端顶部按设计斜度凿出锚固槽。②钻孔。在锚固槽内沿梁腹板侧壁方向按设计斜度钻两个平行的孔洞。③粘贴梁端锚固垫板和梁底的短柱支座垫板。④安装拉杆钢筋。拉杆分水平段及弯起的锚固段两部分，各拉杆的松紧度应调整一致。⑤张拉。每片梁上的几根拉杆应保持均衡张拉。⑥封锚。用防水砂浆或环氧砂浆填入锚固槽封锚。⑦防护处理。

无论采用哪一种方式对拉杆施加预应力，预应力拉杆均外露在结构外表，拉杆的锈蚀、梁下支撑的位移等都会影响到补强效果，特别是采用横向收紧张拉法施工时，撑棍的变形、锁紧螺栓在行车振动作用下可能发生的松动等，都会使拉杆中的预应力值受到损失，从而降低补强效果。

为此，除了严格各工艺过程的施工质量外，要认真做好防护处理，并需进行定期检查，加强维修。

4. 增设构件加固法

对于因横向整体性差而降低承载能力的桥梁上部结构，可以采用增加横隔梁的方法以增加各主梁之间的横向联结。

此时可在新增横隔梁部位的主梁梁肋上钻孔，设置贯通全桥宽的横向联结钢筋，此钢筋的两端用螺帽锚固在两侧主梁梁肋外侧。浇筑新增横隔梁混凝土之前应将与主梁结合处的混凝土表面先凿毛清洗，然后悬挂模板浇筑横隔梁混凝土。

5.改变结构体系加固法

改变结构体系的方法可以有多种，例如在原简支梁桥孔内增设桥墩或斜撑，以减小原结构的跨径，将简支梁体系转换为连续梁体系等。

采用改变结构体系方法进行技术改造时，必须进行认真的计算并采取相应的措施。例如在简支梁跨中增设支点时，应验算新增支点处由负弯矩产生的拉应力，并根据应力大小增加配置梁（或板）的上缘钢筋。此时也可考虑利用原结构。上缘的架立钢筋等承受部分负弯矩；也可按不产生负弯矩的原则选择支点位置，或者使新支点处产生的活载负弯矩与未增设支点前该处之恒载正弯矩接近，否则就有可能导致主梁上缘的开裂。

（四）拱桥的养护、维修和加固

1.砖、石拱桥的养护与维修

（1）修理防水层

为防止渗漏，砖、石拱桥均应做防水层。如发现没有防水层或防水层损坏失效时，应挖开拱填料重做或在桥面上加铺沥青路面，防止桥面水渗漏。

（2）保护面层不使风化

砖、石拱桥要注意灰缝的保养，如有脱落应及时修补，如砖、石有风化剥落，可喷刷一层 1～3 cm 的水泥砂浆。喷浆应分 2～3 层喷注，每隔 1～2 d 喷 1 层。必要时，可加布一层钢筋网，以增加喷涂层的强度。

（3）压浆法修补砖、石拱桥

砖、石拱桥一经开裂，往往容易发展，从而危及桥梁的使用与安全，这时可用压注水泥砂浆或其他化学浆液的方法进行修补。

2.砖、石拱桥的加固

砖、石拱桥的加固一般通过拱圈的加固来实现。拱圈可以用增加厚度和横向联结系或设置新加结构的方法来加固。

3.双曲拱桥的维修加固

（1）黏结钢板加固拱肋法

为加固双曲拱肋位置拱桥拱肋强度，可以在拱肋表面清理整洁后，用环氧类砂浆黏结钢板的方法来提高其承载能力。在拱圈产生裂缝或承载能力不足时，采用该法加固效果明显。黏结钢板的位置主要置于拱肋截面下，可用成条整板（或分块焊接）在拱圈弧形范围内间隔黏结。一般可视具体情况选定尺寸，钢板厚度宜用 4～10 mm，过厚时施工比较困难。

（2）螺栓钢板结合加固拱肋法

此法与前述利用钢板加固拱肋的方法基本目的相同，但不是单纯依靠粘贴，而是除了利用胶黏剂之外，再按一定间距凿孔并埋入螺栓。然后就钢板预钻孔对准预埋件位置穿入并以螺帽紧固。这种做法拱肋凿孔比较费劲，埋设位置不易准确，因此，钢板钻孔要留存余量，如采用椭圆形孔或扩大孔径，方可减少对位时的麻烦。

（3）粘贴钢筋加固法

此法施工与前述方法基本相同，但所采用的是钢筋加固件。从实际情况看，此法与钢板粘贴法相比，具有与结构物黏附性能好、加固成型容易、补强效果更为显著的特点。

（4）扩大拱肋截面加固法

此法是通过采用钢筋和混凝土外包加大原拱肋，从而达到扩大拱肋截面尺寸的目的。增加拱肋断面的含筋率或变无筋拱肋为有筋拱肋，提高拱肋抗弯刚度的一种加固方法。其作用明确，效果显著，应用也较广泛。

（5）增设拱肋加固法

可在原每条或有的拱肋下新加拱肋，也可在原桥最外侧两拱肋旁新增拱肋并加强横向联系。

（6）顶推加固法

顶推的基本做法是在一端桥台的拱脚处安装顶推装置，将拱肋自拱脚向跨中方向顶推，使两拱脚间已发生的相对位移减小以至完全消除，以减轻或消除因桥台位移对上部结构产生的危害。

三、支座的维修与加固

桥梁支座在其遭受损坏、作用不能充分发挥时，将会使桥梁上、下部结构受到不利的影响。因此，必须经常注意进行养护与维修，发生损坏时要及时、慎重地制订维修加固计划，给予修补。支座的维修与加固，由于工期要求较短，又是在施工较为困难的部位，故应充分研究所采用的维修与加固措施及所采用的材料机具设备等，以便能够迅速、可靠地进行修补。

（一）支座的养护工作

①支座各部分应保持完整、清洁，及时扫除垃圾，冬季清除积雪和冰块，保证梁跨自由伸缩。②在滚动支座滚动面上要定期涂一薄层润滑油，在涂油以前，必须先用钢丝刷或揩布把滚动面揩擦干净。③为了防锈，支座各部分除钢辊和滚动面外，其余都要涂刷油漆保护。④对固定支座应检查锚栓坚固程度，支承垫板要平整紧密，及时拧紧结合螺栓。

（二）支座的维修加固

①油毡支座因损坏、掉落而不能发挥作用，摆柱式支座工作性能不正常，有脱皮、露筋或其他异常情况发生的，以及橡胶支座已老化、变质而失效时，都须进行调整并维修加固。②钢辐轴式支座辐轴（或摇轴）的实际纵向位移应与计算的正常位移相符，如实际纵

向位移大于允许偏差或有横向位移时应加以矫正。

实际纵向位移量可实地量测相轴中心线与垫座中心的距离，削扁辐轴及摇轴也可测量其倾斜角。辗轴两端距底板边缘实测距离不相等时，说明辗轴有倾斜或底板不正。

四、墩台基础的养护、维修与加固

（一）墩台基础的养护

第一，桥梁上下游各 1.5 倍桥长，但不小于 50 m 和不大于 500 m 的范围内，应做到：①河床要适时地进行疏浚，每次洪水过后，应及时清理河床上的漂浮物和沉积物，使水流顺利宣泄；②不得任意修建对桥梁有害的水上建筑物，必须修建时，应采取必要的桥梁防护措施。

第二，墩台表面必须保持清洁，要及时清除青苔、杂草、荆棘和污秽。

第三，与工砌体长期受大气影响、雨水侵蚀而发生灰缝脱落，应重新勾缝。

第四，混凝土表面发生侵蚀剥落，蜂窝麻面等病害应及时将周围凿毛洗净，用水泥砂浆抹平。

第五，砌体镶面部分严重风化和损坏时，应予以更换。用石料或混凝土预制块补砌，要求结合牢固。色泽和质地与原砌体基本一致。

第六，梁式桥墩台顶面没有流水坡或坡面凹凸不平、有裂缝时，应及时铺填水泥砂浆或混凝土做成横向坡度以利排水。

养护是为了使结构物保持完整、牢固、稳定、不发生倾斜，并减少行车震动和基础冲刷。

（二）墩台的修理与加固

第一，与工砌体墩台如表面风化剥落，深度在 3 cm 以内的，可喷刷 10 号以上的水泥砂浆修补；如损坏面积较大，深度超过 3 cm 的，须浇筑混凝土层予以裹覆。

第二，当墩台出现变形，应查明原因，采取下列针对性措施：①由于桥台台背填土遇水膨胀而变形，应挖去膨胀土，检修排水设施，填以沙砾土，修好损坏部位。②由于冻胀原因，应挖去冻土，填以矿渣沙砾等，并封闭表面不使渗水，修好损坏部位。③属于砌筑不良的，应凿去或拆除变形部分，重新砌筑或浇筑。④由于砌筑填缝不实，墩台有空洞的，可择空洞部位附近开凿通眼，以压浆机压注水泥砂浆或环氧树脂修补。

第三，当墩台由于混凝土温度收缩、局部应力集中及施工质量不良等原因产生裂缝时，应视裂缝大小，分别采取下列措施：①裂缝较大时，应做好记录，观察其变化。如无发展，可扩缝灌以水泥砂浆或环氧树脂。②石砌坊工出现通缝和错缝不足时，应拆除部分石料，重新砌筑。③由于活动支座失灵而造成墩台拉裂，应修复或更换支座，并处理裂缝。④由于基础不均匀沉降而产生的自下而上的裂缝，应先加固基础，再视裂缝发展程度灌缝或加固墩台。⑤裂缝已贯通墩台，可用钢筋混凝土围带或钢箍进行加固。

也可以在桩柱损伤处，将原混凝土凿毛，外面加设钢筋混凝土围带，使损伤部位得以加强。

五、桥梁结构钢筋锈蚀的处置

①凿除剥落、松脱等已损坏的部分混凝土，使钢筋全部露出。②用钢丝刷对钢筋作除锈处理，必要时在除锈后对钢筋作防锈处理。③在清除好的混凝土与钢筋表面涂上环氧树脂等黏结剂。④用新的混凝土或砂浆填补，也可用环氧砂浆、环氧混凝土或其他防腐蚀材料来修补。⑤对新浇筑的混凝土作表面处理，以防止混凝土表面重新碳化。

六、涵洞的养护、维修与加固

（一）日常检查

①涵洞的位置是否恰当，孔径是否足够，洞内有无淤塞、冲刷。②涵洞有无开裂，填土有无沉陷。涵底涵墙有无漏水，八字翼墙是否完整。③进水口是否堵塞，沉砂井有无淤积，洞口铺砌有无冲刷脱落。④涵洞内有无积水，洞内是否有冻裂。

（二）养护与维修

1. 砖石涵洞

砖石涵洞的表面如发生局部风化、轻微裂缝及砖灰缝剥落等现象，应用水泥砂浆勾缝或修补封面。洞顶漏水时必须挖开填土，用水泥砂浆或石灰砂浆修理其损坏部分，并衬砌胶泥防水层。

2. 混凝土管涵和四铰涵管

混凝土管涵的接头处和四铰涵管铰点接缝处发生填缝脱落时，应用干燥麻絮浸透沥青后填实，不宜用灰浆抹缝，以免再次碎裂脱落。

3. 压力式管涵

压力式管涵进水口周围的路堤应保持坚固。每次水淹以后，要检查有无洞穴缺口或冲刷现象，并及时进行修补。

4. 倒虹吸管

倒虹吸管在长期流水压力作用下容易破裂漏水，造成路基软化，应注意检查。如虹顶路面出现湿斑，应及时修理。

洞底铺砌层、洞口上下游路基护坡，引水沟、泄水槽、窨井和沉砂并发生变形或沉陷时，均须及时修理。

（三）涵洞的加固

1. 片工拱涵

与工拱涵的加固，一般可采用拱圈上加拱的方法。如属高填土而拱涵净空较大时，可采用拱下加拱的方法加固。

2. 钢筋混凝土盖板涵

钢筋混凝土盖板涵的加固，除加固涵台外，可将原盖板面凿毛，洗刷干净，再浇筑混凝土或钢筋混凝土。

3. 石盖板涵

石盖板涵或直径 1 m 以下的混凝土管涵，在 3 m 以上高填土地点，一般不用加固亦可承受较大的载重。如填土在 3 m 以内，石箱涵可考虑在行车道部分更换较厚的盖板。混凝土管涵可在管外加筑一层混凝土套壳，予以加固。如石箱涵更换较厚的盖板有困难时可在涵台上面加一层石料做成悬臂式，以减小跨径。

（四）涵洞八字墙修补

涵洞进、出水口的八字墙或一字墙出现破损的，可利用水泥砂浆和片石等材料进行修

（五）涵洞基础局部冲刷悬空的处置

涵洞基础局部冲刷悬空时必须立即修补，用片石混凝土填实，一般应比原基础加宽 10 ~ 20 cm，并修复或增设洞口、洞底铺砌层和端部截水墙。

（六）涵洞洞口洞底铺砌层破损处置

①一般的破损按原结构修复；②破坏较为严重，且有漏水现象时，应按原结构先修复破损处，再用厚度为 3 cm 的水泥砂浆抹面。

（七）涵洞砌体勾缝松动、脱落的处置

①凿掉破损勾缝。②凿毛结合处的旧勾缝。③修补部分必须刷洗干净。④按原结构修补，并注意材料质量和施工质量，保证坚固。

（八）涵头跳车的处置

涵头跳车是因涵顶两端或涵顶填土沉涵造成的，应分情况进行处理：

①路面轻度下沉，基层和土基较密实稳定时，可只加铺面层，采用原面层材料修理平整。②因沉陷已造成面层和基层均已出现破损现象，但土层尚稳定时，可重做基层，并调整平锥度，再铺面层。③土基下沉，路面破损较严重时，必须先处理土层，再重铺基层和面层。

（九）涵洞裂缝的处置

①停止发展的裂缝，将裂缝附近凿开并洗刷干净，用水泥砂浆修补密实、平整。②裂缝较深时，冲洗干净后把水泥砂浆压注缝内，并修理平整，必要时压注环氧砂浆。

（十）仍继续发展且危及涵洞和行车安全的裂缝的处置

①拱涵基础已不再下沉，墩台完好，仅拱圈裂缝严重且继续发展时，应拆除并重建上部。②墩台已变形时，应拆除拱圈，先加固墩台，再重建上部。

（十一）汛期前桥涵检查

①在雨季前加强对桥涵的检查，特别是尚未加固维修的危桥、危涵。②重点检查桥台、桥墩、涵台等下部结构，发现下沉、倾斜、鼓肚、基底掏空、破损等病害的，要及时报告上级部门，避免汛期时发生安全事故。

第四节　桥梁维修与加固技术

一、桥梁加固技术

（一）混凝土裂缝修补

1. 一般规定

①先清除裂缝表面的灰尘、浮浆、松散层等污物，再将裂缝两侧各 30 mm 范围的混凝土表面擦拭干净并保持干燥。②注入座的注入孔应正对裂缝，裂缝分岔处应设置注入座。注入座沿裂缝每米至少设置 3 个。③用封口胶沿裂缝每侧密封宽 25 mm，厚度应 23 mm，宜一次完成，尽量避免反复涂抹。④注入材料固化后，应敲去注入器，打磨平整或将封口胶补平。⑤灌缝胶内不得混入水、灰尘或其他杂质。除非采用可在水下使用的灌缝胶，否则，灌缝前裂缝内不得有水。⑥注入器的连接端应牢固安装在注入座上，若注入器内的灌缝胶全部注入裂缝内，说明该处裂缝尚未注满，应进行补灌，直至注满为止。⑦施工过程中应保证注入器始终处于压力状态。

2. 质量验收

①所采用灌缝胶的主剂、硬化剂及注入器等材料应符合现行国家材料标准的规定和设计要求，并附有材料检验合格证明和产品鉴定文件，经抽样合格后方可使用。②灌缝胶的

主剂、硬化剂应做到配料准确、拌和均匀，不得混入水、灰尘或其他杂质。胶材经调配后放置时间若超过了使用时限，不得使用。③在灌缝胶调配过程中，每 50 kg 抽样检测一次，不足 50 kg 按 50 kg 计。

（二）粘贴钢板加固混凝土

1. 一般规定

①加固混凝土构件的结合面应打磨平整，用钢丝刷将表面刷毛或用喷砂技术处理表面，再用压缩空气清除浮尘。对混凝土表面出现剥落、疏松、蜂窝和腐蚀等现象的部位应予以凿除，面积较大时，在凿除后应用聚合物水泥砂浆修复平整。粘贴前用丙酮擦洗干净。②龄期在三个月内的混凝土构件，应在表面清理后用稀盐酸涂刷至表面起泡为止，20 分钟后用清水洗净。③对于湿度较大的混凝土构件或龄期在三个月内的混凝土构件，需进行人工干燥处理。④钢板粘贴面应先除锈、打毛，用丙酮擦净后随即安装。⑤粘贴面钢板焊缝应打磨平整。⑥锚固螺栓安装位置应准确。⑦根据设计要求，先在混凝土构件的锚固螺栓安装位置钻孔，然后用压缩空气清孔，填入环氧树脂胶泥，安装锚固螺栓，环氧树脂胶泥达到强度后方可安装钢板。锚固螺栓的钻孔不得碰伤原混凝土构件的受力钢筋。⑧钢板周围用环氧砂浆或专用材料密封，以防止灌注时渗漏。⑨采用干式粘钢时胶黏剂涂抹应均匀、刮平，避免粘贴时形成气泡，随即将钢板条贴在混凝土面上，进行加压使钢板密贴在混凝土表面。⑩采用灌注式粘钢时胶黏剂应按由下往上的顺序进行灌注，灌注压力应不小于设计要求。

2. 质量验收

①钢板、锚固螺栓和胶黏剂应符合设计要求和现行国家或行业材料标准的规定，并附有材料检验合格证明和产品鉴定文件，经抽样检验合格后方可使用。②胶黏剂应做到配料准确、拌和均匀，不得混入水、灰尘或其他杂质。胶材经调配后放置时间若超过了使用时限，不得使用。③在胶黏剂的调配过程中，每 100 kg 抽样检测一次，不足 100 kg 按 100 kg 计。④钢板有效粘贴面积应大于总粘贴面积的 95%。⑤在混凝土裂缝两侧 10 cm 范围内，钢板不应有顺混凝土裂缝方向的焊缝。⑥钢板安装时，应在锚固螺栓上先安装垫片，保证钢板与混凝土之间的间隙满足设计要求。⑦钢板防腐应满足设计要求。

（三）植筋

1. 一般规定

①钻孔宜用电锤成孔，如钻孔与构件中的原有钢筋相遇，可适当调整孔位避开。②钻孔的直径为 d+（4 ~ 8）mm，d 为钢筋直径。③钻孔完毕后，检查孔深和孔径，如满足要求，用内压缩空气及毛刷等将孔内灰尘清理干净。④植筋前应保持孔内干燥，混凝土含水量不得超过 5% 或设计要求，且应将孔口临时封闭。⑤钢筋或螺杆表面的铁锈、油污应清除干净。

⑥施工现场温度低于 5℃，时应使用适用于低温条件下的特殊黏结剂或采取加温处理措施；如果气温长期低于 5℃，应暂时停止施工。⑦植筋时，应保证孔内植筋胶填充饱满。

2. 质量验收

①胶黏剂应符合设计要求和现行国家或行业材料标准的规定，并附有材料检验合格证明和产品鉴定文件，经抽样检验合格后方可使用。②胶结剂性能指标应符合相关规范的规定。③胶黏剂应做到配料准确、拌和均匀，不得混入水、灰尘或其他杂质。胶材经调配后放置时间若超过了使用时限，不得使用。④胶黏剂调配过程中，每 100 kg 拌和物应取样检测一次，不足 100 kg 按 100 kg 计。⑤植入钢筋的外露长度应保证能满足有关规范中关于钢筋搭接长度的要求。⑥植筋的拉拔强度应满足设计要求。⑦植筋胶固化前不得扰动钢筋。⑧钻孔不得切断原结构的钢筋。⑨植筋的平面位置偏差应满足设计要求，若因无法按照设计位置植筋且调整位置会导致偏差较大，则应进行验算或修改设计。

（四）粘贴碳纤维加固混凝土

1. 一般规定

①当混凝土构件结合面有松散层时应先凿除，有污物时，应先用非金属砂喷砂吹除，或用硬毛刷粘高效洗涤剂刷除表面油垢，然后对黏合面进行打磨，直至露出坚硬面，并用压缩空气吹除粉粒，待完全干燥后再用丙酮擦拭表面；结合面平整度不满足要求时用找平胶整补。②如果混凝土结合面较为干净，可直接打磨黏合面，去掉表层，用压缩空气除去粉尘，完全干燥后用丙酮擦拭表面即可。③龄期在三个月内的混凝土构件，由于水泥水化时生成的 Ca（OH）2 碱性很强，须先用钢丝刷将表面松散浮渣刷去，再用硬毛刷沾洗涤剂刷洗表面，然后用浓度 10% 左右的稀盐酸涂刷至表面起泡，待 20 分钟后再用清水洗净。④对于湿度较大的混凝土构件或龄期在三个月内的混凝土构件，除满足上述要求外，还需进行人工干燥处理。⑤若补强构件结合面有尖锐棱角，须将棱角磨成圆弧面，圆弧半径不小于 20 mm；补强的构件存有凹角时，则需使用不低于被补强混凝土强度的环氧树脂砂浆进行修整，使其平整。⑥混凝土表面的孔隙、蜂窝，要用不低于被补强混凝土强度的环氧树脂砂浆进行修补，露筋部分要先进行防锈处理。⑦底胶应均匀涂抹于混凝土表面，厚度不宜超过 2 mm，不得有漏刷、气泡。如底胶硬化后有凸起部位时，应打磨平整并清理干净。⑧粘贴碳纤维布时，应在碳纤维表面沿同一方向反复滚压，使黏结胶充分浸润碳纤维布并除去气泡，使黏结胶充分浸润碳纤维布。⑨当施工现场气温低于 5℃时，应使用适用于低温条件下的特殊黏结剂或采取加温处理措施；如果气温长期低于 5℃，应暂时停止施工。

2. 质量验收

①用于碳纤维加固工程的底胶、整平胶、黏结胶和碳纤维布应符合现行国家材料标准的规定和设计要求，并附有材料检验合格证明和产品鉴定文件，经抽样合格后方可使用。②黏结胶性能指标应满足相关规定和设计要求。③底胶、整平胶和黏结胶应做到配料准确、

拌和均匀，不得混入水、灰尘或其他杂质。胶材经调配后放置时间若超过了使用时限，不得使用。④施工过程中，调配好的底胶、整平胶和黏结胶，按碳纤维工程每 100 m2 取样制作一组试件，不足 100 m2 时按 100 m2 计。⑤粘贴碳纤维前，混凝土表面不得有水渍或灰尘，且不得有较尖锐或较高的隆起。⑥碳纤维应平整顺直，不应有物理划痕。⑦碳纤维与混凝土之间应黏结紧密，如果有效粘贴面积低于总粘贴面积的 95%，则属黏结无效，应重新施工。⑧施工后的 24 小时内，应防止雨淋和灰尘污染。

3. 外观鉴定

碳纤维与梁体黏结紧密、平整。

（五）体外预应力加固法

1. 一般规定

①体外预应力施工应由获得有关部门批准的预应力专项施工资质的施工单位承担。施工前，专业施工单位应根据设计图纸，编制预应力施工方案。当设计图纸深度不具备施工条件时，预应力施工单位应予以完善，并经设计单位审核后实施。②预应力筋张拉机具设备及仪表，应定期维护和校验。张拉设备应配套标定，并配套使用。张拉设备的标定期限不应超过半年。当在使用过程中出现反常现象时或在千斤顶检修后，应重新标定。③千斤顶、油表、钢尺等器具应经检查校正。④预应力筋展开后应平顺，不得有弯折，保护层完好，表面不应有裂纹、小刺、机械损伤、氧化铁皮和油污。⑤锚具、夹具和连接器的进场检验须进行静载试验，材质、机加工尺寸需按出厂检验报告中所列指标进行核对。⑥主要金属部件的检查在张拉前进行，预应力筋用锚具、夹具和连接器使用前应进行外观检查，其表面应无污物、锈蚀、机械损伤和裂纹。⑦锚固点、滑块、垫板的放样定位要准确。⑧锚栓孔的孔位必须准确，孔眼顺直。⑨支撑预应力索的托架安装应牢固，位置准确，为避免由于振动引起托架与预应力索的摩擦，托架与预应力索之间应采用柔软材料隔开。⑩当预应力筋逐根或逐束张拉时，应保证各阶段不出现对结构不利的应力状态；同时宜考虑后批张拉预应力筋所产生的结构构件的弹性压缩对先批张拉预应力筋的影响，确定张拉力。

2. 质量验收

①预应力筋、锚具、夹具和连接器应符合国家有关标准的规定及设计要求，应并按要求抽取试件进行力学性能检验。除产品合格证外，还应提供反映预应力筋主要性能的出厂检验报告。②预应力筋的涂包质量应符合有关标准的规定。③预应力筋检查数量：每 1 t 为一批，每一批抽取一组试件。④预应力筋应采用砂轮锯或切断机切断，不得采用电弧切割。⑤预应力筋的定位应牢固。⑥锚具固定应牢固可靠，植筋应满足相关要求。⑦张拉过程中预应力钢束断裂或滑脱的数量严禁超过同一截面预应力筋总根数的 0.5%，且每束钢丝不得超过一根，预应力钢筋不得出现断裂或滑脱。⑧锚固阶段张拉端预应力筋的回缩量应符合设计要求。⑨转向块和转向管的位置和尺寸必须满足设计要求。

3. 外观鉴定

锚具和预应力筋表面应清理干净，防腐层应涂刷完整、均匀。

（六）混凝土表层缺陷处理

1. 一般规定

①用混凝土材料进行缺陷修补，应采用比原结构强度指标高一级的混凝土，混凝土粗集料的粒径不宜大于 15 mm。在施工条件受限时可采用自密实混凝土在修补前应对混凝土表面的蜂窝、空洞进行处理、凿毛，对已经生锈的钢筋进行除锈，并使旧混凝土表面保持湿润、清洁。②桥梁构件表面出现深度较浅、小面积缺陷的修补，可采用水泥砂浆人工涂抹法进行修补，修补材料主要采用普通水泥砂浆或专用修补材料。③当桥梁构件表面出现大面积浅层缺陷及破损时，可采用喷浆修补法。④聚合物水泥砂浆适用于混凝土桥梁表面的风化、剥落、露筋及小面积的破损等缺陷的修补。聚合物水泥砂浆修补施工过程中，应避免振动。修补部位的聚合物砂浆终凝前，应采取保护措施，避免其表面受雨水、风及阳光直射的影响，并应及时养护。⑤涂抹改性环氧砂浆（混凝土）修补前，应先在已凿毛的混凝土表面涂一层改性环氧基液，使旧混凝土表面充分浸润。⑥立模浇筑改性环氧混凝土的工艺要求与浇筑普通混凝土基本相同，但应防止扰动已涂刷的改性环氧基液；浇筑时应充分插捣，反复压抹平整。改性环氧砂浆施工温度宜为（20±5）℃，高温或寒冷季节应采取有效措施控制施工温度。⑦处于严重腐蚀环境下的混凝土桥梁，其混凝土表面可进行防腐涂装。选择防腐材料型号时，应综合考虑桥梁所处环境的温度、湿度及养护条件等因素，采用能有效抵抗外部因素与侵害侵蚀的、经检验符合国家有关标准要求的材料。⑧混凝土桥梁涂装前应除去混凝土表面模板残渣、油污及杂物等，金属外露的锐边、尖角和毛刺应打磨圆顺。涂装前应使混凝土表面保持干燥、清洁。在混凝土表面处理检查合格后 4 h 内进行施工。⑨混凝土表层缺陷处理前应对生锈钢筋进行除锈，缺陷处理后宜在修补范围及周边涂刷渗透型阻锈剂。

2. 质量验收

①混凝土修补材料应符合设计要求和现行国家或行业材料标准的规定，并附有材料检验合格证明和产品鉴定文件，经抽样检验合格后方可使用。②桥梁混凝土缺陷修补完成后表面应平整，无裂缝、脱层、起鼓、脱落等。③新旧混凝土界面的黏结应紧密、可靠。④对浇筑面积较大的混凝土或砂浆，应预留强度试块。

4. 外观鉴定

①桥梁混凝土缺陷修补完成后表面应平整，无裂缝、脱层、起鼓、脱落、漏喷、流挂、针孔、气泡等。②修补处表面与原结构表面色泽应基本一致。

（七）增大截面加固法

1. 一般规定

①在加固前应对原构件混凝土存在的缺陷进行清理至密实部位，将其表面凿毛或打成沟槽。沟槽深度不宜小于 6 mm，间距不宜大于箍筋间距或 200 mm。被包的混凝土棱角应打掉，同时应除去浮渣、尘土。②原有钢筋应除锈，需进行钢筋焊接时，施焊前应采取措施避免烧伤混凝土。在原结构上植筋应符合相关要求，新增钢筋骨架应与锚筋连成整体。③混凝土浇筑前，原构件混凝土表面应冲洗干净，并用新鲜水泥浆或其他界面剂进行处理。④当增加的截面较小时，应严格控制粗骨料粒径。⑤新浇混凝土应振捣密实并及时养护，运营中的桥梁加固宜采用早强混凝土，并通过加强现场养生措施提高混凝土早期强度的增长。⑥受原结构限制，难以进行有效振捣时，宜采用自流密实混凝土。⑦模板搭设、钢筋安置以及新混凝土的浇筑和养护，应符合现行国家标准《混凝土结构工程施工质量验收规范》的要求。

2. 质量验收

①新增混凝土的最小厚度，加固板时不应小于 40 mm，加固梁时不应小于 60 mm，用喷射混凝土施工时不应小于 50 mm。②石子宜用坚硬耐久的卵石或碎石，其最大粒径不宜大于 20 mm。③加固板的受力钢筋直径宜用 6 ~ 8 mm；加固梁的纵向受力钢筋宜用变形钢筋，钢筋最小直径不宜小于 12 mm，最大直径不宜大于 25 mm。封闭式箍筋直径不宜小于 8 mm，U 形箍筋直径与原有箍筋直径相同。④加固的受力钢筋与原构件的受力钢筋的净距不宜小于 20 mm，并采用短筋焊接连接。箍筋应采用封闭箍筋或 U 形箍筋，并按照现行的国家标准对箍筋的构造要求进行设置。⑤纵向加固受力钢筋的两端应可靠锚固。

3. 外观鉴定

①混凝土表面平整，颜色一致，无明显施工接缝。②混凝土不得出现蜂窝、麻面，如出现必须修整。③裂缝宽度超过设计规定或设计未规定时超过 0.15 mm 必须处理。④封锚混凝土应密实、平整。⑤梁体内的建筑垃圾、杂物、临时预埋件等应清理干净。

（八）斜拉索更换

1. 一般规定

①换索前应对桥梁进行详细检测，检测应包括下列内容：a.索力变化以及设计值的偏差。b.梁、塔的变位、内力变化及与设计值的偏差。c.防护体系损坏程度，拉索及锚固系统锈蚀程度及具体部位、钢丝断裂状况、拉索的损坏程度。d.锚固区附近以及全桥其他构件混凝土损坏情况。e.测量桥面控制点高程随温度的变化情况，分析桥面高程随温度变化的规律。②换索施工应在索塔、主梁及锚碇缺陷修复、加固完成后进行。③换索施工应符

合下列规定：a.换索前，应检查新旧索工具锚口是否匹配。b.对换索过程进行结构分析计算，确定合理换索顺序，控制结构内力在允许范围内。严格按设计或施工监控给定的换索顺序换索，并严格控制换索区内的荷载。c.调整索力时，宜避开日照对结构的影响，并避开交通量高峰时段。④换索施工时应对桥上交通实行三限（限载、限量、限速），必要时应短暂中断交通。换索期间严禁将多余的机具、设备、材料、杂物等堆放在换索区域内。换索施工应严格执行设计规定的程序及工艺要求，对梁、塔的变形和相邻索索力变化应进行全面监测。⑤卸索时应严格控制索力，分级同步卸载，分级荷载级差按设计要求进行。⑥卸索时应记录锚具大螺母松开时的千斤顶油表读数，并进行两次放张，满足设计要求后方可卸索。⑦卸索过程中，应全过程跟踪观测梁顶高程的变化，并与理论监控计算值进行比较，如有异常，应立即停止卸索，待查明原因并处理后方可继续施工。⑧拉索张拉的顺序、级次和量值应按设计规定和监控要求执行。拉索张拉可于塔端或梁端单端进行。平行钢丝拉索应整体张拉。⑨拉索更换后，应立即在拉索铜套管处采取有效密封措施。拉索锚具在梁内及塔上的外露部分应予以防护。⑩换索过程监测应符合下列规定：a.对影响范围内梁体的高程和索塔位移应进行四阶段桥面高程监测（梁体高程可采用桥面高程代表），分别为换索前、卸索张拉、索力调整完毕。桥面高程监测可采用精密水准仪，为避免日照等对高程的影响，宜在夜间及温度趋于稳定时段进行观测。b.必须跟踪测试被换拉索前后3～5组拉索索力，并与理论计算值进行比较。c.换索过程中应监测主梁、索塔混凝土应变及裂缝变化情况。d.换索工程竣工后，应对全桥拉索的索力及主梁高程进行测定，以检验换索效果，并作为验收的依据。

2.质量验收

①镀锌钢丝、锚头锻钢材料的各项性能指标应符合设计要求和现行国家或行业材料标准的规定，并附有厂家所提供的材料检验合格证明和产品鉴定文件，经抽样检验合格后方可使用。②斜拉索安装前均应做1.3～1.5倍设计荷载的预张拉试验，锚板回缩量不大于6 mm，试验后锚具完好。③斜拉索成品出厂前须做放索试验。

3.外观鉴定

①斜拉索表面应密实光滑，无畸形，颜色一致。②斜拉索表面无碰伤或擦伤。③锚头无伤痕、锈蚀。

（八）桥面铺装层更换

1.一般规定

①应采用人工或小型破碎镐凿除原桥面铺装层，避免破坏桥面板，然后再凿去部梁顶面混凝土，约2 cm左右，并使表面粗糙，形成齿状，箍筋外露。②对结合面进行适当处理，清洁表面并保持湿润。③采用干硬性混凝土，使用免收缩补偿剂或纤维混凝土浇筑铺装层，以养活新浇筑混凝土的收缩，养活新旧混凝土之间产生的差动收缩力，提高补强效果。④

新浇混凝土应振捣密实并及时养护，运营中的桥梁加固宜采用早强混凝土，并通过加强现场养生措施提高混凝土早期强度的增长。⑤空心板间绞缝或箱梁湿接缝混凝土破损时，应凿除已破损的混凝土，使表面整洁粗糙，按设计要求植筋和布置钢筋，并浇筑混凝土。

2. 质量验收

①桥面铺装凿除时，必须采用轻型凿除设备，严禁梁板被破坏；梁板间不得有混凝土废渣残留；严禁混凝土废渣和水进入梁板内部。②水泥混凝土桥面的基本要求同水泥混凝土路面。③在桥面铺装施工前，应对梁板逐片检查，并对已损坏的梁板、横向连接、预留钢筋等进行修复，梁板顶面混凝土破损凿除部分也可与桥面混凝土补强层同时浇筑，并做好记录。④严格按规定恢复桥面防水层。⑤桥面泄水孔进水口的布置应有利于桥面和渗入水的排除，其数量不得少于设计要求，出水口不得使水直接冲刷桥体。⑥桥面铺装应与伸缩装置结合良好，保持平整。

二、支座和伸缩装置更换

（一）一般规定

①更换支座施工应符合现行《公路桥涵施工技术规范》的相关规定。新支座的构造应符合设计要求及相关行业规定。②整体更换支座施工方案，应通过计算确定更换支座的批次，顶、落梁的位移量及工序。③顶升梁体的临时支架应满足强度、刚度及稳定性要求。④梁的顶升和落梁应按设计要求进行。宜临时封闭交通。⑤支座更换时应依据环境温度进行支座偏移量的验算，并宜选择在有利的温度和条件下施工。⑥测量原支座和新支座的高度差，调整施工确保梁体、桥面高程符合加固设计要求。⑦简易支座及橡胶支座的更换。⑧钢筋混凝土摆柱式支座宜用橡胶支座等来替换，由于两种支座的高度不一，与梁、墩（台）的连接方式不同，更换时应重做支承垫石及梁底垫板，其施工技术要求应符合现行《公路桥涵施工技术规范》的相关规定。

（二）质量验收

①支座的材料、质量和规格必须满足设计和有关规范的要求，经验收合格后方可安装。②支座底板调平砂浆性能应符合设计要求，灌注密实，不得留有空洞。③支座上下各部件纵轴线必须对正。当安装时温度与设计要求不同时，应通过计算设置支座顺桥向预偏量。④支座不得发生偏斜、不均匀受力和脱空现象。滑动面上的四氟滑板和不锈钢板不得有划痕、碰伤等，位置正确，安装前必须涂上硅脂油。

（三）外观鉴定

支座表面应保持清洁，支座附近的杂物及灰尘应清除。

三、桥梁基础及下部结构加固

（一）盖梁及墩柱加固

1. 盖梁加固应满足的要求

①接长盖梁时应凿除连接部位的混凝土保护层，露出钢筋，新接长的钢筋应与原主筋焊接。②新旧混凝土连接表面应粗糙，宜做剪力槽。加宽盖梁应植筋。

2. 外包钢加固墩柱应符合的规定

①采用注浆法外包钢加固时，构件表面应打磨粗糙、无油污。注浆压力不应低于 0.1 MPa。灌浆后严禁再对型钢进行锤击、焊接。②采用干式外包型钢加固时，型钢与构件之间应用水泥砂浆填实。施焊钢板（缀条）时，应用夹具夹紧型钢。用螺栓套箍时，拧紧螺帽后可将螺母与垫板点焊。③钢板应进行防锈涂装。

（二）墩、台身套箍加固

混凝土套箍施工应符合以下规定：①墩台身裂缝应压浆封闭处理，其缺陷部分应先凿除并清理干净。②应将墩台身表面凿毛，凹凸差不宜小于 6 mm，清除松散颗粒，浇筑混凝土前，用水洗净凿毛的连接表面，并使其充分湿润。

（三）桥台加固

①浆砌片石桥台采用注浆加固的施工技术。②侧墙及台身前缘采用现浇钢筋混凝土补强，在原石砌台身内植入连接钢筋。③基础因不均匀沉降产生裂缝，应先加固地基基础再封闭裂缝，必要时根据设计要求加固上、下部结构。④台后填土不密实时，可采用换填、注浆等方法进行处理。换填施工应重做台后防排水系统。其施工技术要求应符合现行《公路桥涵施工技术规范》的相关规定。⑤桥台加固时应观测台身的稳定性，必要时增加临时支撑防止滑移或倾覆。

（四）增大基础加固

①基坑应严格按设计要求开挖，不得超深、超宽，避免基坑坍塌。②应采取措施保护原基础，使其不受基坑开挖、抽排水的影响。③基坑开挖至设计高程后，应检测基底承载力，如达不到设计要求时，应对地基进行加固处理。④增大基础时，应将原基础存在的缺陷清理至密实部位，将结合面凿毛，按设计要求植筋，并与新增的钢筋骨架连成整体，确保新旧混凝土结合牢固。

（五）承台加固

第一，水中承台的加固方案应综合考虑河宽、桥下净空、原桥永久性结构物、航道等因素，确保技术的可行性及施工的安全性；宜采用围堰施工。

第二，地面承台加固开挖时应严格控制开挖范围，确保周围土体的稳定。

第三，结构水下部分加固施工应符合下列规定：①加固材料宜采用水下环氧砂浆、水下不离析混凝土以及其他水下混凝土。②加固前应对原结构结合面进行清理。③加固宜采用立模灌浆法。

第四，承台增大截面施工应符合下列规定：①应先处理原承台存在的缺陷。②混凝土表面凿毛处理后应冲洗干净，浇筑混凝土前应保持湿润、清洁。③对原有钢筋应进行除锈处理，并应逐根分区分层进行焊接。

（六）桩基加固

第一，增补桩基（灌注桩、静压桩）施工应考虑新增桩基施工过程中对原桩基的影响。

第二，增补灌注桩施工应符合下列规定：①灌注桩成孔方法的选择应综合考虑原桩基深度、地基类型、原桥结构高度等因素，减少施工对原结构的破坏。②在清孔排渣时，必须保持孔内水头高度，防止坍孔。③施工过程中应对原桥的沉降、位移进行观测。④灌注桩施工应按现行《公路桥涵施工技术规范》相关规定执行。

第三，增补静压桩施工应符合下列规定：①压桩架应保持竖直，锚固螺栓的紧固应均衡，并应一直保持紧固状态。②就位的桩节应保持竖直，使千斤顶、桩节及压桩孔轴线重合，不得偏心加压。③整根桩应一次连续压到设计高程，当中途必须停止时，桩端应停留在软弱土层中，且停压的时间间隔不宜超过 24 h。④同一基础压桩施工应对称进行，不应数台压桩机在一个独立基础上同时加压。⑤压桩应以压力控制为主，桩长控制为辅。压桩达到设计荷载后应持压稳定 30 min。

（七）基础冲刷加固

①抛石防护。抛石防护一般用于深水墩台，施工前时应测量水流流速、流向，以确定抛石的位置。石笼用铅丝、型钢或钢筋相互连接。抛石结束后，应按设计要求进行埋坡。②板桩防护。板桩顶面高程不应高于河床。③采用双层或单层块（片）石做平面防护时，当河床面有淤泥杂物时，应清除淤泥回填沙砾，夯实后再砌石。④护坦加固。排干冲坑积水，清理坑内杂物，用污工砌体或混凝土充填，其表面铺钢筋网、浇筑混凝土护坦，其施工技术要求应符合现行《公路桥涵施工技术规范》相关规定。

（八）质量验收

1.外包钢加固质量检验

以目测和锤击检查为主，重点检查结合面处理、预埋件、锚固等。要求对外包钢材的粘贴性能进行试验，检测方法应符合相关规定。

2. 承台加固质量检验

①水下修补工程可由潜水员或水下电视检验。②修补质量可采用钻芯取样、超声波检测等方法进行检验。

3. 套箍加固质量检验

①结构尺寸应满足设计要求。②宽度和厚度应均匀，混凝土表面平整、密实。

（九）化学静压注浆加固地基

1. 一般规定

①采用化学静压注浆法加固地基时，要有详细的地质报告，其中包括需要加固土层的详细描述，以便确定合理的施工方案。②施工前，应做好现场工艺试验，确定化学浆液的材料用量、灌注压力、打入（钻入）深度、灌入速度等工艺参数。③浆液材料中化学药液的含量应满足设计的要求。④浆体应经过搅拌机充分拌匀后才能开始压注，并应在注浆过程中不停缓慢搅拌，搅拌及压注时间应小于浆液初凝时间。⑤化学静压注浆加固施工的环境温度应该满足加固设计的要求，保证浆液不冻结。如施工环境温度不能满足加固设计的要求，应在施工现场采取措施，否则不得施工。⑥盛浆桶和注浆管不要暴露于阳光下，防止浆液凝固，搅拌好的浆液静置时间不能过长，以免浆液离析。⑦需要加固的土层上面，应有足够厚度的覆盖土层，否则应采取措施，防止浆液上冒。⑧注浆压力应严格控制，使浆液能填充密实，但应避免因压力过大而破坏地基。⑨注浆顺序应严格按照加固设计文件中明确的位置和顺序进行，避免在注浆加固过程中产生偏压，影响既有结构物的安全。⑩注浆加固过程中应严防堵浆现象的发生。如果在注浆加固过程中发生堵浆现象，应在已经注入的浆体凝固前重新下管注浆，重新下管注浆与原注浆的搭接长度不得小于 1 m。

2. 质量验收

①注浆化学药液应符合现行国家材料标准的规定和设计要求，并附有厂家提供的材料检验合格证明和产品鉴定文件，经抽样合格后方可使用。②注浆检验点为注浆孔数的 2% ~ 5%。当检验点合格率小于或等于 80%，或虽大于 80% 但检验点的平均值达不到设计强度要求时，应对不合格的注浆区实施重复注浆。③注浆加固后，地基承载力不得小于设计要求。注浆工程检验时间在注浆结束 28 d 后进行，可选用标准贯入、轻型动力触探或静力触探对加固地层进行检测，重要工程可采用载荷试验测定。

（十）高压喷射注浆加固地基

1. 一般规定

①施工前应根据现场环境和地下埋设物的具体情况，复核高压喷射注浆的设计孔位。②材料配比、钻孔深度、注浆压力等施工参数均应根据土质条件和加固要求，通过室内浆液配比试验及现场注浆试验予以确定，并在施工中严格控制。③施工前场地要平整压实，稳钻杆或下管要双向校正，控制好垂直度。④在旋喷浆液前，应做压水、压浆、压气等试验，检查各部位的密封性和高压泵、钻机等的运转情况，检查设备的稳定性，保证旋喷能连续进行。⑤如无特殊要求，水泥宜采用强度等级为 32.5 级及以上的普通硅酸盐水泥。水泥浆液的水灰比应按设计要求确定，若无设计要求时，一般可取 0.8 ~ 1.5。⑥喷射孔与高压注浆泵的距离不宜大于 50 m。每个钻孔内的地下障碍物、洞穴、涌水、漏水与岩土工程勘察报告不符的情况和实际孔位、孔深等均应详细记录。喷射管分段提升的搭接长度不得小于 200 mm。对需要局部扩大加固范围或提高强度的部位，可采用复喷措施。⑦在高压喷射注浆的过程中，若出现压力骤然下降、上升或冒浆等异常时，应查明原因并及时采取措施。⑧应严格按照施工参数和材料用量进行施工，并如实做好各项记录。⑨注浆加固顺序应严格按照加固设计文件中明确的位置和顺序进行，以避免在注浆加固过程产生偏压，影响既有结构物的安全。⑩高压喷射注浆可根据工程要求和当地经验采用开挖检查、取芯（常规取芯或软取芯）、标准贯入试验或载荷试验等方法进行检验，并结合工程测试、观测资料及实际效果来综合评价加固效果。

2. 质量验收

①水泥、外掺剂等注浆用材料，应符合国家材料标准的规定和设计要求，并附有厂家提供的材料检验合格证明和产品鉴定文件，经抽样合格后方可使用。②注浆加固后，地基承载力不得小于设计要求，载荷试验必须在桩身强度满足试验条件时（宜在成桩 28 d 后）进行，检验数量为桩总数的 2% ~ 5%，且每项单体工程不应少于 3 处。③竖向承载旋喷桩地基在竣工验收时，承载力的检验应采用复合地基载荷试验和单桩载荷试验，应满足设计要求。

参考文献

[1] 王道远.隧道施工技术 [M].北京：中国水利水电出版社.2020.

[2] 赵丽荣.桥梁下部结构施工技术 [M].北京：北京理工大学出版社.2020.

[3] 马国峰，刘玉娟.桥梁上部结构施工技术 [M].北京：北京理工大学出版社.2020.

[4] 王修山.道路与桥梁工程概论 [M].北京：机械工业出版社.2020.

[5] 陈敏，任红伟.桥梁加固施工及质量控制 [M].北京：人民交通出版社.2020.

[6] 孙吉书，高颖，张晋玉.道路勘测设计 [M].人民交通出版社.2020.

[7] 赵学荣，陈烜.土木工程施工 [M].北京：清华大学出版社.2020.

[8] 刘成才，南大洲.土木工程施工 [M].西安：西北工业大学出版社.2020.

[9] 李书艳.道桥工程施工组织与管理 [M].北京：北京理工大学出版社.2020.

[10] 王首绪.公路施工组织及概预算 [M].北京：人民交通出版社.2020.

[11] 王作文.土木工程施工 [M].北京：化学工业出版社.2020.

[12] 仝小芳，卢佩霞.城市综合管廊工程 [M].南京：南京大学出版社.2020.

[13] 马建秦.隧道工程导论 [M].北京：人民交通出版社.2020.

[14] 宋启宇.道路桥梁设计与施工 [M].北京：中国石化出版社.2020.

[15] 王修山.道路与桥梁工程概论 [M].北京：机械工业出版社.2020.

[16] 肖光斌，冯丽霞.道路桥梁与隧道施工技术 [M].西安出版社.2019.

[17] 覃辉等.南方 MSMT 道路桥梁隧道施工测量 [M].上海：同济大学出版社.2019.

[18] 丁雪英，陈强，白炳发.公路桥梁建设与工程项目管理 [M].长春：吉林科学技术出版社.2019.

[19] 李冬松.桥梁工程技术 [M].北京：人民交通出版社.2019.

[20] 麻文燕，肖念婷，陈永峰.桥梁工程 [M].天津：天津科学技术出版社.2019.

[21] 李亚明.复杂条件下大跨度人行天桥结构设计关键性技术研究 [M].北京：中国建筑工业出版社.2019.

[22] 高涛涛，江璐，郭平功.土木工程施工 [M].哈尔滨：哈尔滨工业大学出版社.2019.

[23] 刘宗仁.土木工程施工 [M].北京：高等教育出版社.2019.

[24] 俞素平.公路工程施工招标文件示例 [M].北京：人民交通出版社.2019.

[25] 于洪江 . 道路桥梁检测技术 [M]. 黄河水利出版社 .2019.

[26] 肖光斌，冯丽霞 . 道路桥梁与隧道施工技术 [M]. 西安出版社 .2019.

[27] 张忠 . 道路与桥梁工程施工技术 [M]. 北京：中国建材工业出版社 .2019.

[28] 顾俊 . 道路桥梁工程检测技术 [M]. 人民交通出版社 .2019.

[29] 刘勇，高景光，刘福臣 . 地基与基础工程施工技术 [M]. 郑州：黄河水利出版社 .2018.

[30] 王利文 . 土木工程施工技术 [M]. 北京：中国建筑工业出版社 .2018.

[31] 于燕 . 隧道施工技术 [M]. 武汉：武汉理工大学出版社 .2018.

[32] 梁伟 . 路基施工技术 [M]. 武汉：武汉理工大学出版社 .2018.

[33] 张哲，潘盛山 . 现代桥梁施工技术与管理 [M]. 北京：科学出版社 .2018.

[34] 陈永兴 . 道路桥梁施工技术与管理研究 [M]. 北京：中国建材工业出版社 .2018.

[35] 刘高太，曹占波，夏勇 . 公路工程施工组织设计与施工技术相关研究 [M]. 长春：吉林大学出版社 .2018.

[36] 程玉华 . 公路施工技术 [M]. 武汉：武汉理工大学出版社 .2018.

[37] 张蕊著 . 道路勘测设计 [M]. 北京：中国建筑工业出版社 .2018.